Das Echternach-Syndrom

Band 1

Kinderrechte in Luxemburg

Luxemburg, August 2017

ISBN 978-3-7448-1356-3

Vorwort: Das Echternach Syndrom

„Der Begriff „Echternacher Springprozession" wird im Sinne der Form des „drei Schritte vor, zwei zurück" für besonders mühsame Prozesse verwendet, bei denen viele Rückschritte zu verzeichnen sind."[1] Adorno bemerkte: Die Echternacher Springprozession ist nicht der Gang des Weltgeistes (Minima Moralia, S. 165). Dass es die Luxemburger Politik nicht so sehr mit dem Weltgeist hat und lieber (außer in Geldangelegenheiten) ihre eigenen Wege geht, zeigt sie in den Domänen, welche in dieser kleinen Buchreihe thematisiert werden. Der Begriff Syndrom stammt aus der Medizin: „Typisch für ein Syndrom ist ein wiederkehrendes Muster von Symptomen, das sich bei verschiedenen Patienten in ähnlicher Form zeigt und deren Ursachen sich auf eine einzige Krankheit zurückführen lassen und nicht auf eine Vielzahl verschiedener Krankheiten, die beim Patienten zufällig zusammen auftreten. … In der Soziologie wird eine Gruppe von Merkmalen oder Faktoren, deren gemeinsames Auftreten einen bestimmten Zusammenhang oder Zustand anzeigt, ebenfalls als Syndrom bezeichnet. [2]"

Die Texte setzen sich zusammen aus Artikeln, die ich in den letzten Jahrzehnten geschrieben habe und die in verschiedenen Publikationen veröffentlicht wurden. Dazu kommen Zeichnungen, die ebenfalls von mir stammen und oft als Illustrationen für diese Artikel gedacht waren.

Im Laufe meiner beruflichen Laufbahn als Psychologe im Schulbetrieb und meinen ehrenamtlichen Aktivitäten in einigen nationalen und internationalen Vereinigungen während den letzten 40 Jahren habe ich zu verschiedenen Themen Artikel veröffentlicht und Konferenzen gehalten, die ich in 5 Bereiche aufgeteilt habe und zu denen jeweils ein Buch erscheinen wird:

Thematisch geht es um Angelegenheiten, welche die Kinder in diesem Lande – und darüber hinaus – betreffen. Es geht um ihre Rechte und

---

[1] https://de.wikipedia.org/wiki/Echternacher_Springprozession
[2] https://de.wikipedia.org/wiki/Syndrom

2

um ihre Würde. Das was mit unseren Kindern geschieht würde ich ohne Übertreibung als ein Verbrechen an der Menschlichkeit betrachten. Nicht in dem Sinne wie der Ausdruck in letzter Zeit immer häufiger angesichts der schrecklichen kriegerischen Auseinandersetzungen und humanitären Katastrophen gebraucht wird, wo Kinder Tod, Folter, Hunger und Vertreibung erleben. Hier geht es vielmehr um die Zerstörung der Persönlichkeit des Kindes auf dem Altar der sogenannten Erziehung.

Trotz der Ratifizierung der Internationalen Konvention über die **Rechte des Kindes** durch den Luxemburger Staat ist die Konvention immer noch nicht zufriedenstellend umgesetzt. Besonders die politischen Rechte von Kindern und Jugendlichen sowie die der benachteiligten Gruppen unter ihnen werden vernachlässigt. (Band 1)

Die **Schulpolitik** berücksichtigt ausschließlich die Interessen der Lehrer. Eine kindorientierte, humane Schule wurde nie aufgebaut und die schwächsten Kinder erleben täglich einen entwürdigenden und frustrierenden Alltag. (Band 2)

Trotz vieler kurzlebiger Initiativen haben es die Maßnahmen der **Fremdunterbringung** nie zu einem kohärenten, zukunftsfähigen Modell gebracht. Auch hier verhindern widerstreitende Interessen wirklichen Fortschritt. Desolat ist in diesem Zusammenhang die Politik der geschlossenen Unterbringung (Band 3)

Jeder wundert sich darüber, dass Menschen Trump wählen, für den Brexit stimmen den Populisten auf den Leim gehen und sich wegen eines Fußballspieles den Schädel einschlagen. Eine vernünftige **Medienerziehung** gibt es aber in unseren Schulen nicht. Stattdessen bekommen private Trash-Sender Geld in den Hintern geblasen. (Band 4)

Der letzte Band dieser Reihe ist Fragen der allgemeinen Politik und der **Familienpolitik** gewidmet wo sich das Echternach-Syndrom auch voll auswirkt. (Band 5)

Aufgelockert werden die Texte durch Zeichnungen, die ebenfalls aus meiner Feder stammen.

Jedes Buch wird mit einem ein Vorwort eingeleitet, welches das Thema aus einer aktuellen Perspektive beschreibt und wird mit einem Sach- und Namenregister abgeschlossen.

Die einzelnen Artikel werden in der Regel im Original widergegeben, nur irrelevante Passagen werden gelegentlich weggelassen. Eine kurze Einleitung setzt den Artikel in seinen „historischen" Kontext. Die meisten Texte sind in deutscher Sprache verfasst, einige aber auch in Französisch, Englisch und Luxemburgisch.

INDEX

Vorwort : Das Echternach Syndrom 2

INDEX 5

Einleitung 11

L'UNICEF au Malawi 23

L'éducation 27

La nutrition 28

La santé 30

L'environnement 31

Children and War 32

Eugeen Verhellen : Éducation et droits des enfants 38

Eugeen Verhellen: OMBUDSWORK FOR CHILDREN 44

Teil 1: Motive und Strategien zur Verteidigung und zum Ausbau der Rechte des Kindes 45

Eugeen Verhellen: Ombudswork für Kinder: Strategien zur Absicherung der Selbstständigkeit des Kindes in unserer Gesellschaft. (S. 9 ff) 46

Lea Dasberg: Was ist ein Kind und welches sind seine Rechte? (S. 35 ff) 49

Leo Apostel: Kinderrechte und Bedürfnisse und/oder Menschenrechte und Bedürfnisse (S. 47 ff) 50

1. Einleitung 50

2. Kinderrechte und Menschenrechte 51

3. Der Stellenwert von Menschenrechtserklärungen 52

4. Rechte im Allgemeinen und Menschenrechte im Besonderen 52

5. Kinderrechte 52

Arlene Skolnick: Kinder in ihrem Recht: Der Standpunkt der Entwicklungspsychologie (S. 87 ff) 54

James D. Weill: Der "Children's Defence Fund": Ziele, Methoden und Ergebnisse (S. 107 ff) 56

Malfrid Flekkoy war von 1981 bis 1989 "Ombudsman" in Norwegen. 57

Frans Spiesschaert: Ein Konzept für die Schaffung einer Ombudsman-Funktion (S. 133 ff) 59

Teil 2: Child Advocacy 60

Sally Castell-McGregor: Das südaustralische Children's Interests Bureau. Eine australische Initiative zur Förderung der Rechte des Kindes (S. 149 ff) 60

Menachem Horovitz: Pilotprojekt eines Ombudsman für Kinder und Jugendliche in Jerusalem (S. 159 ff) 61

Jean-Francois Boulais: Das "Youth Protection Committee": Ombudsman für Kinder in Problemsituationen in Quebec: Ursprung und Arbeitsweise (S. 165 ff) 62

Jean-Pierre Rosenczveig: Haben die Jugendgerichte in Frankreich eine Vermittlerrolle? (S. 185 ff) 65

René Bertaux: Zur Einführung eines Kinderrechtskommissars (S. 193 ff) 66

Jean-Pierre Bartholmé: Zur Einführung eines Ombudsmans für Jugendliche in der französischsprachigen Gemeinschaft in Belgien (S. 197 ff)..67

Jenny Kuper: Child Advocacy (S. 209 ff)..............................68

Inger Wouters: Der Kinderrechtsladen in Amsterdam (S. 215 ff)..69

Jo Labens: Von der Arbeitsgruppe zum Ombudszentrum (S. 219 ff)..69

Manuela R. Eanes: Instituto de Apoia a Crianca (S. 235 ff).71

Children's Rights: Make them known to make them happen!....73

FICE and Cultural Policy for Children....................79

I.   FICE: preparing the 50th birthday....................79

    1.   The development of its structures....................82

    2.   The development of its membership....................83

    3.   Co-operation and networking on an international level.....83

    4.   Project development....................88

II.   The Right of the Child to a Cultural Policy for Children.......91

III.   European Cultural Policy for Children....................99

FICE-Kongress Kopenhagen 1996: Die Pflege verschiedener Kulturen in einer unsteten Welt....................109

Les Droits des Enfants et des Jeunes en Placement....................119

Charte des droits des enfants en placement....................132

    1.   Développement individuel....................133

    2.   Participation....................135

3. Une prise en charge de qualité.................................138

4. Education...139

5. Santé..139

6. Relations avec la famille d'origine.......................140

7. Un travail éducatif centré sur tes besoins.............141

8. Un lieu sécurisant...141

Les comportements violents chez certains enfants et jeunes......143

Kinder haben Rechte..158

20 septembre 1999 : Journée mondiale de l'enfant...................175

Wahlrecht für Kinder: Haben Kinder (uns) nichts zu sagen? ...178

10 ans droits des enfants en France et en Europe : Les droits de l'enfant en Europe – Conférence à St. Étienne 21 octobre 2001 182

Les institutions européennes.....................................185

Le Conseil de l'Europe...185

L'Union Européenne...187

Les ONG internationales 189

Le Groupe des NGO pour la Convention des droits de l'enfant..189

Les Coalitions Nationales pour les droits de l'enfant.........190

EURONET 195

EFCW 197

UNICEF..197

CRIN (Child Rights Information Network).....................198

Conclusions 198

La situation des droits de l'enfant à Luxembourg 207

Aider ou punir ? 214

1. La comparaison au niveau Européen 215

2. Les prisons pour mineurs..................................216

3. Mesures de médiation entre agresseur et victime (réparation). 219

4. Le role des médias 219

5. Une approche Européenne..................................220

Jugend-Hilfe – Jugend-Strafe..................................223

Der europäische Vergleich..................................224

Geschlossene Unterbringung[2] 225

Täter-Opfer-Ausgleich 227

Die Rolle der Medien..................................228

Gemeinsame Europäische Handlungsansätze..................229

Neue Probleme - alte Lösungen. Was ist dran an geschlossener Unterbringung? 230

Über die Umsetzung der Kinderrechtskonvention in Luxemburg 237

1) Kinderpolitik..................................239

2) Schule 244

3) Justiz..................................251

4) Umwelt, Gesundheit 253

5) Elternhaus 254

6) Dienstleistungen 256

7) Umgang mit den Kindern 258

8) Behinderte Kinder 260

Kuschelpädagogik und Kinderrechte 262

La situation des droits de l'enfant au Luxembourg 265

Remarques générales 265

Remarques concernant le 2ᵉ rapport périodique 269

Powerpoint Präsentation zum Thema Kinderrechte für den Gebrauch in Schulen 276

Index 283

Einleitung

"Angesichts schlimmer Zustände für Kinder in Deutschland und Österreich in der Zeit nach dem Ersten Weltkrieg schuf die britische Sozialreformerin Eglantyne Jebb am 15. April 1919 den *Save the Children Fund*. Jebb arbeitete 1923 ein Papier über Kinderrechte aus und mobilisierte für ihre *Children's Charter* den Völkerbund. Ihre Idee wurde aufgegriffen und am 24. September 1924 von der Generalversammlung des Völkerbundes in Genf eine Charta verabschiedet. Die Generalversammlung der Vereinten Nationen fügte 1948 in ihre *Allgemeine Erklärung der Menschenrechte* Aussagen zugunsten der Kinder ein, die auf einen Schutz abzielten. Am 20. November 1959 verabschiedete die Generalversammlung die „Deklaration über die Rechte der Kinder", griff dabei auf Eckpunkte der früheren *Genfer Deklaration* zurück und ergänzte sie. In dem Jahr 1979, dem Jahr des Kindes, war Polen Motor für eine Weiterentwicklung und legte Entwürfe für eine Kinderrechtskonvention vor, die zur Ausgangsbasis für das Übereinkommen vom 20. November 1989 wurden.[19]

Das **Übereinkommen über die Rechte des Kindes**, kurz UN-Kinderrechtskonvention), wurde am 20. November 1989 von der UN-Generalversammlung angenommen und trat am 2. September 1990, dreißig Tage nach der 20. Ratifizierung durch ein Mitgliedsland, in Kraft. Beim Weltkindergipfel vom 29. bis 30. September 1990 in New York verpflichteten sich Regierungsvertreter aus der ganzen Welt zur Anerkennung der Konvention." (Wikipedia)

Luxemburg hat als Mitglied der Vereinten Nationen auch die Internationale Konvention über die Rechte des Kindes unterzeichnet (1989) und das Abkommen am 20. Dezember 1993 ratifiziert.

Dass es mit der Ratifikation jedoch nicht getan ist zeigt folgender Artikel aus dem Tageblatt vom Juni 2016.

"Die Rechte der Kinder werden nach einer Studie der internationalen Organisation „Kidsrights" am besten in Norwegen geschützt. Gleich dahinter kommt Portugal. Luxemburg erreichte auf der am Montag in Amsterdam veröffentlichten Rangliste der Kinderrechte Platz 56 von 163 Ländern. Bereits im Bericht 2015 wurde Luxemburg wegen seiner unzureichenden finanziellen Aufstellung für den Bereich Kinderrechte kritisiert.

Luxemburg wurde ermahnt, mehr für Kinderrechte zu tun. Dieses wohlhabende Land müsse das Umfeld für diese Rechte verbessern, wird in dem Bericht kritisiert. In der Kritik werden wir in einem Atemzug mit Italien (Platz 81) und Canada (72) genannt." (Tageblatt 13. Juni 2016)

In Sachen Umsetzung der Kinderrechtskonvention kommt das Echternach-Syndrom voll zum Tragen: Jahrelanges Zögern, endlose Diskussionen in Arbeitsgruppen und halbherzige Lippenbekenntnisse führten von Anfang an in eine Sackgasse. Besonders die CSV versuchte, die IRK in ihrem Sinne zurechtzubiegen und die mitregierende LSAP übte sich in Gleichgültigkeit, war die IRK doch nicht ihr "Ressort".

Das fundamentale Missverständnis, das heute noch die Kinderrechtspolitik hierzulande bestimmt, ist die Unterordnung der Kinderrechte unter die Familienpolitik. Die CSV, überrumpelt von der gesellschaftlichen Entwicklung im Bereich der Familie (Zunahme der Scheidungen, Zunahme der Ein-Eltern-Familien mit immer mehr alleinerziehenden Müttern, Verarmung der unteren Bevölkerungsschichten, Kinderarmut, Zwang zum Doppelverdienen, Wildwuchs de Betreuungseinrichtungen für Kleinkinder ...) versuchte verzweifelt –und versucht es noch immer – das Modell der kleinbürgerlichen Idealfamilie als erstrebenswert darzustellen.

So hieß es im Bericht des „Conseil Supérieur de la Famille et de l'Enfance" vom 11. November 1991 : « Le conseil estime que l'interprétation des droits et de l'intérêt de l'enfant doit être faite à la lumière de ce principe (*protection de la famille*) parce que les droits de l'enfant sont en principe le mieux garantis par le respect et le renforcement des droits de la famille.» Sowieso war der CSF der Meinung, dass die Kinder in Luxemburg bereits die meisten der in der IKRK verbrieften Rechte besäßen, dass unsere Gesetzgebung sogar weit über die Ziele der Konvention hinausgehe[3].

Ich war Ende der 70er Jahre Mitbegründer der ANCE (Association Nationale des Communautés Éducatives), die Luxemburger Sektion der FICE (Fédération Internationale des Communautés Éducatives). Beide Organisationen strebten Verbesserungen im Bereich der Fremderziehung und der Integration behinderter Kinder in Schule und Gesellschaft an. In dieser Zeit begannen die Diskussionen um eine Neufassung der Genfer Deklaration über die Rechte des Kindes von 1959. Verschiedene NGO's nahmen daran teil und trotz manchmal chaotischer Diskussionen wurde der Beschluss gefasst, 1979 zum „Internationalen Jahr des Kindes" zu deklarieren.

Das IJK erlebte einen großen Erfolg und 1979 begann – unter dem Impuls Polens – die Ausarbeitung der heutigen Kinderrechtskonvention. In vielen Ländern fanden Kongresse und Veranstaltungen zum Thema Kinderrechte statt und auch die FICE organisierte im Juli 1979 einen Kongress zum Thema Kinderrechte in Dublin.

10 Jahre dauerten die Diskussionen in Genf und New York zur Vorbereitung der IKRK, wobei immer mehr Organisationen sich einmischten, weil sie einsahen, welche Bedeutung diese Konvention einmal haben könnte. Der negative Einfluss religiöser Gruppen machte sich bemerkbar und der Text der Konvention wurde zusehends verwässert und mit allgemeinen Formulierungen durchsetzt, was später dazu führte, dass die Umsetzung schwierig wurde.

---

[3] Avis du Conseil Supérieur de l'Enfance et de la Famille concernant la ratification de la Convention Internationale des Droits de l'Enfant, S. 3; hektographiertes Manuskript, 11. November 1991.

Als die Konvention dann schließlich von der UN-Vollversammlung verabschiedet wurde, dauerte es noch 4 Jahre, bis Luxemburg sie ratifizierte. Im Gegensatz zu Frankreich, das die Konvention sofort und ohne Reserven ratifizierte, fand Luxemburg wieder ein paar Haare in der Suppe und meldete 6 Reserven an. Das Genfer Kinderrechts-Komitee ermahnt Luxemburg immer wieder in ihren Stellungnahmen zu den Fünfjahresberichten der Luxemburgischen Regierung, diese Reserven endlich aufzugeben aber hierzulande denkt niemand daran und es wird auch nicht überprüft ob diese Reserven noch zeitgemäß sind.

Im April 1988 wurde im Familienministerium eine Arbeitsgruppe aus ONG-Vertretern zusammengesetzt, der ich auch angehörte und die den Text der Konvention auf seine Durchführbarkeit hin untersuchen sollte: „Groupe de travail pour la défense et la promotion du projet de convention des Nations Unies relative aux droits de l'enfant." Noch im November legte die AG ihren Abschlussbericht vor, der grundsätzlich die Ratifizierung unterstützte und auf eine Reihe von kleineren Problemen hinwies.

Am 4. März 1992 präsentierte das Außenministerium einen Gesetzesvorschlag zur Ratifizierung der Konvention, in dem auch die 6 Reserven formuliert waren. Nach den üblichen Stellungnahmen der Berufskammern und des Staatsrates wurde der Gesetzesentwurf von Lydie Err (LSAP) im Parlament vorgestellt. Nur ein Drittel der Abgeordneten war anwesend und die Diskussion war überflüssig und uninteressant.[4] Am 7. März 1994 wurde das Gesetz dann vom Parlament angenommen.

Im November 1993 setzte Minister Fernand Boden eine Kommission ein, die sich Gedanken machen sollte wie die Konvention umgesetzt werden könnte. Die Kommission arbeitete zügig und legte im Mai 1994 ihren Abschlussbericht vor[5]. Durch meine Arbeit in internationalen NGO's hatte ich bereits Kontakt mit Prof. Eugeen Verhellen von der Universität von Gent, ein herausragender Spezialist in Sachen Kinderrechte. Ich hatte von seinem Buch „Ombudswork for Children" eine deutsche

---

[4] Kammerbericht : 3e séance mardi 19 octobre 1993
[5] Rapport du groupe de travail "Promotion des droits de l'enfant" adressé au Ministre de la Famille et de la solidarité le 1er avril 1994

Zusammenfassung im Auftrag der Arbeitsgruppe geschrieben, an die Kommissionsmitglieder verteilt, und es gelang uns, Eugeen Verhellen für eine Konferenz und ein Arbeitsseminar über die Vorschläge der Kommission nach Luxemburg einzuladen. Die Zusammenfassung wurde im ANCE-bulletin veröffentlicht. Verhellen war begeistert von unserem Projekt und bemerkte, dass falls wir das so umsetzen könnten, es sicherlich eines der besten, wenn nicht das beste Modell in Europa werden könnte.

Unter anderem war vorgesehen, dass das Ombudskomitee aus 9 Mitgliedern bestehen sollte, davon 6 vom Parlament und drei von der Regierung genannt. Das Komitee sollte

- Unabhängige Studien in Auftrag geben, um die Situation der Kinderechte zu analysieren und Verbesserungsvorschläge auszuarbeiten
- Eine „nationale Konferenz der Einrichtungen der Kinder- und Jugendhilfe" einrichten, um deren Zusammenarbeit im Interesse des Kindes zu verbessern
- Ein Kinder- und Jugendparlament einrichten und betreuen
- Eine „Quality-Audit-Group" ins Leben rufen um die Rechte der Kinder in geschlossenen Anstalten von Justiz und Psychiatrie zu überwachen
- Kommunale Kinderkommissionen einrichten und betreuen
- Die Zusammenarbeit mit allen öffentlichen und privaten Einrichtungen der Kinder- und Jugendhilfe im Rahmen des „Centre National des Droits de l'Enfant", dessen Mission u.a. die Verbreitung der Kinderrechtskonvention auf allen Ebenen des öffentlichen Lebens beinhalten sollte.

Ich zitiere diesen Bericht deshalb so ausführlich um klar zu machen, was den Unterschied zu dem aktuellen ORK ausmacht.

Dann war erst einmal Ruhe. Mill Majerus, der Leiter der Kommission pendelte zwischen Familien-, Justiz- und Finanzministerium hin und her und nach jedem Gespräch war die Enttäuschung groß. Insgesamt 8 Jahre dauerte dieses Trauerspiel, bis dann 2001 das aktuelle Gesetz über das ORK vorlag, im Parlament durchgewinkt wurde und 2002 dann das ORK vom Familienministerium zusammengebastelt wurde.

Vom ursprünglichen Konzept blieb außer dem Namen so gut wie gar nichts übrig.

- Dia ganze politische Dimension war vom Tisch: Kinderparlament, kommunale Kommissionen, Centre National usw.
- Die Mitglieder wurden ausschließlich vom Familienministerium nach obskuren Kriterien ausgewählt
- Das Budget des ORK war lächerlich klein und wurde im Rahmen allgemeiner „Sparmaßnahmen" dann auch noch gekürzt.
- Das ORK wurde zunächst in einer dunklen, schmutzigen Wohnung in der Glesener-Straße untergebracht und als das unhaltbar wurde in einem Appartement in der Rue Wallis, wo sich im Untergeschoss ein Sex-Shop befand.

Ich wurde auch gefragt Mitglied des ORK zu werden und trotz großer Bedenken nahm ich das Mandat an, in der Hoffnung, etwas aus der Situation machen zu können.

Das sollte sich jedoch als ebenso großer Irrtum herausstellen.

- Die Arbeitsaufteilung im ORK war ausschliesslich auf die Präsidentin ausgerichtet, das Initiativrecht der anderen Mitglieder wurde durch ein internes Reglement verhindert. (Mein Vorschlag, „Ressorts" je nach den Kompetenzen der einzelnen Mitglieder zu schaffen, wurde abgelehnt.)
- Die inhaltliche Ausrichtung der Arbeit des ORK wurde zusehends problematischer. Obschon viele etablierte Ombudsmänner und – frauen im Ausland vor der Gefahr warnten, sich allzu viel mit Einzelfällen abzugeben anstatt sich politisch für die Kinderrechte

einzusetzen, waren in all den 10 Jahren unseres Mandats durchgehend 2 Drittel aller Fälle Scheidungsfälle und Familienprobleme, die ebenso gut, wenn nicht besser, von den bestehenden Sozialdiensten oder Mediationsdiensten hätten betreut werden können.

- Die Abhängigkeit vom Familienministerium und die Intransparenz in finanziellen Angelegenheiten wurde zusehends zu einem Hemmschuh für die Aktivitäten des ORK: Für wichtige Aktivitäten wie z.b. die Öffentlichkeitsarbeit bestand kein Budget. In einer Sitzung der Familienkommission, zu der wir jedes Jahr einmal eingeladen wurden machte ich den Vorschlag, das ORK dem Parlament unterszustellen, wie es auch der Fall war beim Ombudsmann für Bürgerechte. In der Kommission waren alle Parteien einverstanden und einige Mitglieder hielten dies sogar schriftlich fest. Das war vor 9 Jahren und bis heute ist überhaupt nichts geschehen.

- Das völlige Versagen in wichtigen Kinderrechtsfragen: So konnten wir nicht verhindern, dass in der „halbgeschlossenen" Einrichtung für jugendliche Schulschwänzer und Gelegenheitsdiebe ein Kinderknast mit allen Schikanen gebaut wurde, der bis heute noch nicht funktioniert und für den es noch kein Konzept gibt, wer überhaupt darin „betreut" werden soll. Der einzige Fall, wo ein manifester Verstoß gegen die Kinderrechtskonvention vorlag ereignete sich im Juli 2005 in der Privatschule Ste. Sophie. Die Elternvereinigung dieser streng katholischen Bildungsanstalt war im Konflikt mit der klerikalen Schulleitung. Als die Eltern mit einem offenen Brief in die Presse gingen erhielten sie eine Mitteilung, dass ihre Kinder von der Schule verwiesen seien. Die Eltern wandten sich an das ORK, aber ohne Erfolg. Daraufhin wandten sie sich an die sozialistische Erziehungsministerin, Maddy Delvaux, aber die wimmelte sie auch ab. Die Schule erhalte zwar Millionen an öffentlichen Geldern, aber der Staat kontrolliere nur die Finanzen, die Schulprogramme und die Einhaltung der Promotionskriterien. Ansonsten könnte die Direktion in ihrer Schule machen, was sie für gut hielte[6]. Und wo blieb Artikel 2 der Kinderrechtskonvention (Nicht-Diskriminierung)?[7]

- Obschon das ORK laut Gesetz Zugang zu allen Einrichtungen der Kinder- und Jugendhilfe hat, wurde mir von einem selbstgefälligen Jugendrichter der Eintritt in das Gefängnis in Schrassig verboten, wo wir ein Mädchen besuchen wollten, das dort eingesperrt war. Trotz aller Bemühungen seitens vieler NGO's, die Jugendlichen aus dem Schrassiger Gefängnis fernzuhalten (in Artikeln, Konferenzen, Gesprächen, Stellungnahmen usw.) werden auch heute immer noch Kinder dort festgehalten. Eine Kommission des Europarats, die regelmäßig die Situation der Menschenrechte in Luxemburg untersucht, macht die Regierung immer wieder auf die Unrechtmäßigkeit dieser Praxis aufmerksam, was dieser und den verantwortlichen Jugendrichtern aber ziemlich egal zu sein scheint.

Positiv an der Arbeit im ORK war der Kontakt zu anderen Ombudspersonen in Europa, die in der ENOC (European Network of Ombudspersons for Children) organisiert sind (www.enoc.eu). Hier gab es charismatische und engagierte Leute, aber leider auch totale Nieten, wie die polnische Ombudsfrau, die die „Teletubbies" verbieten wollte, weil sie angeblich homosexuelle Neigungen zur Schau stellten. Das wirft natürlich

---

[6] Lëtzeburger Land, 15. Juli 2005
[7] Die Vertragsstaaten treffen alle geeigneten Maßnahmen, um sicherzustellen, dass das Kind vor allen Formen der. Diskriminierung oder Bestrafung wegen des Status, der Tätigkeiten, der Meinungsäußerungen oder der Weltanschauung seiner Eltern, seines Vormunds oder seiner Familienangehörigen geschützt wird.

ein schlechtes Licht auf die Nominierungspraxis in diesen Ländern und wie sich die politische Situation in den letzten Jahren entwickelt hat, wird sich das so bald nicht ändern. Vor allem Polen und Ungarn werden von Parteien regiert, Mitglieder der „Europäischen Volkspartei", welche munter die Anstrengungen der Europäischen Union in Sachen Flüchtlingspolitik, Medienpluralismus, Freiheit der Forschung und Lehre sowie den demokratischen Grundrechten sabotieren.

Ein Blick auf die exzellente Webseite von ENOC zeigt auch wie schäbig die unsere ist. Seit Jahren geschieht auf der Webseite des ORK so gut wie gar nichts. Der Jahresbericht und ein paar Zeitungsartikel sind alles was unter dem neuen Ombudsmann hinzugefügt wurde. Die Seite wird äußerst selten besucht, von Kindern schon gar nicht. Auch in der Presse tritt das ORK fast gar nicht auf, die Öffentlichkeitsarbeit ist gleich null. Dabei ist die Bekanntmachung der Konvention eine der wichtigsten Aufgaben des ORK. Ein Flyer und ein „Daumenkino", das uralt und vergriffen sind die einzigen Zeugen einer nicht existenten „Promotion des droits de l'enfant". Ebenso dürftig sind die spärlichen Pressemitteilungen: 2 von 6 - innerhalb von 5 Jahren - betreffen die Veröffentlichung des Jahresberichtes.

Die Jahresberichte zeigen, dass alte Themen immer wieder aufgewärmt werden, was angesichts des Stillstands im Bereich Kinderrechte nicht verwunderlich ist. Von einem Paradigmawechsel ist hier nichts zu spüren.

1996 regte ich die Gründung einer Nationalen Koalition für die Rechte des Kindes an. Das Familienministerium unterstützte die Initiative, verlangte aber, dass alle Organisationen, die mehr oder weniger mit Kindern zu tun hatten, eingeladen wurden. Rund 20 Organisationen machten mit und die ersten Jahre der Koalition waren gekennzeichnet durch Stellungnahmen zu aktuellen Kinderrechtsfragen und der Organisation von Konferenzen. Als Präsident der Koalition wurde ich als deren Vertreter in den Nationalen Programmrat (Conseil National des Programmes) aufgenommen. Hier setzte ich mich für die Interessen von Kindern und Jugendlichen in der Medienlandschaft sowie für Medienerziehung ein.

In Deutschland und auch in anderen, vor allem östlichen Ländern wurde seit den 50er Jahren der 20., resp. 21. September als Tag des Kindes begangen. Dazu Wikipedia: „Der **Kindertag**, auch **Weltkindertag, internationaler Kindertag** oder **internationaler Tag des Kindes** ist ein in über 145 Staaten der Welt begangener Tag, um auf die besonderen Bedürfnisse der Kinder und speziell auf die Kinderrechte aufmerksam zu machen. ... Als die Geburtsstunde des UN-Weltkindertages gilt der 21. September 1954. An diesem Tag empfahl die 9. Vollversammlung der UNO ihren Mitgliedsstaaten die Einrichtung eines weltweiten Kindertages. ... 1989, wurde das „Übereinkommen über die Rechte des Kindes" völkerrechtsverbindlich von der UN-Vollversammlung verabschiedet. Das Datum, der 20. November, wird seitdem von der UN als **Internationaler Tag der Kinderrechte** gefeiert." Nach einem Besuch in Berlin im Jahre 2002 wurde ich zeuge einer äusserst gelungenen Veranstaltung zum Weltkindertag: Auf dem Potsdamer Platz fand ein regelrechtes Volksfest mit Spielen, Informationsständen, Musik und anderen Attraktionen statt, organisiert vom "Aktionsbündnis Kinderrechte". Ich beschloss daraufhin, ein ähnliches Fest in Luxemburg zu organisieren. Bei der Gemeindeverwaltung der Stadt Esch-sur-Alzette fand ich Gehör und 2003 wurde zu ersten Mal der Tag des Kindes organisiert (siehe Titelbild). 43 Organnisationen machten mit und waren mit Ständen und Aktivitäten vom Stadthausplatz über die Alzettestrasse bis zum Brillplatz vertreten. Das Kinderfest kannte einen sehr grossen Publikumserfolg und wurde 2004 und 2005 (zusammen mir der Gemeinde Berg-Betzdorf) organisiert. Es war ungeheuer viel Arbeit damit verbunden und da sich meine Gesundheit verschlechterte und das ORK sich nicht mehr beteiligen wollte, gab ich schweren Herzens auf.

(Foto: Lucien Wolff)

Robert Soisson, Juni 2017

Angesichts der Not vieler Kinder, verursacht durch Krieg, Elend und Vertreibung, möchte ich 2 Artikel zu dieser Thematik an den Anfang dieses Buches stellen.

Von 1990 bis 2003 war ich Mitglied des Verwaltungsrats von UNICEF. Im Juni 1991 nahm ich als Vetreter unserer Sektion an einem Treffen der nationalen Kommittees in Kenia und Malawi teil. Die Banque Générale gab damals ein Magazin heraus und ich wurde gebeten, einen Artikel über unseren Besuch in Malawi zu schreiben.

"Nous savons comment ils meurent, mais nous ne savons pas comment ils survivent"

L'UNICEF au Malawi

Cette phrase de Bernard O'Brien, sous-directeur d'UNICEF-Malawi, décrit bien la situation du peuple de ce pays, dont beaucoup n'ont jamais entendu parler.

Le Malawi, un pays de l'Afrique du Sud-Est se situe entre la Zambie à l'ouest, la Tanzanie au nord et à l'est et le Mozambique au sud. L'histoire de ce pays commence, comme beaucoup d'autres de cette partie du monde, avec l'arrivée de David Livingstone, qui atteignit le lac Malawi le 16 septembre 1859. La plus importante ville du sud, Blantyre, a le même nom que la ville natale de Livingstone en Ecosse. Avant l'arrivée de ce grand explorateur, il y avait quelques tentatives de colonisation pacifique de la part des Portugais qui venaient du Mozambique. Faisant partie de l'Empire Britannique pendant plus d'un siècle, le Malawi retrouve son indépendance en 1964. Après des émeutes en 1965 au sud, il est gouverné par le parti du Congrès du Malawi, unique parti légal du pays et par son Excellence, le président à vie Ngwazi Dr. H. Kamuzu Banda.

Le Malawi est un des pays les plus pauvres du monde. Dépourvu de richesses naturelles, ses habitants vivent essentiellement de l'agriculture. 11% seulement de la population habite dans les villes. Elle est très jeune : 3,1 des 1,9 millions d'habitants ont moins de 15 ans ; 1,4 millions ont moins de 4 ans. Le taux de fertilité des femmes est très élevé : En moyenne chaque femme au Malawi donne la vie à sept enfants (1,5 au Luxembourg). Le taux de mortalité enfantine est très élevé avec 151 décès pour mille enfants. Pour les enfants de moins de 5 ans, ce taux est de 320 pour mille, un des taux les plus élevés du monde. Dans les pays de la Communauté Européenne, ce taux varie entre 8 et 18 décès pour 1000 ! Ceci explique que la moyenne d'âge atteint par les Malawiens n'est que de 46 ans.

Le produit national brut par tête d'habitant est de 110 $ par an ! Au Luxembourg, pour comparer, ce même PNB est de l'ordre de 20.000 $! Le salaire moyen d'un garçon d'hôtel p.ex. est de l'ordre de 1500 Francs luxembourgeois par mois. Mais les prix sont très élevés : Pour un vélo, il faut dépenser 6.000 francs, c.à.d. 4 mois de salaire. Une voiture est inaccessible pour le commun des mortels au Malawi ; les prix sont même plus élevés que chez nous. Pour une bière ou un coca, il faut dépenser un Kwacha, l'équivalent de 10 francs luxembourgeois. Un repas dans un restaurant coûte entre 100 et 500 Francs, avec un bon vin sud-africain on peut dépenser jusqu'à 1.000 francs. Mais ce n'est qu'une très petite minorité de privilégiés qui peuvent se payer ce luxe.

Les grands problèmes du Malawi sont donc - d'ailleurs la situation dans les autres pays de l'Afrique du Sud-Est n'est pas meilleure - la pauvreté, la famine, la mortalité infantile, la santé et l'analphabétisme.

L'UNICEF est une organisation, que je n'ai pas besoin de présenter longuement dans le cadre de cet article. Tous les deux ans a lieu une grande réunion des Comités Nationaux dont le rôle essentiel est de collecter l'argent nécessaire au fonctionnement de l'organisation et d'informer le publié sur ses activités. Comme les représentants des comités nationaux n'ont que très rarement l'occasion de rencontrer les gens qui travaillent sur le terrain, le bureau régional de l'UNICEF pour l'Afrique de l'Est et du Sud a pris l'initiative de réunir cette année les représentants des « Natcoms » et les agents des « field offices » à Nairobi au Kenya. Avant d'arriver au Kenya, les délégués des comités nationaux avaient l'occasion de participer à une visite des pays de l'Afrique du Sud-Est comme le Mozambique, la Namibie, l'Angola etc.

Personnellement, j'avais le privilège de visiter le Malawi pour me rendre compte des activités de l'UNICEF dans ce pays. Il est vrai que l'UNICEF - non seulement au Malawi - a considérablement élargi son champ d'action. Il y a à peine quelques années, l'UNICEF s'occupait essentiellement des problèmes concernant la santé et la survie des enfants. Face à la misère croissante dans le Tiers Monde, il est apparu que seulement une approche globale de cette situation peut efficacement secourir les populations en détresse. Ceci s'exprime sur le terrain par les « area-based projects » ayant pour but d'apporter des améliorations dans quatre domaines importants et étroitement liés l'un à l'autre : La santé, la nutrition, l'alphabétisation ainsi que l'eau et l'assainissement.

L'accueil par le représentant de l'UNICEF au Malawi, M. Ken Williams était très chaleureux. La délégation des comités nationaux se composait de Nora Godwin, Senior Officer du bureau de New York, Andres Guerrero du bureau de Genève, Robert Lussier du comité  Canadien et de moi-même. Le soir de notre arrivée, Ken avait réuni tous ses collaborateurs et notre groupe autour d'un gigantesque rôti de porc, délicatesse très appréciée dans le coin où cet animal figure parmi les curiosités.

Lors d'un premier entretien dans les bureaux de l'UNICEF à Lilongwe, la capitale du Malawi, Ken nous a exposé les grandes lignes du travail de son organisation et les difficultés qu'il a rencontrées. Le fait que le Malawi est le seul pays « noir » africain qui entretient des relations diplomatiques avec l'Afrique du Sud a contribué à son isolement sur le plan international. Seul le Canada et l'Italie ont financé des projets d'aide au développement à caractère humanitaire. Même les grandes organisations de secours internationales ont boudé le Malawi. Les agents de l'UNICEF sur le terrain doivent faire preuve de patience et de tact diplomatique pour préparer et réaliser leurs programmes. Ce n'est que très récemment que le gouvernement a reconnu officiellement que la pauvreté et la famine existent au Malawi. Un résultat concret du travail de l'UNICEF et des autres organisations humanitaires a été la création en 1988 de la « Grande Alliance for the Children of Malawi », un organe qui regroupe toutes les associations, institutions et services ayant affaire aux problèmes touchant l'enfance. La stratégie adoptée récemment par l'UNICEF Malawi peut se résumer en trois mots: Agir pour convaincre! En effet, ce petit groupe d'une douzaine de personnes, le personnel administratif inclus, avec un budget limité ne peut que contribuer dans une très modeste

26

mesure à la lutte contre la misère. En encourageant des projets à petite envergure, il est néanmoins capable de démontrer au gouvernement qu'il est facile d'améliorer sensiblement les conditions de vie de la population avec des moyens financiers très limités.

Un bel exemple pour cette approche est les « area-based projects » (ABP), c.à.d. des projets limités à une région délimitée. Lors de la conférence de Nairobi, Mme Fay Chung, ministre de l'Education et de la Culture du Zimbabwe a cité une étude de la Banque Mondiale sur l'éducation dans les pays du Tiers Monde: « ... dans les pays en voie de développement, les adultes ayant un niveau de formation plus élevé gagnent plus d'argent, ont plus de chances sur les marchés de l'emploi urbains, sont plus productifs dans le secteur agricole, ont moins d'enfants, une meilleure santé, une nourriture d'une meilleure qualité, des attitudes plus « modernes » et ils sont plus motivés pour envoyer leurs enfants à l'école à leur tour... ici se retrouvent toutes les dimensions du développement. »

Cette citation montre l'interdépendance entre les divers aspects du développement. Conçus dans cet esprit, les projets du Malawi attaquent la misère sur quatre fronts : l'éducation, la nutrition, la santé et l'environnement.

L'éducation

Au Malawi, les enfants ne vont pas tous à l'école. Officiellement, on parle d'un taux de scolarisation des filles de 41%. Le taux d'alphabétisation des hommes de plus de 15 ans est de 51%. Compte tenu de ce qu'on nous a dit au Malawi, ces chiffres semblent encore exagérés. En effet, beaucoup d'enfants, surtout les filles, quittent l'école après quelques semaines pour aider leur mère dans le ménage ou dans les champs. Les conditions de travail des instituteurs et des élèves sont catastrophiques : 70-100 élèves par classe et par enseignant, un banc et un livre de cours pour 5-10 élèves. L'école se tient dans des cabanes désertées, souvent sans toit, toujours sans fenêtres, parfois simplement sous un arbre. Les enfants sont assis sur le sol et répètent à haute voix les textes que le maître leur récite tout en feuilletant dans des manuels délabrés. Pour écrire, ils utilisent des ardoises et de la craie. Les enfants sont habillés en haillons, surtout les garçons. Souvent on ne reconnaît plus la forme originale du vêtement. Les écoles essayent de populariser les uniformes ; une raison de plus pour les parents très pauvres (dans un pays où tout le monde est pauvre) de ne pas envoyer leurs enfants à l'école.

Lors des réunions avec les responsables et chefs de village, une grande partie du temps était consacrée aux lamentations des instituteurs qui faisaient un inventaire méticuleux des salles de classe, élèves, bancs et livres dans leur secteur. L'UNICEF intervient en achetant du matériel scolaire là où il est absolument indispensable, mais surtout en mobilisant les parents pour envoyer leurs enfants à l'école.

En effet la philosophie des ABP n'est pas de faire des cadeaux aux gens mais de les informer et de les éduquer à mieux maîtriser leur situation. Cette philosophie est très évidente dans l'aide apportée par l'UNICEF dans le domaine de la nutrition.

La nutrition

Au Malawi, 3 enfants sur 10 meurent avant l'âge de 5 ans. Plus haut, j'ai cité les taux élevés de mortalité infantile.

« L'importance de ces taux s'explique par une malnutrition endémique et une morbidité généralisée. L'enquête agricole nationale de 1981/1982 a montré que 55% de la population des moins de 5 ans présentaient dans les campagnes des symptômes de malnutrition chronique, la proportion passant de 65% dans certaines régions. La morbidité est générale et elle ne fait que stimuler et renforcer la malnutrition. Les carences nutritionnelles sont la principale cause des décès d'enfants de moins de cinq ans, sans compter qu'elles accroissent la vulnérabilité à des infections comme la pneumonie, le paludisme, la variole et les diarrhées, qui sont les maladies les plus meurtrières pour les enfants. »

Au Malawi, la terre est peu féconde. Une seule récolte par an est possible. L'aliment de base est le maïs. Les mois avant la prochaine récolte sont les mois les plus durs pour le peuple. Souvent, les réserves sont épuisées et il n'y a plus rien à manger. On mange deux fois par jour dans les cabanes en terre cuite ; les adultes mangent avant les enfants. Pour les plus petits, souvent il ne reste plus rien. C'est à cette situation que se rapporte la phrase citée au début de ce récit. En effet, les agents du bureau de l'UNICEF n'ont que très peu d'occasions pour assurer le suivi de leurs projets sur le terrain. Les mois pendant lesquels sévit la famine sont en plus en pleine période de pluie où les pistes - car il n'y a que très peu de routes macadamisées au Malawi - sont impraticables.

L'aide apportée par l'UNICEF consiste à améliorer la productivité du sol, à diversifier la production et à lutter contre l'érosion et le déboisement. Dans le district de Ntchisi, où nous avons pu visiter un premier ABP, la productivité du sol a pu être augmentée spectaculairement en utilisant des engrais. Certaines femmes nous ont dit qu'elles obtiendraient jusqu'à 15 fois plus de mais sur leur champ qu'avant. Il faut savoir qu'au Malawi, il existe encore une société du type matriarcal. La terre appartient à la collectivité. Les chefs de village (tous des hommes) distribuent la terre aux femmes qui travaillent dans les champs, souvent avec l'aide des enfants. Les hommes n'ont souvent pas de domicile fixe, mais se déplacent entre leurs différents foyers. En effet, la polygamie est un autre grand problème au Malawi, surtout en ces temps-ci, où le SIDA se répand avec une vitesse fulgurante. Les hommes qui ont jusqu'à quatre femmes ne sont pas rares au Malawi.

L'aide de L'UNICEF n'est pas gratuite. Les paysannes reçoivent deux sacs de semences et l'engrais nécessaire. Les semences sont rendues après la récolte et l'engrais est payé avec la recette de la vente des surplus. L'UNICEF encourage la diversification de la production, surtout par le soja. La lutte contre l'érosion et le déboisement à leur tour contribuent à l'accroissement de la productivité. En marge de l'ABP de Malindi, une pépinière installée par l'UNICEF fournit aux habitants de la région les plantes nécessaires au reboisement.

Dans le district de Ntchisi, la famine a pu être éliminée grâce aux mesures introduites par le projet. La malnutrition des enfants, qui menait au « stunting », c.à.d. un ralentissement de la croissance avait pour résultat, que les enfants du district de Ntchisi étaient en moyenne de 10 cm plus petits que les enfants de Lilongwe, la capitale. Il parait que ceci est le cas partout au dehors des quelques villes. Dans un des villages, on nous faisait visiter avec fierté un genre de « centre ménager » où on montrait aux femmes, comment elles pouvaient diversifier leur alimentation et améliorer l'hygiène dans leurs foyers.

La santé

Les vaccinations en bas âge et la lutte contre la mortalité infantile étaient les traditionnels domaines d'activité de l'UNICEF. Bien sûr, dans les ABP, ces aspects ne sont pas négligés et on peut dire qu'au Malawi et dans tous les autres pays d'Afrique le taux de vaccination est supérieur à 95%. Il est évident que si par-là, on augmente les chances de survie des enfants de moins de un an, il faut veiller, à ce qu'ils ne meurent pas de faim après. C'est une des raisons qui a fait naître les ABP. Nous avons pu assister souvent à des « séances » de vaccination dans les différents villages, et il faut dire que c'est très pittoresque.

Les femmes viennent au rendez-vous mensuel avec leurs bébés sur le dos et les petits derrières. Après l'arrivée des infirmiers et infirmières, les femmes se mettent à chanter des chansons à contenu éducatif (éducation sexuelle et sanitaire). Après cette introduction, les enfants sont pesés, vaccinés et le carnet médical est mis à jour. Vu que tout ceci se passe dans la brousse au sens literal du terme, nous étions étonnés d'apprendre que les femmes ne manquent presque jamais aux rendez-vous et que les carnets médicaux ne sont pour ainsi dire jamais perdus ou égarés. Après les vaccinations, les femmes ont l'occasion de s'informer sur les diverses méthodes contraceptives et reçoivent sur place les produits courants. Un des objectifs de l'UNICEF est l'espacement des naissances (« child spacing ») pour amener les femmes à avoir moins d'enfants et attendre au moins la majorité avant d'avoir leur premier bébé.

L'environnement

Cette partie du programme des ABP comprend surtout la lutte contre les conditions hygiéniques malsaines et l'approvisionnement en eau potable. Mais la lutte contre l'érosion et le déboisement s'intègrent également dans cet aspect des programmes. Dû à l'arrivée de 800.000 réfugiés du Mozambique, le sud du pays a été transformé en désert. Le bois, nécessaire à la construction de cabanes pour ces malheureux, fait l'objet d'un véritable marché noir dont profitent surtout les propriétaires d'une voiture. Sur le terrain, l'UNICEF encourage la construction de latrines et de puits. Nous avons pu admirer certains de ces endroits et c'est à ces moments qu'on prend de nouveau conscience du fossé qui sépare nos pays un peu trop développés de ces pays du Tiers Monde.

Plusieurs députés ont récemment adressé un appel pressant au gouvernement luxembourgeois d'investir entre 2 et 5 % des plus-values prévues pour le budget de l'exercice 1992 dans l'aide au développement. Ceci représenterait une somme entre 135 et 340 millions de francs luxembourgeois.

Le coût d'un ABP, qui touche une population de plus ou moins 20.000 personnes est chiffré à 40.000 dollars par an ; deux dollars par personne! On ne peut que féliciter le petit groupe autour de Ken Williams pour le travail qu'il fait au Malawi sous des conditions parfois très difficiles et il mérite notre soutien.

Texte et photos: Robert Soisson

31

Children and War

Der Bürgerkrieg im ehemaligen Jugoslawien hatte einen Höhepunkt erreicht. In Slowenien war es verhältnismässig ruhig. Zahlreiche Flüchtlinge aus den Kriegsgebieten drängelten sich in Ljubljana, darunter besonders viele Kinder. Auch Im Kinderdorf Pestalozzi in der Schweiz waren einige angekommen. Für die FICE stellten sich einige Fragen: Ist es sinnvoll und ethisch korrekt, einer kleinen Gruppe von Kindern zu helfen und die andren ihrem Schicksal zu überlassen? Und wenn ja, wie soll die Betreuung im sicheren Milieu aussehen? Wie können diese Kinder nach dem Konflikt wieder in ihrer Heimat eingegliedert werden? Grund genug, ein Expertenseminar zu organisieren, das im Mai in Ljubljana und in Nova Goricia an der italienisch-slowenischen Grenze stattfand.

Dieser Artikel gewinnt angesichts der dramatischen Lage der Flüchtlinge im Jahre 2016 ungewollt an Bedeutung: 500 Jahre nach der Eroberung, Kolonisierung und Ausbeutung der Länder der 3. Welt und der Ermordung und Verskalvung Millionen Einheimischer haben die Nachkommen dieser Verbrecher nichts anderes zu tun, als Mauern und Stacheldrahtzäune zu errichten um den Nachkommen der Opfer jede Hilfe zu verweigern...

I am glad to have the opportunity this morning, to explain to you briefly why and how FICE organised this seminar and to make some comments on the issues of it.

During the last FICE-Congress in Luxembourg in May 1992, the delegates were surprised by the news that some gunmen shot down nearly 20 people lined up in front of a bakery in Sarajevo, waiting for the shop to open. Many others were hurt and among the dead were also some children. The congress participants reacted immediately and voted unanimously a resolution condemning the violence in this part of former Yugoslavia, and particularly the violence against children. The cruel pictures shown on TV are now forgotten. Others, sometimes more cruel ones have taken their place.

Not only in former Yugoslavia, but all over the world, violence against children is on the agenda every day. In many cases, the children get some help like blankets and food, but the trauma due to war and natural cataclysms remain unhealed.

Some time after this event, some countries of Western Europe decided to accept refugee children who had been evacuated from war zones and offered them shelter for a non-limited period, waiting for the end of the war. When the trains arrived in Germany, journalists immediately found out, that some parents had to pay for their children in order to get a place on the train. Once more, the children of poor parents or children who had lost their parents were the victims in this tragic situation. Fortunately enough, the German government decided to evacuate also the children left behind by the first operation.

On the federal council meeting in Espoo, Finland, FICE decided to organise a seminar on the theme of refugee children and especially on the psycho-pedagogical aspects of their situation. The idea was put forward to ask for financial support by the European Community. The seminar should take place in Ljubljana, at the end of our Federal Council meeting in May 1993. Our friend Daniel Vidaud, who asked for the subvention from the EC, told us that we would get a small amount of money for the organisation of the seminar, but that the seminar had to be organised on the territory of one EC-member country. So, together with Alenka Kobolt, we decided to organise it in this town, well known to all people active in child and mental health care as the place where the famous psychiatrist Basaglia started to transform in a radical way the field of psychiatric care.

What is the purpose of this seminar? From our president, you know now what are the main aims and objectives of FICE. In the very beginning of its existence, FICE was dealing with the same kind of children that we are dealing with now: Children who had lost their parents during the Second World War and who were admitted to the so-called children's villages that had been created immediately after the end of the hostilities. In the beginning, FICE was a gathering of the directors of these villages and there were enthusiastic discussions about the aims and objectives of these villages and the education of their inhabitants. There have also been controversy discussions, for instance about the political orientation: Some villages had organised the so-called children's republics; communities where the children had many political rights and were really able to decide by themselves about important issues in their daily life and the management of the institution. Perhaps this was one possible answer to the question how to restore "respect, autonomy and empowerment"

We have war in Europe again. The breakdown of the former socialist countries in the east has led to a dramatic situation for the populations concerned. In many places, the transition from a planned to a market-oriented economy is developing peacefully. In other countries, this is not the case and old rivalries between ethnic groups and minorities are aggravating the situation. The bad economic situation almost everywhere also contributes to create a pre-revolutionary atmosphere. In former Yugoslavia, we have currently a crisis area, but there can be some more in a few years.

In this seminar, we certainly speak about the situation in Bosnia-Herzegovina, but we also talk about the general situation of children in areas touched by war and emergencies. And we don't speak about their immediate needs like blankets and food, but we try to concentrate on the psychosocial help and assistance these children need in their own country as well as abroad.

FICE is a very small international organisation and FICE is not (yet?) involved in projects to help or assist refugee children as an international organisation. Some of its member sections are more or less involved in activities concerning refugees and their children in their own country or in the crisis areas. But until now, there has been no systematic reflection on this problem and considering the fact that FICE was born in a similar situation, we had the feeling, that it was time to define our position in this field of work which will be certainly of growing importance in the coming years.

The knowledge that FICE accumulated in the very beginning of its existence about the psychosocial assistance for war-traumatised children has been lost. But 50 years ago, the situation was quite different and although the basic needs of the children have remained the same, the psychosocial needs have to be considered in a new way.

I don't want to enter into details, because most of the following speakers will do so. The reality is complicated and there will be left more questions than answers at the end of our meeting. FICE has not organised this seminar to give some lessons to other people or organisations, on the contrary, FICE wants to learn from the experience of other organisations active in the field and during the months and years following this meeting, our organisation wants to check if it can organise a meaningful support for the organisations working already in crisis areas.

The problems we want to discuss today have been summarised very well by Vesna Bosnjak, former head of the Urban Section of UNICEF-New York and currently working as a consultant with people affected by war in former Yugoslavia. Her article was published in the UNICEF-Quarterly "First Call for Children" (January-March 1/93, p. 2).

She explains that emergency interventions for people affected by war often ignore the need to control their lives and to plan for the future. "Yet the suffering and psychological trauma of war can be best alleviated by addressing those needs." Collective shelters, according to Vesna Bosnjak are often run in an authoritarian way. The need for self-organisation and refugee-friendly information systems and communication channels are frequently ignored. As efforts to meet the psychosocial needs of people in war are often delegated to inexperienced member of caring professions and as the assistance to affected populations is provided by mostly untrained front-line workers, it happens that sometimes bad or unnecessary decisions are taken by these people and "normal, productive people will be treated as inmates of an old-fashioned charity institution. Vesna Bosnjak emphasises on the need to have psychological programmes to treat burn-out syndrome of the front-lineworkers themselves and "programmes for psychological assistance which explicitly link the role of caring professionals to a human rights agenda."

Vesna Bosnjac concludes:

"Professionals and front-line workers should empower people to resume control over their lives, to reject whatever destructive and authoritarian strains they can discover in their communal conduct and to help stop the transmission of violence and hate down through generations.

Professionals can support groups organised by the displaced and refugees themselves, sharing information with those affected and informing them of their rights. They can give refugee groups the skills needed to resolve conflicts and to rebuild their communities.

With such goals, members of the caring professions become social mobilisers and human rights activists as well, rolls not always compatible with the goals of the institutions and governmental structures they belong to. Many will prefer to pursue academic excellence or bureaucratic priorities. United Nations should not be on their side."

This conclusion is kind of a program. Some very important notions are mentioned: Self-determination, respect of human rights, need of qualified and trained staff. Some of these aspects remind me the children's republics in the early times of FICE: What is requested for adults by Vesna Bosnjak has been realised many years ago for the children victims of the Second World War. Of course, none of these institutions survived. The economic boom in he fifties brought along another way of thinking and the cold war put an end to experiments in democratic living for young children.

In some articles, I found the name of Magne Raundalen. He is a child psychologist, specialising in traumatised children and currently working for UNICEF in Zagreb. Under his supervision hundreds of children have been questioned about their war experiences. According to an article of Edith Simmons-Richner, a Swiss journalist in the Basler Zeitung (September 24th, 1992), some 900.000 children in former Yugoslavia can be considered as war-traumatised. 150.000 of them have been exposed for a longer period to direct terror.

R.S. May 1993

Aylan Kurdi, ertrunken auf der Flucht aus Syrien im September 2015

Eugeen Verhellen : Éducation et droits des enfants

Im Februar 1994 hielt Professor Eugeen Verhellen eine Konferenz zum Thema Erziehung und Kinderrechte. Kurz zuvor hatte Luxemburg die Kinderrechtskonvention ratifiziert. Hier meine einleitenden Worte zu dieser Konferenz.

« La jeunesse d'aujourd'hui est pourrie jusqu'aux os, elle est méchante, paresseuse et ne croit pas en dieu. Elle ne sera jamais comme les générations précédentes et elle ne réussira jamais à préserver notre culture ». Cette phrase, qui aurait pu être prononcée hier par un professeur mécontent, a été gravée il y a environ 5000 ans sur une plaque d'argile babylonienne. Ce qui montre que le débat mené sur l'éducation, les droits et devoirs des enfants et, pourquoi pas, les réformes scolaires ne remonte pas à hier et avant-hier. C'est un peu dans ce contexte que s'inscrit, malgré elle, la conférence de ce soir. Elle est importante d'un double point de vue : D'une part, elle a lieu à un moment où la discussion sur la Convention Internationale des Nations Unies sur les Droits de l'Enfant ne fait que commencer dans notre pays, d'autre part, elle a lieu à un moment où se tient un grand débat public sur les méthodes, les contenus et les réformes de notre système d'enseignement.

L'enseignement luxembourgeois est en crise. L'école évolue beaucoup moins vite que la société. Les méthodes utilisées dans les salles de classe datent de la fin du siècle dernier. On constate un ras-le-bol collectif chez les enseignants et les élèves. Dans un article paru dans la dernière édition de « Forum », un enseignant dit à propos des élèves : « Sur la classe de 7ᵉ, ils sont encore capables de penser librement, sur la classe de 2ᵉ ou de 1ᵉʳᵉ, ils ne savent plus le faire. » Ce jugement accablant sur un système d'enseignement qui se croit être un des meilleurs du monde décrit bien le malaise qui existe et montre combien nos concepts pédagogiques ou éducatifs ont besoin d'une révision complète.

Mais le mot « éducation » ne désigne pas seulement le système scolaire. Mot sacré pour les uns, il désigne pour les autres la suprématie absolue de l'adulte sur l'enfant, pour le bien ou pour le mal. L'optimisme pédagogique de l'après-guerre, avec sa croyance dans les pouvoirs magiques d'une éducation s'inspirant de valeurs démocratiques a été démenti par l'évolution de la société tout entière : la brutalité avec laquelle sont menées les guerres civiles, la recrudescence d'un fanatisme religieux digne du moyen âge et les fléaux bien connus des sociétés de consommation en témoignent.

L'éducation se pratique quotidiennement dans des endroits aussi divers que la famille, l'école, les foyers d'accueil, les sociétés de musique, les camps de réfugiés, les clubs sportifs, les académies de danse, la télévision, la presse, etc. Mais partout, elle passe dans une seule direction : de l'adulte vers l'enfant !

L'enfant, ce rien, cet être humain incomplet, ce fruit en train de mûrir, cette feuille vierge sur laquelle il faut tout inscrire a longtemps fait la délectation des pédagogues. Mais malgré leur bonne volonté, les guerres se sont succédées, le mal a persisté, la nature humaine n'a pas changé, les hommes chez lesquels l'éducation semble avoir porté ses fruits sont les premiers à se faire emprisonner et tuer.

Alors sommes-nous sur la fausse voie ?

J'ai la prétention de dire « oui » ! L'une des erreurs les plus absurdes que nous avions pu commettre est le fait de considérer l'enfant comme un être incomplet. « Le concept traditionnel de l'éducation part du fait que l'enfant dépend des adultes, qu'il est ignorant et stupide. Cette « minorité ontogénétique » défie les pédagogues : L'enfant doit être adapté à la société, mis sur la bonne orbite, bref, être éduqué. Le modèle auquel se réfère cette éducation est l'adulte moyen, dont un pédagogue - ou plutôt un antipédagogue –Ekkehard von Braunmühl énumère les qualités typiques : « Egoïsme, jalousie, ignorance, intolérance..., esprit de compétition dominé par la peur, l'avidité, l'autoritarisme et la haine. » Presque jusqu'à nos jours, l'éducation se pratiquait à coups de poing et de pied. En 1929, Walter

Benjamin a constaté un changement lorsqu'il remarquait que le progrès de la pédagogie officielle consiste à « remplacer de plus en plus la violence par la ruse ». Le principe ne semble pas nouveau car Jean-Jacques Rousseau a déjà écrit dans son « Emile »:

« Prenez une route opposée avec votre élève, qu'il croie toujours être le maître, et que ce soit toujours vous qui le soyez. Il n'y a point d'assujettissement si parfait que celui qui garde l'apparence de la liberté ; on captive ainsi la volonté même. Le pauvre enfant qui ne sait rien, qui ne peut rien, qui ne connaît rien, n'est-il pas à votre merci ? Ne disposez-vous pas, par rapport à lui, de tout ce qui l'environne ? N'êtes-vous pas le maître de l'affecter comme il vous plaît ? Ses travaux, ses jeux, ses plaisirs, ses peines, tout n'est-il pas dans vos mains sans qu'il le sache ? Sans doute il ne doit faire que ce qu'il veut ; mais il ne doit pas faire un pas que vous ne l'ayez prévu ; il ne doit pas ouvrir la bouche que vous ne sachiez ce qu'il va dire. »

D'après Von Braunmühl, « l'idéal de la pensée pédagogique ... est l'élève qui fait de plein gré ce que veulent les autres » L'éducation a toujours tendance à provoquer « le contraire de ce qu'elle veut réaliser ». « Tout acte éducatif définit la relation entre adulte et enfant comme une relation entre dominant et dominé, chaque intention éducative est accompagnée implicitement d'un message secret ou caché au niveau de la communication qui influence négativement auto perception de l'enfant. » »

On voit bien que la discussion qui nous intéresse ce soir est menée déjà à d'autres endroits, par d'autres personnes. Mais elle aura dans le futur une toute autre qualité par le fait que la convention internationale sur les droits de l'enfant existe. Est c'est dans ce contexte que je tiens à remercier le professeur Eugeen Verhellen d'être parmi nous ce soir, car à mon avis, il a bien compris l'enjeu que représente ce texte.

Le professeur Verhellen est le directeur de la faculté de psychologie de l'université de Gent. Il est également le directeur du Centre des Droits de l'Enfant crée récemment dans le cadre de son institution. Il va bientôt organiser un troisième et même un quatrième colloque international sur la promotion et la défense des droits de l'enfant. Dans ses articles, on constate que son engagement porte sur deux niveaux différents: D'une part il veut contribuer à donner à l'enfant le statut qu'il mérite dans la société, c.à.d. celui d'un être qui jouit pleinement des droits humains, d'un sujet et non d'un objet de droit, d'autre part il veut inviter les psychologues à reconsidérer leur manière de voir l'enfant comme un objet, de découvrir en lui ses forces plutôt que ses faiblesses, ses connaissances plutôt que ses ignorances, ses actions plutôt que ses réactions. Mais son souci principal, c'est d'agrandir les possibilités de l'enfant de participer à l'organisation de sa vie. Ce concept de participation est en train de se construire.

Au nom des organisateurs de cette soirée, je tiens à le remercier vivement d'avoir accepté notre invitation. Je vous signale que le professeur Verhellen va approfondir ce qu'il dira ce soir demain lors d'un petit séminaire qui aura lieu au ministère de la famille à partir de 10.00 heures. Je vous prie de bien vouloir vous inscrire sur la liste que vous trouverez à la sortie de la salle.

Das Echternach-Syndrom Band 1: Kinderrechte in Luxemburg

Après la ratification par le Grand-Duché de Luxembourg de la convention relative aux droits de l'enfant

Education et droits des enfants

L'ANCE (Association nationale des communautés éducatives), en collaboration avec le Comité Luxembourgeois pour l'UNICEF et la Société luxembourgeoise de Psychologie avait invité jeudi dernier les intéressés à assister à une conférence du professeur Eugeen Verhellen intitulée «Education et droits des enfants». La conférence a eu lieu à la Bibliothèque nationale à Luxembourg. Le professeur Verhellen est un psychologue et directeur du Centre des Droits de l'Enfant à l'Université de Gand. Il a animé deux conférences internationales sur la défense et la promotion des droits de l'enfant et a édité un livre sur la matière.

Le conférencier a été présenté par le président de l'ANCE Robert Soisson qui soulgina que non seulement aujourd'hui, mais depuis toujours les jeunes font l'objet de critiques. Actuellement, l'enseignement est plus que jamais en crise et l'on ne pourra remédier au malaise qu'en adaptant mieux les méthodes anciennes à l'évolution de la société. Eduquer, ce n'est pas seulement enseigner, mais c'est essayer d'inculquer des valeurs démocratiques. L'enseignement actuel, selon Robert Soisson, réussit plutôt, entre autres, à inculquer l'égoïsme, l'intolérance et l'esprit de compétition, ce qui ne devrait certainement pas être son but. Le président de l'ANCE remercia le professeur pour son engagement et sa volonté de donner à l'enfant le statut et les droits d'un être humain et non d'un objet, tout en invitant les psychologues à redécouvrir l'enfant.

Le professeur Verhellen souligna tout d'abord que les droits de l'enfant ne sont pas évidents. La convention de l'ONU relative aux

Le professeur Verhellen

droits de l'enfant que le Grand-Duché de Luxembourg, à l'instar de nombreux pays, a ratifiée, a mis en lumière l'importance du rôle des enfants dans nos sociétés, que ce soit dans le monde en développement ou dans les pays industrialisés. C'est la première fois qu'un instrument juridique international définit les droits de l'enfant et les obligations des Etats et des parents vis-à-vis de leurs enfants.

Les principes de base de l'éducation ont beaucoup évolué. Les autorités souveraines ont heureusement fait place dans la plupart des cas à plus de compréhension. Les «Droits de l'homme» des enfants sont de plus en plus reconnus dans les rapports complexes entre adultes et enfants, et ce dans l'éducation et dans l'enseignement. L'intérêt récent pour ces droits va dans la bonne direction, ainsi que la jurisprudence face, entre autres, aux châtiments corporels. 155 pays ont ratifié la convention – et d'autres suivront – qui en 54 articles reprend les droits des enfants.

Ils s'agit en premier lieu de protéger la jeunesse contre la négligence, le travail des enfants, les punitions, les traitements cruels, l'abus sexuel, la torture et autres crimes. Les enfants réfugiés, handicapés et ceux se trouvant dans des situations particulièrement difficiles doivent jouir d'une protection accrue.

En second lieu, il s'agit de faire profiter les enfants de différents services et facilités. Pensons ici, par exemple, aux droits aux loisirs. Ces droits incombent à la société et aux Etats.

Un troisième droit consiste dans la participation des enfants à leur éducation. Ils doivent pouvoir exprimer leur opinion (article 12) dans toutes les situations qui les regardent. En cas de séparation ou de divorce des parents par exemple il est important de pouvoir les consulter.

Les enfants ont également le droit à l'éducation. Pour le professeur Verhellen, l'éducation est le développement intégral de la personnalité qui doit mener au respect des droits et libertés fondamentaux, à l'entente entre toutes les nations et au respect de l'environnement. Il faut s'efforcer de mettre en pratique ce qui, théoriquement, existe. L'égalité des chances n'est pas toujours respectée. Certaines bourses, par exemple, ne récompensent pas ceux qui devraient y avoir droit. L'école a une grande responsabilité dans l'éducation et il serait très important d'établir un «statut de l'élève à l'école» et de le faire réellement participer au système éducatif.

La convention ratifiée rapidement par de nombreux pays est une déclaration morale et constitue

une reconnaissance des droits des enfants. Elle a un effet contraignant et certains de ses articles garantissent également le contrôle du respect de ses dispositions. C'est en insistant sur le respect de la dignité de l'enfant que le conférencier termina son exposé.

Animé par le professeur Verhellen, un séminaire destiné à approfondir la réflexion a eu lieu vendredi matin au ministère de la Famille et de la Solidarité.   Csk

Luxemburger Wort ; 5. 2. 1994, S. 4

Eugeen Verhellen: OMBUDSWORK FOR CHILDREN

A way of improving the position of children in society

Edited by Eugeen VERHELLEN & Frans SPIESSCHAERT

Acco, Leuwen 1989; ISBN 90-334-2051-1

Von 1995 bis 1999 bestand im Familienministerium eine Ad hoc Arbeitsgruppe, die den Auftrag hatte, ein Projekt für eine Ombudsstruktur in Sachen Kinderrechte auszuarbeiten. Sie stand unter der Leitung von Mill Majerus. Die erste Tagung fand im Dezember 1993 unter dem Vorsitz von Minister Fernand Boden statt: Eingeladen waren: Jos Bewer, Jean Bouché, Mariette Goniva, Marcelle Ludwig, Michel Neyens, Jean-Pierre Pier, Gilbert Pregno, Louise Rechtfertig, Marie-Josée Rohmann-Estgen, William Schütz, Roland Seligmann, Robert Soisson, Serge Thill und Claude Wiseler. Eugeen Verhellen wurde später als externer Berater in die Arbeit der Gruppe einbezogen.

So formlos wie sie einberufen wurde, so formlos wurde sie aufgelöst: Kein Brief, kein Wortdes Dankes, kein Abschlussbericht ... Stattdessen wurde im stillen Kämmerlein des Familienministeriums ein neues Konzept erarbeitet, das den Vorschlägen der Kommission nur zu einem kleinen Teil Rechnung trug. Ende 2001 wurde dann das Ombudkomitee für die Rechte des Kindes ohne Rücksprache mit der Kommission gegründet.

Vorbemerkung:

Das Buch, welches ich im Folgenden im Auftrag unserer Arbeitsgruppe zusammenfassen werde, ist eine Sammlung von Beiträgen, die anlässlich des 1. internationalen Kongresses "Ombudswork for Children" zusammengetragen werden konnte. Dieser Kongress fand unter dem Impuls und unter der Leitung von Eugeen Verhellen statt. *Prof. Dr. Eugeen*

Verhellen ist Professor für Psychologie an dem Psychologischen Institut der Universität Gent und Leiter des "Seminars und Laboratorium für Jugendfürsorge und Erwachsenenbildung der Reichsuniversität Gent". Innerhalb dieser Einrichtung besteht ein "Forschungs- und Informationszentrum für die Rechte des Kindes", in dessen Auftrag das vorliegende Buch veröffentlicht wurde. Ein zweiter internationaler Kongress zum Thema Ombudswork fand 1991 in Amsterdam statt und ein dritter wird voraussichtlich 1994 in Südamerika stattfinden

Zur Terminologie: Die Ausdrücke Ombudswork und Ombudsmann stammen aus dem skandinavischen Raum und haben dort eine für jedermann verständliche Bedeutung weil es diese Einrichtung seit mehreren Jahrhunderten gibt. Der Ausdruck ist eng an die Funktion gebunden. Wir werden in Luxemburg wohl oder übel einen anderen Ausdruck finden müssen, einen Ausdruck, der sich orientiert an der Art wie in Zukunft hier in Luxemburg die Rechte der Kinder gefördert und verteidigt werden sollen.

Ich werde mich im Folgenden strikt an den Aufbau des Buches halten (der übrigens auch dem Aufbau des Kongresses entspricht) und versuchen, die für unsere Arbeitsgruppe wichtigen Informationen hervorzuheben.

Einleitung (S.1)

In seiner kurzen Einleitung geht E. Verhellen auf die Bedeutung des Kongresses ein, der sowohl qualitativ-inhaltlich als auch von der Zahl der Beiträge her ein Erfolg war. Seiner Auffassung nach spiegelt sich darin das Interesse und die Neugier gegenüber der sich in stetigem Wandel befindenden sozialen Position des Kindes. Hauptziel des Kongresses war die Weiterentwicklung des Konzeptes der Kindheit; weg vom Begriff des *Kindes als werdender Erwachsener* hin zur Betrachtung des *Kindes als eigenständiges menschliches Wesen.*

Teil 1: Motive und Strategien zur Verteidigung und zum Ausbau der Rechte des Kindes

Eugeen Verhellen: Ombudswork für Kinder: Strategien zur Absicherung der Selbstständigkeit des Kindes in unserer Gesellschaft. (S. 9 ff)

Die Kinderrechtsbewegung ist ein Hinweis für das steigende Interesse an einer Klärung der rechtlichen Situation des Kindes in unserer Gesellschaft. In seinem Beitrag versucht Verhellen aufzuzeigen, *warum* ein solches Interesse besteht und *wie* diese Rechtslage geklärt werden kann.

1. Begründung

Die Notwendigkeit der Definition von verbindlichen Kinderrechten besteht aus vier Gründen:

1.1 Unsere Gesellschaft ist *erwachsenenzentriert.* Ähnlich wie die Frauen vor hundert Jahren wird das Kind heute noch nicht als eigenständige Person betrachtet. Die Erwachsenen schreiben ihm Rollen zu an die es schließlich selbst glaubt. So entsteht was die Rechtslage des Kindes betrifft ein *Moratorium* das unendlich lange dauern kann.

1.2 Das Kind ist ein *menschliches Wesen* und ist als solches *bereits im Besitz aller Menschenrechte.* Dass das Kind noch "in Entwicklung begriffen" sei ist kein Argument, ihm Rechte vorzuenthalten, denn welcher Mensch ist schon vollkommen entwickelt? Wie andere Personengruppen kann das Kind allenfalls *zusätzliche Rechte* beanspruchen, z.B. das Recht auf Schutz.

1.3 In *Wissenschaft und Forschung* wurde das Kind bisher vorwiegend als *Forschungsobjekt* betrachtet. Es wurde fragmentiert und in eine Art Quarantäne versetzt, die progressiv, nach dem Durchlaufen verschiedener Stadien bis zum Erwachsenenalter, aufgehoben wird. In dieser Logik entsteht jedes Mal ein *Teufelskreis* wenn Kinder von Erwachsenen als anders betrachtet werden, dadurch auch anders behandelt werden, was wiederum die Unterschiede vergrößert. *Das Wesen des Kindes bleibt unberücksichtigt.* Neuere wissenschaftliche Theorien betonen die aktive Rolle, die das Kind im Umgang mit Erwachsenen und seiner Umwelt spielt. Es reagiert nicht nur auf seine Umgebung sondern beeinflusst diese als *"sinn-bildendes" Subjekt.*

1.4   *Historisch* gesehen ist der Begriff der Kindheit relativ rezent. Erst während der Aufklärung wurde das Kind als eigenes Wesen definiert und erst um die Jahrhundertwende wurden die ersten Gesetze zum Schutz der Kinder erlassen.

2. Strategien

Kindheit ist durch Machtlosigkeit charakterisiert. Ausgehend von der Tatsache, dass alle Menschen gleich sind, unabhängig auch von ihrem Alter, muss dem Kind Autonomie, das Recht auf Selbstbestimmung und die Anerkennung als Rechtssubjekt gewährt werden. Die *Kinderrechtsbewegung* stellt ihre Forderungen in den Rahmen der allgemeinen Menschenrechte. Kinder sollen nicht den Erwachsenen gleichgestellt werden, sie sollen aber das Recht auf *Selbstverwirklichung* erhalten. Dies ist nur möglich in einer demokratisch funktionierenden Gesellschaft mit demokratischen Institutionen und wird einen befreienden Einfluss auf alle Mitglieder dieser Gesellschaft haben.

2.1   Die Frage der Kompetenz (Urteilsfähigkeit)

Generell werden Kinder als unreif dargestellt: Sie sind nicht kompetent genug um unabhängig ihre Rechte ausüben zu können. Die Validität dieses Arguments wird jedoch relativiert 1) durch die Tatsache, dass auch Erwachsene nicht gleichermaßen in allen Bereichen kompetent sind, 2) durch die immer wieder aufflammenden Diskussionen um die Bestimmung der Altersgrenze zum Status des Erwachsenen und 3) durch wissenschaftliche Forschungsergebnisse, die beweisen, dass auch sehr junge Kinder intellektuelle Klarheit und moralische Urteilsfähigkeit besitzen (Piaget) sowie Berichte über gut funktionierende autonome Kindergemeinschaften. Wie auch immer die Standpunkte sind: Die Verwirklichung der Rechte des Kindes können nur dazu beitragen, seine Kompetenz zu erhöhen, nicht umgekehrt!

2.2 Tendenzen in der Kinderrechtsbewegung

Innerhalb dieser Bewegung gibt es mehrere Richtungen:

- Der reformistische Flügel fordert eine Herabsetzung der legalen Altersgrenze und die progressive, altersspezifische Gewährung von Rechten.
- Der radikale Flügel fordert die Gewährung der allgemeinen Menschenrechte für alle Kinder
- Der pragmatische Flügel geht davon aus, *dass Kinder im Prinzip im Genuss aller Rechte sein sollen, außer in den Fällen in denen die Inkompetenz bewiesen ist* und dies von niemandem bestritten wird. Darin besteht ein gewichtiger Unterschied zur heutigen Situation in der Kinder im Prinzip keine Rechte haben außer in besonderen Situationen. Damit werden aus Rechten Pflichten (siehe Schulpflicht).

2.3 Strategien der Kinderrechtsbewegung

2.3.1 *Lobbyarbeit für das Kind*: Hauptziel der Lobbyarbeit sind strukturelle Veränderungen auf gesellschaftlicher Ebene. Diese werden erreicht durch Öffentlichkeitsarbeit, Archivierung von Missbrauchsfällen, Beratung von Politikern, Unterstützung lokaler Initiativen und Beratung der gesetzgebenden Instanzen.

2.3.2 Wissenschaftliche Untersuchung der Kindheit unter Einbezug der Perspektive des Kindes

2.3.3 Förderung der Selbstorganisation von Kindern

2.3.4 Netzwerkentwicklung

3. Ombudswork für Kinder

Verhellen wählt den Ausdruck *Ombudswork* - in Anlehnung an seinen skandinavischen Ursprung - um alle Handlungen zu bezeichnen, die darauf abzielen, die Position des Kindes in unserer Gesellschaft zu verbessern. Der *Ombudsman* wird wie folgt definiert:

1. Er untersteht der Legislative, arbeitet aber in völliger Unabhängigkeit
2. Er hat unbegrenzten Zugang zu vertraulichen Daten
3. Er kann die Regierung kritisieren
4. Er kann gerichtliche Prozeduren einleiten (z.Z. nur in Schweden)
5. Er überprüft Klagen von Einzelpersonen um zu verhindern, dass sich ähnliche Situationen in der Zukunft nicht mehr wiederholen.
6. Er achtet auf eine umsichtige Formulierung seiner Entscheidungen

Die Arbeit des Ombudsman kann auch innerhalb einer Institution angesiedelt sein.

Lea Dasberg: Was ist ein Kind und welches sind seine Rechte? (S. 35 ff)

Lea Dasberg war Professor für Geschichte der Pädagogik an der Universität Amsterdam und unterrichtet zurzeit am Educational Centre des Ramat Hanegev College in Yeroham/Israel

Der Satz "Die Rechte des Kindes in der Gesellschaft" beinhaltet laut Dasberg gleich drei Variablen.

1. Das "Kind" ist kein statischer Begriff. "Kindheit" ist durch geschichtliche, kulturelle und soziale Bedingungsfaktoren gekennzeichnet. Dasberg definiert sie als eine spezifische Lebenssituation, die durch das Nicht-Verlassen der beschützenden Umgebung gekennzeichnet ist. Sie erläutert dies an zahlreichen Beispielen.

2. Ebenso wenig wie eine einheitliche Vorstellung vom Kind gibt es eine einheitliche Vorstellung von dem Begriff "Recht". An den Beispielen von Kinderarbeit und Schulpflicht zeigt sie auf, dass das was für den einen ein Recht oder eine Schutzmaßnahme war, von den Betroffenen und von ihrer Umgebung nicht immer als solche wahrgenommen wurde. So brachte um die Jahrhundertwende das Verbot der Kinderarbeit viele Familien um das lebensnotwendige Zusatzeinkommen und so erleben heute viele Kinder die Schule heute mehr als eine Last denn als ein Recht. So wird die Schule als kinderfeindlich, grausam, vom alltäglichen Leben entfremdet, als Unterdrückungs- und Kontrollagentur beschrieben, die die Kinder gesellschaftlichen Bedürfnissen anpasst anstatt sie ihren Anlagen und Fähigkeiten entsprechend zu fördern.

Rechte können sich auch widersprechen. Wenn Leute auf künstliche Befruchtung, Retortenbabys oder Leihmutterschaften zurückgreifen, um ihr "Recht" auf Elternschaft zu erfüllen, wo bleibt dann das Recht des Kindes auf eine eigene Identität?

3. Kinderrechte können nicht von den Menschenrechten getrennt werden. Sie sind abhängig vom Entwicklungsstand der Gesellschaft innerhalb derer sie realisiert werden sollen. Sie haben auch nur dann einen Sinn, wenn das Kind oder der Jugendliche damit die Perspektive eines sinnvollen Erwachsenenlebens verknüpfen können.

Leo Apostel: Kinderrechte und Bedürfnisse und/oder Menschenrechte und Bedürfnisse (S. 47 ff)

1. Einleitung

Prof. Dr. L. Apostel ist Professor für Philosophie an der Reichsuniversität Gent. Sein Artikel ist sehr reichhaltig an persönlichen Überlegungen und daher schwierig zusammenzufassen. Er möchte auch keine fertigen Antworten auf die gestellten Probleme geben, sondern er will das Thema Kinderrechte in einem weiten historischen, gesellschaftspolitischen und ideengeschichtlichen Rahmen diskutieren. Er betrachtet die Kinder als eine "endangered species", also eine in ihrem Überleben gefährdete Art. In der ganzen Diskussion um die Kinderrechte sind weder die Motive noch die Begriffe sehr klar. Menschenrechte sind für ihn immer noch eine Fiktion. Menschen- und Kinderrechte werden nur kodifiziert weil sie tagtäglich missachtet werden.

2.　　　Kinderrechte und Menschenrechte

1. Alle Kinder sind menschliche Wesen. 2. Alle menschliche Wesen haben alle Menschenrechte. 3. Daraus folgt: Alle Kinder haben alle Menschenrechte.

Dieser Syllogismus ist das Basisargument der Kinderrechtsbewegung. In keinem Land auf der Welt genießen die Kinder jedoch diese Rechte, wie z.B. das Recht auf Eigentum (Art 17 der Menschenrechtserklärung der Vereinten Nationen von 1948), Religionsfreiheit (Art. 18 und 19), politische Mitbestimmung (Art 21), Recht auf Arbeit (Art. 23), Recht auf Vertretung vor Gericht (Art. 10) und das Recht auf Schutz vor Misshandlung und Diskrimination (Art. 5)

Apostel unterscheidet zwischen "positive law" und "natural law". Erstere sind die Gesetze, die von Staaten erlassen werden. Die Menschenrechtserklärung gehört nicht dazu, setzt aber ein Ideal. Da kein Gesetzsystem diesem Ideal entspricht, versucht die Kinderrechtbewegung, gegen Einschränkungen der Kinderrechte in den bestehenden Gesetzessystemen anzukämpfen.

Anmerkung: Die Verabschiedung der Internationalen Konvention über die Rechte des Kindes durch die Vereinten Nationen und ihre Ratifizierung durch die Mitgliedsstaaten hat diese Rechtslage grundlegend verändert. Demnach sind die Rechte des Kindes integraler Bestandteil der "positive law" des Staates, der die Konvention ratifiziert hat.

3.   Der Stellenwert von Menschenrechtserklärungen

Apostel zählt alle bekannten Erklärungen dieser Art auf und stellt fest, dass sie immer Ergebnis eines Machtkampfes waren. Die Menschenrechterklärung von 1948 enthält zwei Arten von Rechten: 1. Das/die Recht(e) auf Handlung und Mitbestimmung, 2. Das/die Recht(e) auf Schutz und Wohlergehen. Erstere entstammen der liberalen, die zweiten der sozialistischen Tradition. Die Erklärung von 1948 zeichnet eine Gesellschaft vor, die den klassischen Ost/West-Gegensatz transzendiert. Sie ist jedoch stark an den Problemen der industrialisierten Staaten orientiert und trägt der Lage der Länder der dritten Welt nur wenig Rechnung. Sie ist also sehr stark geprägt von den sozialen und kulturellen Problemen unserer Zeit. Nach dem Versuch eine allgemeinere Grundlage für die Formulierung von Menschenrechten zu finden, gelangt der französische Ethnologe Lévi-Strauss zu der Schlussfolgerung, dass diese den gleichen Stellenwert haben wie etwa die Rechte von Tieren oder die Rechte der Umwelt.

4.   Rechte im Allgemeinen und Menschenrechte im Besonderen

Apostel diskutiert hier ausführlich die Begriffe "Recht" und "Menschenrechte" indem er drei Schulen vorstellt: Die erste (A. Gewirth, L. Lomasky) ordnet den Menschen bestimmte Grundeigenschaften (basic properties) zu und leitet ihre Rechte von diesen Grundeigenschaften ab. Apostel bezeichnet sie als anti-humanistisch, aber einflussreich. Die zweite Schule bezeichnet er als "utilitaristisch" (J. Bentham, J.S. Mill u.a.) und lehnt ihre Theorien ebenfalls ab weil sie statisch und unhistorisch sind. Eine dritte Schule (L. Doyal, I. Gough) leitet Rechte ab von den Grundbedürfnissen des Menschen. Es besteht eine bemerkenswerte Übereinstimmung zwischen biologischen, sozio-psychologischen und kulturellen Grundbedürfnissen und dem was als Menschenrechte formuliert wurde.

5.   Kinderrechte

Auch in diesem Kapitel diskutiert Apostel verschiedene, vor allem US-amerikanische Beiträge (J. Knitzer, M.S. Wald, B. & R. Gross, C. Wringe) zur Frage der Kinderrechte.

Ausgehend von einer historischen Analyse der Familie und der Institutionen, die traditionell die kindliche Entwicklung beeinflussen gelangt M.S. Wald 1979 zu dem Schluss, dass diese nicht mehr in der Lage sind, ihre Pflichten gegenüber Kindern zu erfüllen und formuliert daher drei Arten von Rechten: Recht auf Schutz, Recht auf optimale materielle und soziale Absicherung (goods and services) sowie die Rechte die Erwachsene haben und die den Kindern bisher vorenthalten wurden. Anhand von Gerichtsverfahren weist Apostel nach, wie arbiträr manchmal Altersgrenzen festgesetzt werden. Wenn er für mehr Rechte eintritt, so möchte er damit auch den Kindern mehr Verantwortung, resp. Verantwortungsbewusstsein vermitteln. In Anlehnung an Wald fordert er eine *"Emanzipation der Kinder von der Familie und den Institutionen, so schnell und so vollständig wie möglich"*. Die Kinderrechtsbewegung fordert in diesem Zusammenhang ein *Mindesteinkommen für Kinder*, das unter der Mithilfe von Erwachsenen verwaltet werden könnte. Kritisch sind laut Apostel immer die Rechte, die es dem Kind erlauben, *unabhängig von seinen Eltern zu handeln*, z.B. bei der Wahl der Schule, der Religion, seines Aufenthaltsortes, der medizinisch/therapeutischen Behandlung, der Auswahl dessen was es lesen oder sehen will. In all diesen Bereichen wird das Kind selten um seine Meinung gefragt. Das Kind soll auch ein Einspruchsrecht haben (Kindertelefon, Anwalt, Ombudsman). Aber weder die Eltern noch solche Experten sind laut Apostel im Konfliktfall ideale Vertreter der Kinder. In Anlehnung an die Theorien Piagets zeigt er, dass Kinder sehr wohl ab dem 12. Lebensjahr zu logischen Denkoperationen und moralischem Urteilsvermögen in der Lage sind. Dadurch, dass das Kind noch mehr Vertrauen seitens der Erwachsenen bekommt (in Form von Rechten) wird es immer besser in der Lage sein Verantwortung zu tragen.. Auch Goffman auf dem Hintergrund der Theorie des sozialen Interaktionismus fordert dass das Kind eine *aktive Rolle* auf der gesellschaftlichen Bühne spielen soll, dass es so früh wie möglich *in verantwortlichen Lebenssituationen agieren* soll und dass es dadurch *sinnbildend am gesellschaftlichen Entwicklungsprozess teilnehmen soll* (free negotiation of meanings). Apostel hebt hervor, dass in der Regel "Rechtsbewegungen" (wie z.B. die Frauen- oder Kinderrechtsbewegung) sozialen Entwicklungen folgen und nicht umgekehrt!

Trotz aller Sympathie für radikale Forderungen der Kinderrechtsbewegung mahnt Apostel zu Vorsicht: There are no simple solutions! Wir leben in einer kapitalistischen Gesellschaft, die eher kinderfeindlich und auch Erwachsenen gegenüber oft nicht gerecht ist. Das soll jedoch niemanden davon abhalten, für die Kinderrechte zu kämpfen. Am Ende seiner Ausführungen diskutiert Apostel die Theorie von C. Wringe (1981), eine gemäßigte Position im Feld der Kinderrechtstheoretiker einnimmt. Er fordert für die Kinder das Recht auf Freiheit, auf Mitbestimmung (participation), auf materielle und soziale Fürsorge (welfare rights) sowie besondere Rechte (special rights) in ihren Beziehungen zu Erwachsenen.

Arlene Skolnick: Kinder in ihrem Recht: Der Standpunkt der Entwicklungspsychologie (S. 87 ff)

Arlene Skolnick ist Psychologin an der University of California, Berkeley, USA. Die Grundthese ihres Referates wurde schon von E. Verhellen vorweggenommen: Entwicklungspsychologie ist in ihren Fragestellungen und Forschungsmethoden erwachsenenzentriert. Sie sollte sich verstärkt bemühen den Standpunkt des Kindes einzunehmen, was wahrscheinlich ein ganz anderes Bild der Kindheit ergäbe als das, was heute üblich ist.

Anhand von zwei Gerichtsaffären weist A. Skolnick nach, dass man nicht über Kinderrechte sprechen kann ohne auch über Familie, Staat und soziokulturelle Faktoren zu diskutieren. In diesem Zusammenhang ist die Beziehung zwischen Entwicklungsppsychologie und Jurisprudenz in Sachen Kinder sehr heikel. Auf entwicklungspsychologische Befunde wird gerne von gerichtlichen Instanzen zurückgegriffen, wenn es z.B. darum geht, herauszufinden, ob ein Kind für seine Handlungen verantwortlich gemacht werden kann oder nicht.

Obschon in der Psychologie dem Jugendlichen mehr und mehr Fähigkeiten zugestanden werden, unterstützt die Entwicklungspsychologie im Allgemeinen immer noch die veraltete Ansicht vom Kind als abhängiges und inkompetentes Wesen. Kindheit wird bezeichnet als ein "unmöbliertes Wartezimmer zum Erwachsenenalter" (W. Kesses). Kinder werden eher im Lichte ihrer Unzulänglichkeiten denn ihrer Fähigkeiten gemessen, die emotionale Unstabilität von Jugendlichen wirft gar einen Hauch von Psychopathologie auf diese Altersperiode. Diesen Annahmen stehen Forschungsergebnisse gegenüber, die aufzeigen, dass schon sehr kleine Kinder u.a. zu komplizierten Denkprozessen in der Lage sind. Interessant ist, dass die American Psychological Association das Konzept des "mature minor", also des "reifen Minderjährigen" unterstützt selbst auch bei der Verteidigung Minderjähriger vor Gericht eingreift.(S. 93)

Zu bemerken ist in diesem Zusammenhang, dass auch in Frankreich das Konzept des "pré-adulte" eine immer wichtigere Rolle spielt.

Laut Skolnick ist das Alter von 12 Jahren eine Grenze, die das Kind vom reifen Minderjährigen trennt, dies entspräche auch den Beobachtungen Piagets. Allerdings ist die Frage, ob man Kindern ab 12 weitgehende Rechte zugestehen soll eine Frage, die von politischen Standpunkten abhängt und die oft sehr emotional und deswegen unsachlich geführt wird.

A. Skolnick erwähnt kurz einige Vorgänger der Entwicklungspsychologie wie Rousseau und Freud sowie den Einfluss der Kirchen auf die Wahrnehmung von Kindheit. Auch heute gibt es in der Psychologie noch keine Einigkeit darüber, was als Kindheit zu verstehen ist, ebenso wenig wie es Einigkeit über den Begriff "Familie" oder "Staat" gibt. Die Diskussion um die Kinderrechte bewegt sich jedoch immer innerhalb dieses Dreiecks Kind-Familie-Staat.

In einem letzten Abschnitt versucht die Autorin, die Entwicklung der Kinderrechte im sozial-historischen-kulturellen Umfeld zu beschreiben. Bekannte "features" wie die schreckliche Ausbeutung der Kinder in der industriellen Revolution des 19. Jahrhunderts, die (positiven Aspekte) der Kinderarbeit in afrikanischen Kulturen, der Struktur- und Wertewandel in den Familien der postindustriellen Kulturen und die damit verbundene Veränderung der Rolle des Kindes führen die Autorin zu der Bemerkung, dass sich am Horizont "eine neue Vision der Kindheit" abzeichnet. A. Skolnick zieht keine weitreichenden Schlussfolgerungen aus ihren Überlegungen, was die Umsetzung der Kinderrechte in die Praxis anbelangt.

Sie macht einen - sehr interessanten - Vorschlag: Die Schule soll in Zukunft für alle Altersgruppen offen sein und Kinder sollten frühzeitig in den Arbeitsprozess eingegliedert werden. Sie plädiert gegen die absolute Trennung von Ausbildung und Arbeit und für eine Neubelebung des Lehrlingssystems.

James D. Weill: Der "Children's Defence Fund": Ziele, Methoden und Ergebnisse (S. 107 ff)

Ein düsteres Bild der Situation der Kinder in den USA zeichnet James D. Weill. Ein Fünftel aller Kinder lebt hier unterhalb der Armutsgrenze, 40 % aller schwarzen Kinder gehören zu dieser Gruppe. In den USA gibt es keine gesetzliche Krankenversicherung, keine allgemein zugängliche Krankenpflege, keinen Mutterschaftsurlaub, eine sehr hohe Arbeitslosenrate und ungenügende Versorgungsstrukturen für Kleinkinder. Besonders arme Familien, die darauf angewiesen sind, dass beide Elternteile arbeiten, sind die Opfer dieser Zustände. Haushalte, die unter 11.300 US$ verdienen leben unterhalb der Armutsgrenze. Eine private Krankenversicherung kostet aber mindestens 3.500 $ im Jahr. 35 Millionen Amerikaner sind überhaupt nicht versichert. Amerika hat eine der höchsten Schwangerschaftsraten bei Jugendlichen , Jugendliche werden zusammen mit Erwachsenen eingesperrt, die Untersuchungshaft ist nicht begrenzt, die Einweisungsprozedur in psychiatrische Versorgung lässt keinen Einspruch zu und Jugendliche können zum Tode verurteilt werden.

Der CDF (Children's Defence Fund) ist keine Kinderrechtsorganisation. Er besteht seit 1968 und wird ausschließlich privat finanziert. Der Sitz ist Washington, aber in vier Staaten gibt es regionale Büros. Zur Zeit arbeiten 60 Personen hauptamtlich für den CDF: Fachleute, Medienexperten, Wissenschaftler, Rechtsanwälte, Lobbyisten usw. Sein Ziel ist die Verbesserung der Lebensbedingungen der armen und behinderten Kinder sowie Kinder von ethnischen Minoritäten in den Bereichen Erziehung, Heimerziehung, Pflegefamilien, geistige Gesundheit, Schwangerschaftsverhütung bei Jugendlichen, Sozialfürsorge, Obdachlosigkeit, Jugendarbeit. Viel wird investiert in Prävention und Information. Der CDF versucht, die Verwaltungen der verschiedenen Staaten zu überzeugen, die Bedürfnisse der Kinder stärker zu berücksichtigen. Er konnte nachweisen, dass jeder Dollar, der in präventive Programme investiert wird, 3, 5 oder gar 7 Dollar an Folgekosten einspart. Neben dem CDF gibt es zahlreiche andere private oder auch staatliche Institutionen, die versuchen, die Rechte der Kinder zu verteidigen. Auch wenn sie in vielen Einzelfällen erfolgreich sind so muss doch festgestellt werden, dass sie hoffnungslos überlaufen sind mit Arbeit.

Malfrid Flekkoy war von 1981 bis 1989 "Ombudsman" in Norwegen.

In dem folgenden Bericht legt sie Rechnung ab über 6 Jahre Erfahrung in diesem Gebiet.

Auch in Norwegen ist die Lage der Kinder und Jugendlichen noch längst nicht ideal. Ihre Situation ist nach wie vor gekennzeichnet durch Machtlosigkeit. Als nach dem internationalen Jahr der Frau in Norwegen ein "Ombuds-office" für die Gleichstellung von Mann und Frau geschaffen wurde, kam nach dem Jahr des Kindes (1979) ebenfalls die Idee auf, ein Ombuds-office für Kinder einzurichten. Das Parlament griff diesen Vorschlag auf und 1981 erschien das Gesetz, welches die Aufgaben des Amtes festlegte. Hier eine grobe Zusammenfassung:

- §1: Der König ernennt einen Kommissar für Kinder für eine Periode von vier Jahren
- §2: Der König ernennt ein Gremium, das den Kommissar berät

- §3: Der Kommissar verteidigt die Interessen der Kinder gegenüber öffentlichen und privaten Instanzen und beobachtet die Entwicklung der Bedingungen unter denen die Kinder aufwachsen. (Diese Aufgaben werden in 5 Punkten näher erläutert; s. S. 121)
- §4: Der Kommissar hat freien Zugang zu allen öffentlichen und privaten Einrichtungen für Kinder.
- §5: Der Kommissar kann Berichte machen und entscheiden, wer diese Berichte erhält
- §6: Der Kommissar und das Gremium arbeiten völlig unabhängig.

Der erste Kinderrechtskommissar (M. Flekkoy) wurde am 1. September 1981 in sein Amt eingeführt und 1985 wiedergewählt. Nach 6 Jahren Praxiserfahrung hält sie folgende Bedingungen für unablässig:

1. Das offizielle Statut des Gremiums
2. Die Unabhängigkeit von politischen Parteien und Regierungsbündnissen
3. Unbeschränkte Akteneinsicht und Schweigepflicht
4. Die Nicht-Einmischung in einzelne Familienangelegenheiten
5. Die ausschließliche Beschäftigung mit Fragen der Kinderrechte.

Pro Jahr gingen beim Büro im Durchschnitt 2000 Anfragen zu sechs Hauptbereichen ein:1. Kinder in Institutionen, Misshandlung, 2. Betreuung und Freizeit, 3. Schulprobleme, 4. Kultur, Konsum, 5. Familienprobleme und 6. Gemeinschaftsprobleme. Die Zahl der Anfragen stieg beständig; der Kommissar wird von drei hauptamtlichen Helfern unterstützt. Individuelle Fälle führen in der Regel zu allgemeinen Fragestellungen.

Nach einer Analyse der Situation der Kinder in Norwegen kommt M. Flekkoy zu dem Schluss, dass eine der Hauptaufgaben des Ombudsmans die Verankerung der Kinderrechte in den bestehenden Gesetzen ist, da diese Rechte entweder indirekt, an Bedingungen gebunden oder schlicht inexistent sind. Besonders kritisch äußert sich M. Flekkoy in Bezug auf die Schulgesetzgebung (S. 128-129). Auch erwähnt sie, dass in Norwegen nicht nur Kinder eine Minderheit darstellen, sondern Familien mit Kindern unter den Familien ebenfalls eine Minderheit darstellen. Ungenügend Aufmerksamkeit wird präventiven Maßnahmen, z.b. guten Vorschulprogrammen geschenkt. Wichtig ist die Information von Lokalpolitikern über die Rechte der Kinder.

M. Flekkoy ist überzeugt davon, dass der Ombudsman in Norwegen eine positive Arbeit geleistet hat. Besonders in folgenden Gebieten war sie erfolgreich: Verbot der Kindesmisshandlung, Vertrieb von Videofilmen, Kinder im Krankenhaus, Richtlinien für kindergerechte Planung in Städten und auf dem Land, Sicherheitsmaßnahmen in Haushalt und Auto. Theoretisch müsste sich der Ombudsman langfristig selber überflüssig machen und in diesem Sinne wünscht sich M. Flekkoy für die Zukunft eine kindergerechte Gesellschaft.

Frans Spiesschaert: Ein Konzept für die Schaffung einer Ombudsman-Funktion (S. 133 ff)

Frans Spiesschaert ist Forschungsassistent im Institut für Jugendfürsorge und Erwachsenenbildung in Gent.

In Flandern findet eine immer breiter geführte öffentliche Diskussion um die Verbesserung und den Schutz der Rechte des Kindes statt. Es fanden eine Reihe von Rundtischgesprächen statt, die alle den hohen Übereinstimmungsgrad in grundsätzlichen Fragen zwischen den beteiligten Experten offenlegten: Ausweitung der Rechte des Kindes, Verbesserung seines Statuts, Anerkennung als Rechtssubjekt, Stärkung der Eigeninitiative, usw. In Flandern wurde eine bereits bestehende Institution, das "Youth Protection Committee" mit den Aufgaben des Ombudswork betraut, weil diese Institution Erfahrung auf diesem Gebiet hat, weitgehend anerkannt ist und unabhängig arbeiten kann. Das Hauptaugenmerk des YPC soll nicht auf der Verletzung der Kinderrechte liegen sondern eher auf deren Ausbau und Verbesserung. Von konkreten Fällen ausgehend, sollen die YPC zur Formulierung von allgemeineren Aussagen gelangen. Die öffentliche

Diskussion um die Kinderrechte soll erweitert und die Selbstorganisation von Kindern gefördert werden.

Teil 2: Child Advocacy

Innerhalb der Kinderrechtsbewegung zielt "Child Advocacy" auf die Veränderung von Systemen, Institutionen und Gesetzen in unserer Gesellschaft mit dem Ziel, die Selbstbestimmungsmöglichkeiten der Kinder zu verbessern. Eine "richtige" Übersetzung für dieses Wort gibt es nicht. Im Französischen käme "promotion des droits de l'enfant" ihm noch am nächsten, wobei "droits" schon wieder etwas einengend wirkt. Im 2. Teil des Readers von Verhellen werden derartige Initiativen vorgestellt: Einige sind Institutionen, die von offizieller Seite aus eingerichtet wurden, die anderen sind auf private Initiativen zurückzuführen. In den Texten wird unter anderem deutlich, dass die Arbeit dieser Institutionen durch **Evaluation und fachliche Supervision** gestrafft und transparent gemacht werden soll.

Sally Castell-McGregor: Das südaustralische Children's Interests Bureau. Eine australische Initiative zur Förderung der Rechte des Kindes (S. 149 ff)

Sally Castell-McGregor ist "Executive Officer" des südaustralischen "Children's Interest Bureau. Zunächst erklärt sie die Organisationsform des australischen Föderalstaates, die eine einheitliche Vorgehensweise in Sachen Kinderechte erschweren. Das südaustralische Kinderbüro ist die einzige offizielle Einrichtung dieser Art in ganz Australien und wurde 1983 gegründet. Es besteht aus drei permanenten Mitgliedern und einer beratenden Expertengruppe von 10. Seine Aufgaben sind: 1. Öffentlichkeitsarbeit im Interesse der Rechte des Kindes, 2. Forschung und Umfragen, 3. Einrichtung neuer Dienstleistungen auf Ministerialebene, 4. Gutachten zur Regierungspolitik, 5. Sondermissionen im Auftrag des Ministers, 6.

Berichterstattung. In einigen Bereichen kann das Büro in völliger Freiheit handeln, in anderen ist es an die Weisungen des Ministers gebunden. Glücklicherweise sei der für das Büro zuständige Minister dessen Auftrag sehr zugetan. Durch seine 4jährige Praxis hat das Büro heute de facto das Statut eines Ombudsbüros. So wird das Büro angerufen bei Klagen zu Prozedurfragen und Berufsfehlern, schwierigen Falldiskussionen und bei der Revision von Entscheidungen oder Urteilen, die von den Beteiligten als "falsch" oder gegen die Interessen des Kindes verstoßend angesehen werden.

Die Arbeit des Büros fand überall Anerkennung, sodass die australische Regierung innerhalb des Büros eine eigene Abteilung "Child Advocacy" schuf mit 5 hauptamtlichen Mitarbeitern. *Das Büro arbeitet eng mit den Medien zusammen, übernimmt aber ihnen gegenüber eine sehr kritische Rolle indem es zu verhindern versucht, dass Kinder in den Medien aus Sensationsgier missbraucht werden.* Das Büro produziert eigene Publikationen, arbeitet mit Forschungsinstituten zusammen und möchte auch den internationalen Erfahrungsaustausch pflegen.

Menachem Horovitz: Pilotprojekt eines Ombudsman für Kinder und Jugendliche in Jerusalem (S. 159 ff)

Menachem Horovitz ist Ombudsman für Kinder und Jugendliche in Jerusalem und gibt Vorlesungen am Institut für Kriminologie der Hebrew University in Jerusalem (Israel). Im Sommer 1986 wird er vom Bürgermeister Jerusalems innerhalb eines von der Van Leer Foundation gesponserten Kinderparlamentsprojektes in seine Funktion eingeführt. Horovitz sieht seine Aufgabe im Rahmen einer breiten gesellschaftlichen Bewegung für mehr Demokratie. Auch hier in Jerusalem - wie an anderen Orten - schafft das Angebot die Nachfrage und er wurde mit mehr und mehr Anfragen konfrontiert. In diesem Zusammenhang bedauert er, dass er kein legales Statut hat, um z.B. Einsicht in Akten zu bekommen; auf Misstrauen stieß er vor allem beim "mittleren Management". Statt zu resignieren, wählte er offensive Strategien, um seine Rolle zu festigen, wie z.b. den Weg über die Medien, über informelle Kanäle innerhalb der Organisationen und Verwaltungen, Appelle an Parlamentsmitglieder usw.

Auch Horovitz beklagt die effektive Machtlosigkeit von Kindern und Jugendlichen. Kritisch wird es immer dann, wenn der Staat eingreifen muss. Die Gesetzgebung in Israel lässt einen breiten Spielraum für Interpretationen moralischer Normen, sodass die Gefahr von Fehlentscheidungen immer relativ groß bleibt. Hier greift der Ombudsman ein: 1. Wenn bestehende Gesetze Kindern gegenüber nicht oder nur zögernd angewendet werden, 2. bei Beschwerden über politische Entscheidungen, 3. bei Initiativen, die die Ausweitung der Rechte des Kindes fordern, 4. bei Beschwerden über Misshandlung und Missbrauch, 5. bei Vermittlungsgesprächen, 6. als Berater und "pusher" von Behörden und Dienstleistungsstellen.

Horovitz meint abschließend, dass die Grundeinstellungen der Gesellschaft, respektive deren Sozialphilosophie die Arbeit des Ombudsmans erleichtern oder erschweren können. Rechte ohne entsprechende Dienstleistungen seien ohne Bedeutung (*"rights without services are meaningless"*). Er selbst hat einige Initiativen ergriffen, was den Ausschank von alkoholischen Getränken, die Beteiligung von Kindern in Glücksspielen sowie die juristische Vertretung bei Gericht anbelangt. Wichtig sei dass der Ombudsman so viel wie möglich erreichbar ist. Für sich selbst wünscht er die legale Absicherung seines Statuts.

Jean-Francois Boulais: Das "Youth Protection Committee": Ombudsman für Kinder in Problemsituationen in Quebec: Ursprung und Arbeitsweise (S. 165 ff)

Jean-Francois Boulais ist Rechtsanwalt in Montreal und Rechtsberater des YPC.

Kanada, wie Australien, ist ein Föderalstaat. Als erste Provinz Kanadas hat Quebec eine Organisation dazu ermächtigt, die Rolle des Ombudsman für Kinder wahrzunehmen. Das Jugendschutzkomitee (YPC) wurde beauftragt die Wahrung der Rechte von Kindern und Jugendlichen zu übernehmen, besonders was die Ausführung von 2 Gesetzen anbelangt: Die "loi sur la protection de la jeunesse" und die "loi sur les jeunes contrevenants". Das Komitee wurde Anfang der 70er Jahre im Rahmen des Justizministeriums eingerichtet. Bedingt durch die guten Erfahrungen mit dem YPC wurde einige Jahre später ein Jugenschutznetzwerk im Ministerium für Gesundheit und Soziales eingerichtet, welches in den lokalen Sozialdiensten angesiedelt wurde.

Die beiden oben erwähnten Gesetze waren Meilensteine in der Entwicklung der Kinderrechte in Kanada. Auch wenn Kritiker eine Zementierung der Willkürlichkeit und der Subjektivität durch diese Gesetze befürchteten, so versuchten doch die Reformer, Kriterien festzulegen, die die universalen Rechte des Kindes garantieren sollten. Die Konsequenzen dieser Gesetze waren, dass Kinder sich erstmals zu Wort melden konnten, dass verschiedene berufliche Praktiken im sozialpädagogischen Bereich in Frage gestellt wurden und eine Diskussion über Ziele und Inhalte der Erziehung einsetzte. Besonders für die jugendlichen Straffälligen brachten die Rechtsreformen erhebliche Verbesserungen, wie z.B. die Vertretung vor Gericht durch einen Anwalt, das Verbot, mit Erwachsenen zusammen eingesperrt zu werden usw. Am Anfang seiner Existenz erfüllte das YPC die Rolle eines Ombudsmans für Kinder, die unter der Obhut des Staates waren, aber mit den Jahren weitete sich die Tätigkeit des YPC mehr und mehr aus auf die Verteidigung der Kinderrechte im allgemeinen.

Das YPC ist eine staatliche Einrichtung. Sie wird kontrolliert von einem Komitee von 14 Mitgliedern, welches von der Regierung ernannt wird. Präsident und Vize-Präsident sind hauptamtliche Mitarbeiter und müssen alle 5 Jahre wiedergewählt werden. Das Komitee verfügt über 50 hauptamtliche Mitarbeiter in der Provinz Quebec. Aufgabe des YPC ist die Überwachung der Rechte der Kinder, die von der Jugendfürsorge betreut werden. Das Komitee hat uneingeschränktes Einsichtsrecht in die Akten von Kindern und darf Falluntersuchungen einleiten. Als solches wird es oft als "watchdog" wahrgenommen.

1-2 % der 1,7 Millionen Kinder und Jugendliche unter 18 Jahren in Quebec sind schutzbedürftig ("were declared in need of protection"). Das YPC wird jährlich mit etwa 10.000 Anfragen konfrontiert. In ca. 100 Fällen werden vollständige Untersuchungen durchgeführt. In vielen Fällen werden einmalige Beratungsgespräche durchgeführt, es wird versucht, die Kommunikation zwischen den Konfliktparteien wieder in Gang zu bringen, Kontakte wiederherzustellen usw. Dabei werden oft Mängel der bestehenden Versorgungsstrukturen offenbar: Inkompetenz der Berater, Gleichgültigkeit von Angehörigen sozialer Berufe gegenüber Problemen wie der Kindesmisshandlung, Probleme von Zusammenarbeit zwischen Einzelnen wie zwischen Institutionen, Mangel an Arbeitskräften im Sozialbereich usw. Das YPC regt dann Reformen in den betroffenen Bereichen an, führt Untersuchungen durch und versucht, den Dialog durch offene Diskussionsrunden wieder anzukurbeln.

Ein spezielles Problem in Kanada ist die geschlossene Unterbringung von Jugendlichen. Ungefähr 500 Jugendliche sind in der Provinz Quebec davon betroffen. Durch das Einwirken des YPC konnte diese Praxis zwar nicht abgeschafft, die Bedingungen für die betroffenen Jugendlichen jedoch erheblich verbessert werden.

Zum Schluss bemerkt J.-F. Boulais, dass die Anerkennung der Rechte des Kindes zu einem breiten Konsens über den Respekt fundamentaler Werte im Umgang mit Kindern geführt hat. Sie werden heute immer öfter als Rechtssubjekte behandelt. So erkannte z. B. kürzlich das oberste Gericht Kanadas die Priorität der psychologischen gegenüber den biologischen Beziehungen zwischen Kindern und Erwachsenen an. Die Arbeit des YPC führte in verschiedenen Bereichen zu Erfolgen, so z.B. beim Missbrauch von Kindern in der Werbung. Aber sie ist auch bedroht von der Bürokratisierung oder der Gefahr, als politischer Spielball missbraucht zu werden. In Kanada wurde deshalb versucht, die Unabhängigkeit der YPC zu festigen indem sie der Menschenrechtskommission angegliedert wurde.

Jean-Pierre Rosenczveig: Haben die Jugendgerichte in Frankreich eine Vermittlerrolle? (S. 185 ff)

Jean-Pierre Rosenczveig war viele Jahre lang Direktor des "Institut de l'Enfant et de la Famille" in Paris und ist jetzt Vorsitzender des Jugendgerichts von Versailles. Vor zwei Jahren hielt er auf Einladung der UNICEF eine vielbeachtete Vorlesung über die Konvention der Kinderrechte im Mansfeldsaal der Nationalbibliothek.

Zurzeit hat Frankreich keinen Ombudsman, der sich für die Belange der Kinder und Jugendlichen einsetzt. Die Jugendrichter könnten diese Aufgabe kraft der ihnen übermittelten Befugnisse übernehmen, aber nur wenige erfüllen diese Aufgabe. Das Konzept des Ombudswork entwickelt sich erst sehr langsam in Frankreich und es müssen noch viele psychologische Hemmschwellen überwunden werden. Die Jugendgerichte wurden in Frankreich 1912 eingeführt und 1945 wurden die ersten Jugendrichter eingesetzt. Damals schon wurde das Prinzip eingeführt, dass ein Jugendlicher solange nicht bestraft werden durfte wie eine "erzieherische Maßnahme" möglich war. Die Jugendrichter hatten sogar die Befugnis, sich um gefährdete Jugendliche zu bekümmern, auch wenn diese noch keine Straftat begangen hatten, um ein Abgleiten in die Delinquenz zu verhindern. Zur Zeit gibt es etwa 250 Jugendrichter in den 97 Departements in Frankreich. In Abwesenheit des Jugendrichters vertritt ihn der Staatsanwalt. Der Jugendrichter wurde mehr und mehr zum Anwalt der Kinder. Er kann selbst Klagen einreichen und den Kindern einen Anwalt zuweisen.

Wenn viele Erwachsene ihre Rechte nicht kennen, wieso sollen dies dann die Kinder können? Der Jugendrichter muss helfen, die Scheu der Kinder vor den Gerichtsinstanzen abzubauen. Während er früher vor allem die Gesellschaft vor "gefährlichen" Kindern schützen sollte, so wird er heute mehr und mehr von diesen aufgesucht. Er hat vor allem zu tun mit häuslichen, familiären und schulischen Konfliktsituationen. Seine Rolle erschöpft sich oft in der Vermittlerfunktion. Das rückt ihn in die Nähe des Ombudsmans. Wenn Jugendliche und Erwachsene nicht mehr miteinander reden, so führt dies zu Provokation und Repression. Der Dialog, wie er zum Beispiel in den zahlreichen Jugendgemeinderäten in Frankreich geführt wird, kann soziale Spannungen abbauen. Kinder und Jugendliche brauchen nicht nur Schutz, sie brauchen aktives Mitspracherecht.

Aus dem Referat von Jean-Pierre Rosenczveig geht hervor, was auch in anderen Beiträgen explizit oder zwischen den Zeilen anklingt: Wenn alle betroffenen Instanzen im Bereich der Kinder- und Jugendpflege ihre Arbeit gewissenhaft und im Interesse der Kinder verrichten würden, erübrige sich die Funktion des Ombudsman. Ist die Aufgabe des Ombudsman dann doch die eines "watchdogs", einer "police des polices" im Sozialbereich?

René Bertaux: Zur Einführung eines Kinderrechtskommissars (S. 193 ff)

René Bertaux ist Präsident der Kinderrechtsbewegung in Brüssel. 1987 versuchte diese Organisation, auf dem rechtlichen Weg einen Ombudsman für Kinder im französischsprachigen Teil Belgiens einzuführen. Sie geht von der tatsächlichen Rechtlosigkeit der Kinder aus und fordert ihre Anerkennung als Rechtssubjekt. Im Föderalstaat Belgien hat sie den Weg über das wallonische Parlament gesucht in der Hoffnung, dass Flandern und Brüssel nachziehen werden. Aufgaben des Kinderrechtskommissars sind: 1) die Überwachung der korrekten Anwendung der bestehenden Gesetze und Ausführungsbestimmungen im Interesse der Kinder, 2) die Überwachung und Vertretung ihrer Rechte und 3) die Ausarbeitung neuer Gesetze und Bestimmungen, um diese Rechte zu erweitern und abzusichern. Der Ombudsman muss auf der höchsten administrativen Ebene eingesetzt werden und muss staatliche und private Organisationen ansuchen können. Er muss freien Zugang zu allen Akten haben. Er soll von einem kleinen Team umgeben sein um seine Aufgabe als gewissenhafter Gesprächspartner, als kompetenter Ratgeber und als wachsamer Verteidiger der Kinderrechte erfüllen zu können. Er soll immer und von jedem erreichbar sein. Finanzielle Erwägungen dürfen seine Handlungsfreiheit nicht einschränken. Er soll die Rechte der Kinder zugleich absichern und fördern. Seine bloße Existenz ist gleichbedeutend mit der Anerkennung des Kindes als Rechtssubjekt.

Jean-Pierre Bartholmé: Zur Einführung eines Ombudsmans für Jugendliche in der französischsprachigen Gemeinschaft in Belgien (S. 197 ff)

Jean-Pierre Barhtolmé ist verantwortlicher Leiter des Informationszentrums für Jugendliche in Namur. Im Anschluss an einen großen Streik der Erzieher im Jahre 1974 entstand eine Diskussion um die Notwendigkeit von Unterbringung von Jugendlichen in Heimen oder Strafanstalten. Daraufhin wurden verschiedene Versuche unternommen, die Rechte dieser Kinder und Jugendlichen wirksamer zu vertreten, ein "Guide des droits des jeunes" wurde herausgegeben und 1978 wurde der erste "Service des droits des jeunes" gegründet. Heute bestehen vier dieser Einrichtungen in Brüssel, Mons, Namur und Liège. Die Einrichtung in Namur funktioniert als SAMO, d.h. ein "Service d'aide en milieu ouvert" (offene Jugendarbeit) und wird vom Sozialministerium finanziert. Ziel ist, die soziale Ausgliederung der unterprivilegierten Bevölkerungsschichten zu verhindern weil gerade sie am wenigsten Zugang zu den Institutionen haben, die für sie geschaffen wurden. Information wird als wesentliches Element von Sozialpolitik definiert.

Ziel der Zentren ist, dort einzugreifen, wo die traditionellen sozialen Dienstleistungsbetriebe versagen, Rechtsberatung anzubieten, aber nicht in Konflikte einzugreifen. Von 1200 Anfragen werden rund 10% aktenkundig. Die Aufgabenbereiche sind Krisenberatung, Sozialhilfe und Rechtsberatung. Die Zentren verstehen sich als komplementär zu den traditionellen Sozialhilfediensten (C.P.A.S.), die jedoch in vielen Fällen zeitaufwendig und bürokratisch arbeiten. Sie versuchen auch, die Unterbringung von nichtdelinquenten Jugendlichen in geschlossene Anstalten zu verhindern. Im Bereich der Schule (in Belgien besteht die Schulpflicht bis 18 Jahre) sind es sogar oft die Eltern, die Anfragen an die Zentren richten, wenn ihr Kind z.b. von der Schule ausgeschlossen wird. Vor allem junge Anwälte arbeiten zum Teil auf freiwilliger Basis mit den Zentren zusammen. Die Arbeit der Zentren wird jedes Jahr bewertet: So wurden bei 135 laufenden Verfahren in Namur im Jahre 1986 36 Fälle erfolgreich abgeschlossen, 4 ergaben ein negatives Ergebnis und 39 Verfahren wurden eingestellt.

Wichtig ist für J.-P. Bartholomé der informelle Charakter des Jugendzentrums. Die Jugendlichen müssen sich hier wohlfühlen. Viel Zeit bedarf die erstmalige Klärung des Problems, mit dem sie sich an das Zentrum wenden. Die Gespräche haben oft nicht nur einen informativen sondern auch einen erzieherischen Charakter. Ziel der Zentren ist es in der Regel, Konflikte auf gütlichem Wege zu regeln, was auch immer häufiger gelingt. Nebenprodukte der Arbeit sind monatliche Berichte über die Entwicklung des Jugendrechts und Fortbildungsseminare über die Sozialgesetzgebung.

Jenny Kuper: Child Advocacy (S. 209 ff)

Jenny Kuper ist Assistentin am "Children's Legal Centre" in England. Das CLC ist eine relativ kleine, private Organisation, die sich mit der Gesetzgebung und der Politik für Kinder und Jugendliche betreffen, auseinandersetzt und den Kindern in diesen Angelegenheiten Gehör verschaffen will. Auch in England sind noch allzu viele Erwachsene der Meinung, dass "Kinder gesehen, aber nicht gehört werden sollen" (*"Children should be seen, but not heard"*, Sprichwort aus dem 14. Jahrhundert). Das CLC hatte kürzlich einige Erfolge zu verzeichnen: Eine prinzipielle Entscheidung des House of Lords was die Elterliche Gewalt über Kinder anbelangt (S. 210), das Verbot der Prügelstrafe in den öffentlichen Schulen (angenommen im House of Commmons mit nur einer Stimme Mehrheit!), die Vertretung der Rechte des Kindes durch eine Art Patenschaft und durch

Anwälte vor Gericht. Der Cleveland-Skandal (1987; S. 211) machte jedoch deutlich, dass auch bei Professionellen, die vorgeben, die Kinderrechte zu verteidigen, noch die nötige Umsicht in ihren Vorgehensweisen fehlt, denn auch in diesem Fall wurde die Meinung der Kinder nicht berücksichtigt. Das CLC wacht auch über die Wahrung der Kinderrechte in den geschlossenen Anstalten und versucht, die Vertretung der Kinder vor Gericht zu einem festen Bestandteil der Prozedur zu machen. Das CLC unterstützt ebenfalls die Bestrebungen von Kindern und Jugendlichen, sich selbst zu organisieren, wie z.B. die "National Organisation of Young People in Care".

Inger Wouters: Der Kinderrechtsladen in Amsterdam (S. 215 ff)

Inger Wouters ist Koordinator des Kinderrechtsladens in Amsterdam (Holland). Diese erste Kinderrechtsinformationsstelle wurde im Mai 1985 während dem Internationalen Jahr der Jugend eröffnet um Kindern Rechtsbeistand zu gewähren und nicht, wie sofort behauptet wurde, um sie gegen ihre Eltern aufzuhetzen. Kinder haben als Menschen dieselben Grundrechte wie Erwachsene und müssen eine leicht zugängliche Beratungsstelle haben, um sich über ihre Rechte informieren zu können. Der Kinderrechtsladen informiert, berät und hilft bei der Vertretung vor Gericht. Viele Kinder kommen direkt zum Laden, können aber auch anrufen oder schreiben. Die meisten sind zwischen 12 und 17 Jahre alt. Ihre Probleme sind Misshandlung und Missbrauch, Beziehungsprobleme mit den Eltern, Arbeitsrecht, soziale Absicherung, finanzielle Probleme usw.

Jo Labens: Von der Arbeitsgruppe zum Ombudszentrum (S. 219 ff)

Lo Labens ist Koordinator des AMOK-Zentrums in Antwerpen (Belgien). Die "Aktiegroep voor Maatschappelijk Onderzoek en Kritiek" entstand aus Mitarbeitern eines alternativen Jugendkulturzentrums in

Antwerpen: "De Waag". Dieses linke Kulturzentrum wollte vor allem Randgruppen ansprechen wie Drogenabhängige, junge Homosexuelle usw. Seit 1971 wird AMOK vom flämischen Kulturministerium unterstützt als Jugendzentrum für soziale Innovation. Es ist bekannt für seine aggressiven Stellungnahmen zu Themen wie soziale Ungerechtigkeit, Stadtsanierung, Feminismus, Abtreibung, Probleme von jungen Homosexuellen usw. Unstimmigkeiten innerhalb der Arbeitsgruppe und Schwierigkeiten in der Zusammenarbeit mit anderen Hilfsorganisationen führten zur Gründung einer eigenen Organisation, der VZW AMOK.

1974 wurde das neue Zentrum eröffnet: Zielgruppen sind wiederum marginalisierte Individuen, die sich nirgendwo anders mehr hinwenden wollen/können und meistens auch unterhalb der Armutsgrenze leben. Das neue Zentrum versteht sich als eine Art Konsumentenorganisation für Hilfsbedürftige (consumer organisation for the distressed). Im Extremfall ist das Zentrum sogar bereit, seinen Klienten in die Illegalität zu folgen. Politisch siedelt sich das Zentrum weiterhin in der linken Szene an, grenzt sich aber ab von Organisationen, die jede Zusammenarbeit mit bestehenden Institutionen ablehnen. Dienstleistungen sind für jedermann zugänglich und kostenlos. Die interne Struktur ist anti-autoritär und ein authentisches Beispiel von Selbstverwaltung. Klienten werden dazu aufgefordert, ihre Probleme selber in den Griff zu bekommen (Hilfe zur Selbsthilfe) und eine kämpferische Haltung einzunehmen. Die Arbeit des Zentrums wird von der Universität Gent begleitet und evaluiert. Die kritische Zusammenarbeit mit anderen Institutionen bringt einen permanenten Meinungsbildungsprozess in Gang und führt zu einer Verbesserung der Kooperation. Es wird nicht versucht, gegen das System zu arbeiten, sondern Machtstellungen zu beziehen und auszubauen. AMOK schreckt Klienten nicht ab mit Schwellenangst, Wartezimmern, Wartelisten und unnötigen Bürokratie. Der Klient steht im Mittelpunkt und ist immer Herr der Lage.

In Flandern gibt es neben AMOK die JIACs (Jongeren Informatie en Advies Centra), die auf 4 Ebenen arbeiten: Information, Beratung, Dienstleistungen und Aktionen. Anhand eines konkreten Beispiels werden die verschiedenen Ebenen voneinander abgegrenzt (S. 229). Entsprechend der politischen Zielsetzung soll der Klient sein individuelles Problem in einen gesellschaftspolitischen Kontext setzen und politisch aktiv werden. Das kann aber nur erreicht werden, wenn das Personal der Zentren einen hohen Ausbildungsgrad besitzt und die Grenzen seiner Handlungsfähigkeit richtig einschätzen kann.

Manuela R. Eanes: Instituto de Apoia a Crianca (S. 235 ff)

Manuela R. Eanes ist die Leiterin des Instituto de Apoia a Crianca, einer privaten Organisation, die 1983 in Portugal gegründet wurde. Es ist eine kleine Organisation, die die Verteidigung der Rechte des Kindes auf ihre Fahnen geschrieben hat. Das will sie erreichen durch Information und Sensibilisierung, direktes Eingreifen in Problembereichen, Aufstellen von Erziehungsprogrammen, Kontaktpflege mit nationalen und internationalen Organisationen, die ähnliche Ziele verfolgen. Schwerpunkte sind Stadtteilarbeit in Lissabon, Einrichten von Ludotheken, Verbesserung der Kinderbetreuung in den Spitälern, die Veröffentlichung einer Monatszeitschrift. Die Arbeit des IAC wird von internationalen Stiftungen gefördert.

Children's Rights: Make them known to make them happen!

Das European Forum for Child Welfare (EFCW) wurde 1989 gegründet als europäischer Ableger des International Forum for Child Welfare (IFCW). Ich war Gründungsmitglied und habe bis zu der Auflösung im Jahre 1999 aktiv im Vorstand mitgearbeitet. Schwerpunkt der Aktivitäten waren die Kinderrechte. Zahlreiche bedeutende Organisationen aus Nordeuropa waren Mitglieder, wie z.b. Barnados, Save the Children, Central Union Child Welfare Finland usw. Grosse Hoffnungen wurden an die Subventionierung von Projekten durch die EU geknüpft, doch als sich Holland und England querlegten, versiegten die Geldquellen und EFCW, wie viele andere NGOs, geriet in finanzielle Not. In dem Durcheinander spaltete sich EFCW und es entstand eine neue Organisation, die sich EURONET nannte. Doch auch sie überlebte nicht und aus den Trümmern entstand EUROCHILD, teilweise mit denselben Leuten und Organisationen. Im November 1995 organisierte ich eine Tagung in Luxemburg mit der Unterstützung des Familienministeriums und Erbgrossherzogin Maria Terese übernahm die Patenschaft undnahm persönlich an der Tagung teil.

Your Royal Highness,

Mrs. Jacobs, Minister of Family Affairs,
Mr. President,
Dear friends and guests,

Welcome to Luxembourg for this important meeting, not so much by the number but by the quality of the people involved. You came from 12 countries to our capital to discuss about the question how to disseminate the content of the International Convention of the United Nations on the Rights of the Child and how to monitor it.

When I was asked to arrange this meeting, I thought it might be a good idea to give the professionals in our country the possibility to learn to know the European Forum for Child Welfare (EFCW), an organisation that has been presented to you by its president, Mr. Tom White.

Although not many of them joined our meeting, I hope that the local press will report on the activities and aims of EFCW as well as this meeting in order to make it known to the public in this country. Speaking on behalf of all of us, I wish to say that I feel particularly glad and honoured about the presence, among us, this morning of Her Royal Highness, the Hereditary Grand Duchess Maria Teresa. In joining us today, Her Majesty contributes to underline the importance of the matters that we will discuss during these two days.

Everybody in this country knows about Her Majesty's commitment to children's issues. It is impossible for me today, to list up all her activities in the interests of children, but I want to mention that this week, on Monday, she participated in the International Forum on the Rights of the Child in Paris, where she made a statement on violence in interactive games designated to children.

This conference takes place in a time, where the initial enthusiasm about the UN Convention on the Rights of the Child gives way to a more realistic and problem-centred approach. An overwhelming majority of all the countries in this world have ratified the Convention, but some counties grossly violate or blatantly neglect it. In many countries, mechanisms of monitoring and control are more or less successfully implemented. Many governments have already given their first report to the Committee on the Rights of the Child in Geneva. The Committee seems to be very critical towards the governments, and many reports are judged to be insufficient. As Nigel Cantwell, Consultant on Child Rights from UNICEF, pointed out one month ago on an FICE-seminar in Geneva, « *children's issues suffer not only from an unfortunate and highly-resistant legacy of charity and sentimentalism - not to mention sensationalism - but also from an all-to-*

prevalent « reductionist » and simplistic approach to identifying needs and responses. »

Rights without services are meaningless. This is a belief common to many people working with children and disadvantaged populations. This means - and **Andres Guerrero** from UNICEF will talk more about it - that structures have to be built up to implement and to monitor the Convention. Some countries have already had their ombudsman for children before the ratification of the UN-Convention in 1989, like Norway. But an ombudsman has to rely upon many persons and services that help him or her to accomplish his or her task in a successful way.

You know that we tried to have the President of the European Commission, the former prime minister of Luxembourg, **Mr. Jacques Santer** involved in this conference. Because of a misunderstanding with his staff, we expected him to come until two weeks ago; we got a message that it was impossible for him to join us. The reason why we wanted to talk to him was of course the revision of the Maastricht Treaty. A workgroup in EFCW tried to focus on the effects of the Treaty on children. Many recommendations were made to protect children from the negative effects of that treaty and we wanted to hand them over to Mr. Santer and to discuss about them with him. I hope that we will be able to send him some recommendations after this meeting and that we will have the opportunity, one day, to discuss with him personally about our views.

In Luxembourg, the government and the parliament have to decide on whether the propositions of a workgroup initiated by the Ministry of Family Affairs will be put into practice or not. Prof. Eugeen Verhellen, director of the Children's Rights Centre in Gent and known everywhere as one of the most competent expert on children's rights - and who was so kind to accept our invitation to this conference - was invited by the workgroup two years ago to give us his advice on the project. At that moment, he said that if the project would be realised as planned, Luxembourg would have the most comprehensive monitoring system world-wide.

Luxembourg is a rich country. But this does not mean that wealth is distributed equally. We too have poor children, even if there are not many of them. On the other hand, the majority of our children are facing other problems: An unfriendly, adult-centred environment, a highly selective and failure-oriented school system, family breakdown, and so on. In many situations, the children don't know what to do in order to improve their situation or to avoid neglect and abuse. Unavoidably, they will become the youngsters and adults who behave in an anti-social way because they have never learnt to manage conflicts and to take over responsibilities. The results are violence, vandalism, alcoholism, drug abuse, xenophobia and racism. It would be a pity if the Luxembourg government would not take the chance now to realise the project submitted by the workgroup. It will have to do it later!

But today, we are not here to discuss mechanisms of monitoring the UN-Convention. This has been done on many conferences and meetings, among which I want to point out the very successful conference organised by Eugeen Verhellen in Gent one year ago.

Article 42 of the Convention says: « State parties undertake to make the principles and provisions of the Convention widely known, by appropriate and active means, to adults and children alike. » Since the Convention has been ratified, a lot of publications have been printed and circulated, designated to various target groups. I have seen very good ones and lesser good ones. Mostly, they have been published by the national sections of international federations of children's rights movements like Rädda Barnen, Save the Children, Defence for Children International and national organisations like the Mannerheim League, the National Children's Bureau, Barnardos, the Kinderschutzbund and I apologise if I have not mentioned all.

I learned to know all these people in EFCW and IFCW-meetings and I love them all because of their tremendous commitment to children's issues throughout the world. Once again, they have come together to improve their knowledge about publishing and disseminating high quality information material on the Convention.

As Nigel Cantwell pointed out in Geneva, human rights documents are difficult to read and to understand for the average customer because they are mostly the result of negotiation and compromise, because governments are resistant to implementing rapid major changes and that they exist precisely because it has been found necessary to define limits of behaviour in a vast range of fields and regarding a vast range of actors.

Our purpose today is to find out « standard rules » for the publishing and dissemination of material designated to different target groups. I don't know if we will be successful, but I hope that we will learn from each other, which is essential in an organisation like EFCW.

We have also the pleasure to welcome **John Bennett** from UNESCO. UNESCO is more and more interested in the implementation of the UN-Convention and I think that he will give us more details about it later.

I would also like to thank **Merja Launis, Sean Lawless, Mike Jarman and Owen Keenan** for their readiness to lead the workshops during this congress.

Finally, I would like to thank our Minister of Family Affairs, **Mrs. Marie-Josée Jacobs** for her support to this conference. She has supported FICE-Luxembourg already at several occasions and I appreciate this very much. I hope that this conference will also support her and her involvement in children's issues in our country. Thanks also to my friend **Mill Majerus**, conseiller de gouvernement, who is the interface between ANCE and the government and who is a kind of a magician because he always makes things happen that seem to be impossible. Thanks to the organisations that supported this meeting: to my friends from the board of ANCE, which is the Luxembourg section of FICE, who is always ready to help when such an international event takes place? Thanks also to **Sylvie Andrich,** the president of the Association of the Directors of Children's Homes, with which we have a very close collaboration and UNICEF-Luxembourg

One final remark:

Recently, on a meeting in Germany, I was very glad to hear a Dutch professor speaking about his international experiences. According to him, in the Netherlands, everything is allowed if it is not forbidden. In the UK, everything is forbidden if it is not allowed. In Germany, everything is forbidden, even if it is allowed and finally in France, everything is allowed, even if it is forbidden.

As a child, I would prefer to live in France!

November 1995

FICE and Cultural Policy for Children

Robert Soisson

Speech on the 41st FICE-Congress in Copenhagen May 1996

Die FICE (Fédération Internationele des Communautés Éducatives) organisiert – auch heute noch – alle 2 Jahre einen grossen internationalen Kongress. 1996 fand er in Kopenhagen statt, das in diesem Jahr Europäische Kulturhauptstadt war. Da der Zugang von Kindern zur Kultur keine Selbstverständlichkeit ist, wurde dies als Hauptthema des Kongresses gewählt. Ich benutzte die Gelegenheit, die FICE vorzustellen, bevor ich auf das eigentliche Thema einging. Zum Schluss stellte ich ein Arbeitspapier der Europäischen Kommission: "European Cultural Policy for Children" vor. Im Anschluss an diesen englischen Text folgt die deutsche Übersetzung.

Mr. Socialminister
Mr. President
Dear guests, colleagues and friends.

It is a pleasure for me to welcome you on the 41st Congress of FICE in this nice place, in this beautiful City of Copenhagen. The theme of the congress "Fostering Cultural Diversity in a Turbulent World" fits in some way to the current role of this City as a cultural Capital of Europe. At the very beginning of this congress, let me give you some details about our organisation and some ideas concerning a cultural policy for children as a part of their rights as they are formulated in the International Convention on Children's Rights.

I. FICE: preparing the 50th birthday

In two years, we will celebrate the **50th anniversary of FICE in Paris**. As you know, FICE has been created in 1948 and I think that not many organisations in our field of work can look back as far as we can. The theme of the Congress in Paris will be probably "From Human Rights to the Rights of the Child", which summarises very well the history and the main areas of concern of FICE.

FICE as an international organisation of children's villages and communities was already established when the first national section was created in 1949 in France. Many sections were created in the following years and almost for 40 years; the number of members throughout the world did not change in a significant way. FICE remained above all a **European Organisation** with Israel as the only non-European member. In the very last years, this situation changed a little bit with the creation of sections in South Africa, the United States and Canada. Currently, FICE is represented in 26 countries and we have a lot of contact addresses in other countries. Nevertheless, the number of members is growing slowly, and yesterday, on our Federal Council meeting we admitted a new Italian and an Estonian organisation, both as associated members.

In the past, FICE's activities focused on the organisation of meetings (seminars, congresses), international exchange in form of visits, and the publication of written material concerning all aspects of **child care**. Until the crisis in UNESCO in 1984, FICE was financially supported by this organisation. Probably, the small grant allowed FICE to survive during all these years and no serious efforts were made to create sections in the developing countries, where the needs of children to good systems of care was and still is a big problem. On the other hand, FICE was one of the few international organisations that succeeded in keeping close **links to the former communist countries** like Poland, Czechoslovakia and Hungary which allowed a permanent dialogue with these counties behind the "iron curtain". I believe that these contacts helped to improve considerably the quality of child care systems in these countries, as mentioned by some authors in the second FICE-book on developments in child care published two years ago by Meir Gottesmann.

Since the Federal Council in Köszeg (Hungary) in 1978, a **paradigmatic shift** in the orientation of the work of FICE occurred: In changing its name from "Communautés d'Enfants" in "Communautés Éducatives", FICE broadened its area of interest from residential care **to all forms of care outside the family including family support.** Many members did not follow immediately the international organisation in this new way of thinking, but currently, the diversification of services delivered in and around residential care institutions covers a broad variety of patterns including foster care and day care, family support and new techniques like video home training which give the child a chance to stay with his parents.

The **role of residential care** and its place in a large spectrum of child care services is an ongoing discussion in FICE. I believe that residential care will always have to play an important role in our field of work. Currently, about 1% of all children are placed outside their family in the European countries. However, it is difficult to get exact figures about the children in care and it is still more complicated to compare what's going on in different countries: Some authors tried recently to accomplish this difficult task:

- Meir Gottesmann, a member of FICE-Israel, published two books about residential care, recent developments and new trends in the FICE member countries (1991, 1994)
- Nicola Madge from the National Children's Bureau in the UK published a comparative study about residential care in the EU member counties (1994)
- Walter Hellinckx and Michel Corbillon from EUSARF published a book on residential and foster care in Europe (1993)
- Wolfgang Trede from FICE-Germany published very recently an article on methodological aspects of comparative studies in child care

In all these publications, some trends are visible: The decrease of the number of children and young people in extra-familial care, the decrease of the number of children placed in residential care, the increase of the number of children placed in foster care. In most countries, residential and foster care are sharing around 50% of the children placed outside their families and this situation will probably not change dramatically within the next few years. I think that FICE should, in association with other international organisations and training centres stimulate research in this area.

In its recommendation on a "European Strategy for Children", the Council of Europe invites the governments and the NGOs to give "visibility" to childhood in gathering information about children. FICE should try to do this in the area of child care.

FICE should do this, FICE should do that. As FICE is a very small organisation with very limited financial possibilities, its activities must be supported by its members. This has been true in the past and I hope in the future too. Anyway, we have no other choice if we want to achieve the ambitious work programme we discussed yesterday in our General Assembly:

FICE has to work hard in four areas:

1. The development of its structures

Since more than ten years, our General Secretariat is run mainly due to the financial support of the Pestalozzi Foundation in Switzerland. The small financial contribution we give to the Foundation is merely enough money to cover a part of the costs for translations. At many occasions, we have expressed our thanks to the foundation, but we will have to think of finding the money to run **a professional, independent general secretariat** of FICE, perhaps in relation with some project.

The **"Centre Européen de Recherche et de Formation de la FICE"** (CERFFICE), also called FICE-Europe must be given a new role to play inside the organisation. Currently, a work-group is planning a catalogue of international training seminars and workshops. These will be organised on an annual basis in the different member countries and must provide translation in at least one additional language in order to permit the participation of participants from other countries.

2. The development of its membership

Since the General Assembly of Milwaukee/USA in 1994, our **new statutes** allow more organisations to join FICE in one country. Before Milwaukee, this was not possible, and we had members claiming to be a national section but being not representative at all in their country. We still have such members. Currently I would like to encourage these members to look for links with other organisations in their country in order to create an **umbrella organisation** which makes FICE visible and strengthens the impact of our views on national policies in the area of child care. Moreover, the financial contribution to FICE-Inter could be considerably increased.

Although it is difficult to realise, I think that FICE must develop its membership in the **developing countries**. The situation of the children in these countries is so dramatic and I think it is morally unacceptable to ignore the needs of these children in the area of our work. Perhaps we can achieve this by realising projects like "Éducateurs sans frontières".

3. Co-operation and networking on an international level

This point is a crucial one and currently, I'm spending a lot of time to get ahead in this area. Although FICE lives through its members, its main focus must be the work on an international level.

Currently, FICE is an NGO attached to various international organisations like UNESCO, UNICEF, ECOSOC and the Council of Europe. It collaborates with a lot of international organisations like AEIJI, EUSARF, EFCW, IFCW, IFCO and others. I will try to identify the possibilities we have to contribute to the work of these organisations and to develop in the same time the profile of our own organisation. FICE will never be judged by what it says but by what it does.

3.1 UNESCO

FICE is an NGO with consultative status B of UNESCO. FICE was created under the auspices of this organisation. FICE should tighten its relations to UNESCO by collaborating more intensively in the newly created unit of child and family affairs. Daniel Vidaud from ANCE-France attends the meetings of the Committee of the NGOs in Paris.

There is a possibility to get some financial help from UNESCO, for instance for starting a project like "Éducateurs sans frontières" (see below). After having discussed this possibility with John Bennett from UNESCO, he suggested to introduce an application via the Luxembourg UNESCO-Committee.

3.2 UNICEF, United Nations Children's Fund

FICE is an NGO of UNIEF. On our Federal Council meeting in Geneva in October 1995, we had contacts with Nigel Cantwell and Jack Glattbach from UNICEF. In a letter, Nigel Cantwell mentioned the possibility for FICE to join the NGO group for the Convention of the Rights of the Child.

The Swiss FICE section is ready to participate in UNICEF-activities in Geneva.

3.3 ECOSOC, Economic and Social Council of the European Union

FICE is an NGO of ECOSOC. For the moment, we have no projects to collaborate with this organisation. Our vice-president, Walter Prohaska, attends the meetings of ECOSOC in Vienna.

3.4 European Council

The European Council has voted recently (in January) a very important recommendation on a **European Strategy for Children**. Of course, FICE will contribute to realise the recommendations listed in this document on a national and international level.

Moreover, Richard Joubert, our treasurer participates in the meetings of the NGO co-ordination group in Strasbourg and in two work-groups on the European Social Charter and on Education.

3.5 AEIJI, Association Internationale des Éducateurs de Jeunes Inadaptés

A **co-operation agreement** between FICE and AEIJI had been signed in Luxembourg in 1992. I participated recently in a meeting of the German branch in Freiburg/Germany and again, we found out, that we are doing very similar things and that a closer collaboration could be beneficial for both organisations.

AEIJI organises an international congress in Brescia/Italy from June 11 - 14 1997. The theme is very similar to the theme of our congress here in Copenhagen: "The Socio-educational Function in a Multicultural World". I will keep in touch with AEIJI and discuss with it further possibilities of co-operation.

3.6 EUSARF, European Scientific Association for Residential and Foster Care

EUSARF started in 1989 and I attended some of their meetings. I also kept in touch with Walter Hellinckx from the University of Leuven (B) and Jan van der Ploeg from the University of Leiden (NL). During the last congress of EUSARF in Leuven, the board of the organisation took the formal decision to collaborate more intensively with FICE. The Dutch FICE section announced yesterday on our Federal Council Meeting that we will have a common event (Researchers Day) in the year 2000 at our congress in Maastricht. A close collaboration could also be possible between EUSARF and CERFFICE.

3.7 IFCW/EFCW, International/European Forum for Child Welfare

IFCW and EFCW have been created recently in 1989/1990. FICE is a member of both organisations. Personally, I also represent Luxembourg in both organisations. I participated in almost all the meetings of EFCW and in some of IFCW. Both organisations are focused on children's rights issues and in advocacy for children. In December 1995, EFCW and FICE-Luxembourg organised a common conference on the theme: "Children's Rights, Make Them Known, and Make Them Happen".

3.8 EURONET

Euronet is an international coalition of NGOs in all the 15 member states in the European Union. Its main focus is the revision of the Maastricht Treaty during the Intergovernmental Conference. Many representative organisations in the different member countries participate in this initiative trying to persuade their national governments to adopt the position of Euronet published in a leaflet distributed to the FICE-members in three languages.

By introducing some amendments into the revision of the Maastricht Treaty, Euronet expects to give a voice to children and young people after the intergovernmental Conference.

3.9 ECSPRESS, European Consortium of Social Professions with Educational and Social Studies, Thematic Network in Erasmus Programme

Ecspress is a thematic network asking for support in the frame of Erasmus programme for a period of three years ensuring the co-operation between the most representative associations of educational institutions and organisations in the discipline, comprising all EU and most other European countries with the aim of producing further and more specific course materials, didactic suggestions and guidelines to good standards of practice.

The three constituting organisations are:

- The European Association of Schools of Social Work (EASSW)
- The European Association of Training Centres for Socio-Educational Care Work (EATCSECW)
- The European Centre for Community Education (ECCE)

The four affiliated organisations are:

- The Association Internationale des Éducateurs de Jeunes Inadaptés (AIEJI)
- The Fédération Internationale des Communautés Educatives (FICE)
- The European Region of the International Federation of Social Workers (IFSW)
- The International Council on Social Welfare (ICSW).

Very soon, the role of FICE in this network will be defined more precisely.

3.10   Child Rights Information Network (CRIN)

The Child Rights Information Network was created in 1995 in order:

- to support and promote the implementation of the Convention on the Rights of the Child on national and international levels

- to contribute to satisfying the varied information needs of child rights organisations working at the grassroots, national, regional and international levels
- to support the child rights organisations in their endeavours to develop effective information systems and methods of information exchange, using both electronic and non-electronic and networking tools.

FICE is a member of the network

3.11   Helios II

Since almost six years, FICE is a member of the HELIOS-Programme, which will finish in 1996. Currently, FICE is a member of the sector "Education", together with 6 other international organisations:

ARFIE   Association de Recherche et de Formation sur l'Insertion en Europe
ATEE   Association for Teacher Education in Europe
EASE   European Association for Special Education
EIN   European Inclusion Network
EPA   European Parents Association
HOPE   Hospital Organisation of Pedagogues in Europe

For more than four years, FICE got annual grants from the EU to organise conferences and seminars mainly in France and Luxembourg. This year, there are three meetings co-financed by the EU: The congress of ANCE-France in May in Carcassonne on an ethical code for professionals in the sector of social work and child care. In November will be a congress on multiply handicapped persons in Luxembourg and our last seminar on multidisciplinary work will be held in Frankfurt in January 1997

4. Project development

Until now, FICE never had activities, which had the character of a project. By this I mean activities that are planned, regular, involving staff and delivering specific services for children. Therefore, it was impossible to get funding by foundations or other sponsors.

Having discusses the strengths and the weaknesses of FICE, I suggest the development of the following projects:

4.1 The FICE International Professional Exchange Programme (PEP)

I'm happy to present you today the first issue of the PEP-bulletin. The Idea has been discussed at many meetings in FICE, and finally, the programme can start.

For many care-workers, FICE is still an enigma. They don't know very much about it, because they get very little information and until now, they had almost no possibility **to participate directly in an activity specially designed for them**. With the PEP, this step has been made. The idea is to develop exchange of staff between the member's countries of FICE at low costs. Let me make a summary of the main ideas:

- fully trained staff with some professional experience shall have the possibility to work together with their colleagues in an institution abroad
- the program can last from 1 to 6 months, according to the possibilities of the hosting institution and the trainees
- the institution will host the trainee, provide accommodation and food, give her or him her all opportunities to broaden knowledge about the child care system in the host country
- the trainee is obliged to provide information about child care in his country of origin to the hosts and at her or his return home, information to interested people in his place
- FICE will deliver a certificate, when the trainee has fulfilled all her/his obligations and when the hosting institution gives a positive advice.

I hope that this programme will be successful in the future and that I will contribute to improve the knowledge and the skills of our care workers in the interest of all the children in care.

4.2 "Éducateurs sans frontières"

Although the name of this project will probably change, it describes well what is meant:

Using its knowledge, accumulated during almost fifty years, FICE should set up services for children and for staff in the developing countries and in emergency situations with the following aims:

- providing care, education, help and psycho-social support for children living in difficult environments as a result of armed conflicts or natural catastrophes
- training and supporting staff in difficult situations in the developing countries
- co-operating with other NGOs in the developing countries in order to complete and improve the services to children living under difficult circumstances

To start such a programme, much preparatory work has still to be done and the collaboration of all FICE-members is essential. On our Federal Council in Vienna, I hope to be able to give some more details about it.

4.3 CERFFICE-International Training Seminars

As mentioned under point 1, CERFFICE will take a new start and provide very soon a brochure with a list of international training seminars for the year 1997.

The themes have to be chosen in order to satisfy the training needs of the participating countries and have to be relevant for the work of an international organisation: promotion of new ideas and working skills, stimulation of research, dissemination of examples of good practice …

As a result of these seminars, a new series of publications could be added to the FICE-bulletin as another possibility to disseminate knowledge and give a positive image of FICE on the international scene.

4.4 Training modules

As a contribution of FICE to the Thematic Network (ECSPRESS), I suggested the creation of two training modules, supposed to be integrated in the initial training of care workers and social workers.

The first is about **children's rights in care** and is supposed to gather all relevant information about the Convention, its implementation in different care settings, the Charter of Children's Rights in Care and examples of good practice all over Europe.

The second is an update of the books of Meir Gottesmann and aiming at a **comparative analysis of the care systems in Europe.**

For the realisation of these projects, there could be some money available trough the Erasmus programme, but this has still to be confirmed.

II. The Right of the Child to a Cultural Policy for Children

During this congress, we will speak about culture from various viewpoints. Looking trough the programme brochure, you find the notions of "contrasting cultures", "subcultures", "modernity and tradition", "cultural diversity" etc.

It appears that "culture" is a multidimensional concept. Of course, I will not discuss here some well-known facts about culture, i.e. that there is a close relationship between the development of society and the cultural evolution, that access to culture is a fundamental right of the human being, that there are dominating and oppressed cultures …

First of all, I would like to highlight some articles of the **United Nations Convention on the Rights of the Child** concerning the right of the child to culture. In many position papers and declarations, FICE has affirmed its strong commitment to the principles of this convention and has invited its members to make efforts on a national level in order to implement the convention in their own country.

In the UN-Convention on the Rights of the Child, there are some articles which emphasise more specifically the right of the child to his or her culture:

Art. 2: Non-discrimination:

1. State parties shall respect and ensure the rights set forth in the present Convention to each child within their jurisdiction **without discrimination of any kind**, irrespective of the child's or his or her parent's or legal guardian's **race, colour, sex, language, religion, political or other option, national, ethnic or social origin, property, disability, birth or other status.**

By mentioning « race, colour, sex etc. » the convention almost gives us a list of different « cultures » within a society, sometimes also called « subcultures ». The important thing for me is the fact that there are different cultural values and systems co-existing at different levels of our societies and that sometimes, there are conflicts arising because of the co-existence of these cultures.

You know that for FICE as an international organisation, the principle of non-discrimination is fundamental for its work and it is written down in its statutes. **Non-discrimination means tolerance.** *FICE is and has always* *been tolerant towards anything except intolerance.* That's why, since almost fifty years, FICE members struggle against racism, xenophobia and all other forms of discrimination in their daily work with children with special needs.

Art 5: Parental guidance and the child's evolving capacities

*State parties shall respect the responsibilities, rights and duties of parents or, where applicable, **the members of the extended family or community** as provided for by local custom, legal guardians or other persons legally responsible for the child, to provide, in a manner consistent with the evolving capacities of the child, **appropriate direction and guidance in the exercise by the child of the rights recognised in the present Convention.***

If a child happens to grow up outside his or her family, the community or the persons legally responsible have to make sure that the child can exercise his or her rights in an appropriate manner. This means that i.e. a children's home has the obligation, among others, to give the child an opportunity to enjoy his or her own culture.

Art. 13: Freedom of expression

1. The child shall have the right to freedom of expression; this right shall include **freedom to seek, receive and impart information and ideas of all kinds**, regardless of frontiers, either orally, in writing or in print, **in the form of art, or through any other media** of the child's choice.
2. The exercise of this right may be subjected to certain restrictions, but these shall only be such as are provided by law and are necessary:

   (a) For respect of the rights or reputations of others; or

(b) For the protection of national security or of public order, or of public health or morals.

Giving children and young people, a voice is still not yet very common in our societies. Although the great pedagogues of the twenties like Makarenko, Korczack, Freinet and others shared the ideas of empowering children, real freedom of expression is still exceptional in families, schools, care institutions etc. Most adults are afraid of giving children the possibility to express their ideas, because they know, that these ideas are not yet filtered by the super-ego of adult thinking.

When FICE was created in 1948, these ideas of freedom of expression and participation were tried to put into practice in many institutions called "children's villages', 'children's republics' etc... The traumatic experiences generated by fascism as the most perfect political form of intolerance led to the construction of democratic structures in these big institutions. Residential care has undergone many changes since then; there have been many improvements in the living conditions of children, but one negative aspect of the decentralisation of big institutions is the loss of these "playgrounds of democracy". Only recently, initiated by the conventions, new models of participation and empowerment of children in care begin to emerge.

Art. 14: Freedom of thought, conscience and religion

1. States Parties shall respect the right of the child to freedom of thought, conscience and religion.
2. State parties shall respect the rights of the child and duties of the parents and, when applicable, legal guardians, to provide direction to the child in the exercise of his or her right in a manner consistent with the evolving capacities of the child.
3. Freedom to manifest one's religion or beliefs may be subject to such limitations as are prescribed by law and are necessary to protect public safety, order, health or morals, or the fundamental rights and freedoms of others.

This article will have far-reaching consequences in the future, when it will be fully implemented. Indeed freedom of expression and freedom of thought, conscience and religion are closely linked together.

Instead of giving answers, allow me to put several questions:

What should parents or care workers do if they discover that one of their children is influenced by some religious sect?

Have the Muslim girls in France the right to put their veil in the classroom of a laic school?

Is it acceptable, to oblige very young children, incapable of discernment, to follow the rites of any particular religion?

Are religious residential care institutions allowed to oblige children to participate in their religious ceremonies?

In my opinion, children should get information about the different religions in school but they should not be obliged to follow blindly the beliefs of their parents or carers.

Art. 17: Access to appropriate information

*State parties recognise the important function performed by the mass media and shall ensure that the child has access to information and material from a diversity of national and international sources, especially those aimed at the **promotion of his or her social, spiritual and moral well-being and physical and mental health**. To this end, State Parties shall:*

(a) Encourage the mass media to disseminate information and material of social and cultural benefit to the child and in accordance with the spirit of article 29;

(b) Encourage international co-operation in the production, exchange and dissemination of such information and material **from a diversity of cultural, national and international sources;**

(c) Encourage the production and dissemination of **children's books**;

(d) Encourage the mass media to have particular regards to the linguistic needs of the child who belongs to a minority group or who is indigenous;

(e) Encourage the development of appropriate guidelines for the protection of the children from information and material injurious to his or her well-being, bearing in mind the provisions of articles 13 (freedom of expression) and 18 (parental responsibilities).

Currently I am very distressed by the fact that our societies invest a lot of money and knowledge to get satellites on orbits but that on the other hand these satellites send back to earth stupid TV-shows and other monkey business. The needs of the child as a consumer of TV productions are not taken into consideration seriously. It is evident, that the promotion of the child's social, spiritual and moral well-being and physical and mental health is not one of the aims of commercial TV agencies. Children are not protected against the dissemination of harmful material. Their linguistic needs - if they belong to a minority group - are not respected at all and children's books of good quality are rare and expensive. It seems obvious that the market economy is very much more in favour of a Disney-culture than anything else.

Art. 29: Aims of education:

1. The State Parties agree that the education of the child shall be directed to:

   a. The development of the child's personality, talents and mental and physical abilities to their fullest potential;

   b. The development of the respect for human rights and fundamental freedoms, and for the principles enshrined in the Charter of the United Nations;

   c. The development of respect for the child's parents, his or her own cultural identity, language and values, for the national values of the country in which the child is living, the country from which he or she may originate, and for civilisations different from his or her own;

d. The preparation of the child for responsible life in a free society, in the spirit of understanding, peace, tolerance, equality of sexes, and friendship among all peoples, ethnic, national and religious groups and persons of indigenous origin;

e. The development of respect for the natural environment.

In his or her family or in other forms of care, the cultural identity, the language and values of the country of origin have to be respected in a spirit of understanding and tolerance. There may be situations where children have problems to accept the fact that there are children with another cultural background living in the same institution. But even in such a situation, it must be possible to deal with them together in a spirit of tolerance.

A good example in this context is the « church » in the Pestalozzi Children's village in Trogen in Switzerland. As most of you know, this children's village started in 1946 after World War II with groups of children from various parts of Europe and the world. As there were many different religious beliefs present, the Pestalozzi foundation decided to have a place where the children could perform their religious rites. So they built up a room decorated with the symbols of the important world religions. So children learn to know and to respect the beliefs of other children and in the same time they make the experience of the relativity of their own beliefs.

Art. 30: Children of minorities or of indigenous peoples

In those states in which ethnic, religious or linguistic minorities or persons of indigenous origin exist, a child belonging to such a minority or who is indigenous shall not be denied the right, in community with other members of his or her group, to enjoy his or her own culture, to profess and practise his or her own religion, or to use his or her own language.

In France, there was a lot of trouble linked to this article of the convention. Indeed, the girls belonging to the Islamic part of the (immigrant) population used to wear the veil in school until some teachers and directors forbid it. They argued that in France, school is public and secular; that there are no religious symbols displayed and that pupils have not the right to wear religious symbols. I don't know exactly, what was the result of this affair which kept busy many courts, but in my opinion, this is one of the very important matters of discussion and a consensus has to be found on an international level.

Art. 31: Leisure recreation and cultural activitie

1. Sates Parties recognise the right of the child to rest and leisure, to engage in play and recreational activities appropriate to the age of the child and to participate freely in cultural life and the arts.
2. States Parties shall respect and promote the right of the child to participate fully in cultural and artistic life and shall encourage the provision of **appropriate and equal opportunities for cultural, artistic, recreational and leisure activity.**

Art. 31 is important because it emphasises on the **right to rest and leisure**. In my opinion, this is very important, especially for children living in residential care. The professionals working with them are under a **double pressure**: On one hand, they have to deal with children having a deprived social background and presenting many deficits that need to be compensated. So the trend is to overtax them with schoolwork, of course always in « the best interest of the child ». On the other hand, professional care workers have to show, that they are well trained and that they are the better parents. So even in during leisure time, they try to overtax children with activities of all kinds, preventing them from relaxing and making experiences of their own. I don't want to say, that staff does this intentionally, but the fact is that children in residential care have less opportunities to relax than children living in their family.

I think it is worth reading the Convention and paying special attention to the cultural rights of children. The Convention has been signed and ratified by almost all the States of the world. Another question is the implementation of the Convention. There are countries which have already realised the implementation of the Convention in a very complete way, but in most of the countries, children's rights exist only in a written form.

Children placed outside their family or not, should have **an opportunity to claim their rights**. In many situations, they have simply no possibility to do this. In many countries, governments and NGOs are looking to create structures on different levels to support the implementation of the convention. These structures can be ombudsmen, child rights development units, children's councils or simply contact persons giving the child an opportunity to speak up. In a special bulletin about a seminar on children's rights in Espoo (Finland), FICE published its "Charter of the Rights of Children in Care", where this possibility of having a contact person outside the institution is one of the demands.

The discussions about the convention have brought children on focus. There are more and more discussions about the rights of children and the policies necessary to implement these rights. In this context, I was very glad to see the « Opinion » of the Economic and Social Committee decided on 29 March 1996 on an

III. European Cultural Policy for Children.

Because of its importance - not only in the context of this congress - I would like to present you the complete version of this document (in italics), completed with some comments. I also underlined some parts that seemed important to me.

It is a policy for children which, according to the UN definition, includes young people up to the age of 18, but which in this Opinion means primarily a younger age group whose cultural development is strongly influenced by parental and societal "role models". The Opinion considers family life, schooling, leisure and entertainment and child-care facilities as crucial facets of this development. It makes value judgements concerning children's rights, upbringing and exploitation (see point 2.7.), but it does not judge or rigidly define the family as such. Finally, the Opinion is focused on a European cultural policy for children, who is not "Euro-centric" but broadly-based, multicultural, multi-ethnical and multilingual.

Indeed language is among the most important means of communication in any cultural policy. A systematic effort should be made to improve knowledge and appreciation of one's mother tongue, and to encourage curiosity and interest in foreign languages. The fostering of a European cultural policy for children would provide a suitable framework.

Recently, I participated in a seminar on bilingualism organised by EFCW and Children in Wales in Cardiff. I got aware of the fact, that there is a "Bureau of the Lesser Used Languages" in Brussels and that there are 43 LUL-communities in Europe. Being a person belonging to one of these LUL-communities, I know perfectly well how language can be used politically to dominate and to subjugate a nation. During the Second World War, Nazi-Germany tried to oblige the people in Luxembourg to recognise that German was their mother tongue but fortunately enough, 97% of the population gave a negative answer to the questions of the referendum organised by the occupying forces.

For a child, it is important to be heard and understood in his mother tongue. I heard of many examples of cultural discrimination of children having been brought up in countries like South Africa, where Zulu children, adopted by white parents had lost their roots as grown-ups. They belonged neither to the community of their adoptive parents nor to their tribes. These children are currently living in a cultural homelessness.

1.1. The present Opinion seeks to:

- stress the need for special attention to be given by the Member States to the cultural development and education of new generations so as to obviate **the risks both of cultural indifference and levelling and of cultural chauvinism leading to fanaticism and extremism**;

- stress the urgent need for a general effort to mobilise and co-operate at all levels (between Member States, Ministers concerned, between national or local cultural bodies, municipalities, non-governmental organisations, between religious, political and social youth organisations); this effort would aim both to provide high-quality cultural education at local level and to encourage and support the creation of conditions and means for deeper and broader cultural communication between the new generations of Europe;

- stress the urgent need for pan-European co-operation with the aim of combating racism and xenophobia and developing a culture of acceptance of and respect for differences among children in Europe;

- show that, as part of the extension of existing measures and policies for culture in general, it is possible to encourage new activities to meet urgent cultural needs of European children.

As an example: the institution of town-twinning could be enriched with the twinning of schools, children's choirs and youth organisations.

Although this has been achieved on different occasions, FICE should try to develop more systematically the twinning of child care institutions. Perhaps, the Professional Exchange Program will contribute to this.

In the context of cultural capitals and cultural months, special emphasis can be placed cultural themes of interest to the children of Europe, such as children's television, cinema and books.

1. 2. The existing policy on books and translations could be extended to low cost and high-quality children's books, access to them and wide circulation.

3. Annex 2 of the White Paper on Education and Training lists examples of Community Programmes concerning young people's cultural development.

Whilst commanding these programmes, the Committee would still pose the question whether they are sufficiently broad and meaningful as challenge the massive exclusion felt by youth towards the European Union.

2.   ***General comments and the need for a policy on children's culture***

2.1. A general starting point for the current Opinion has been established in various earlier. opinions of the ESC, in particular the Opinion and additional Opinion on a Fresh Boost for Culture. In this previous work, the Committee drew upon the UNESCO definition that "culture may be defined as the combined spiritual, material, intellectual and emotional characteristics of a society or social group. The Committee further commented that:

Culture is seen as a dynamic, evolutive enrichment of daily life. The European Community dimension has and can continue significantly to contribute to this, not in any perceived 'identikit' fashion, but through the harmony upon which diversity thrives, through increased contact, comparison and mixing, and the identification both o different cultural traditions and of common uniting principles, of mutual understanding and the elimination of prejudices between peoples. The European ,cultural model' is not all-exclusive, still less a 'melting pot', but rather a multifarious, multi-ethnic plurality of culture , the sum total of which enriches each individual culture. The European 'cultural model' serves not as a 'fortress' but as an open springboard towards other cultures both throughout the Community and throughout the world.

2.2. A European cultural policy for children should also be interpreted in the above sense - an "open springboard" of diverse traditions and common values. Like an orchestra or choir, it should seek harmony, not homogeneity. It should echo and relate, not deaden, each participating "voice". It should generate, not stifle, excellence and enthusiasm. Such a policy should be broadly based and rest upon giving encouragement and support throughout the European Union for the promotion of cultural activities for children with a view to enriching their "spiritual, material intellectual and emotional development.

Article 128 of the Treaty would confirm this approach:

1. The Community shall contribute to the flowering of the cultures of the Member States, while respecting their national and regional diversity and at the same time bringing the common cultural heritage to the fore.
2. Action by the Community shall be aimed at encouraging co-operation between Member States and, if necessary, supporting and supplementing their action ... ".

2.4. The policy measures proposed in the present Opinion therefore concern both the European Union and international organisations and the Member States of the European Union. Besides education and the family, they are also relevant to companies involved in children's pleasurable learning, recreation, entertainment, leisure and culture at local, regional, national, European and world-wide level, as well as European and national non-profit making organisations and non-governmental organisations.

2.5. Appropriate utilisation of existing European policy on a) culture, b) youth, and c) sport and education constitutes a step in the proposed direction to make the policy put forward in this Opinion realistic and immediately applicable without the use of substantial new resources.

2.6. The need to draft and implement a European cultural policy for children should also take into account, from a factual rather than a value-judgement base, developments in European family life, including the increase in the divorce rate, the increase in the number of under-age and single-parent families and the growing absence of parental care and attention.

2.7. From a value-judgement base, however, a policy is necessary because of:

- The widespread abuse of children: physically, psychologically, sexually, in child prostitution and child pornography.
- the increasing juvenile crime and delinquency, the inability of society to deal effectively with the growing scourge of drugs, especially among the young, and the use of drugs by ever younger children;
- child labour and exploitation;
- the failure to implement UN resolutions on children's rights and the proposals of the European Forum on children's rights;
- the high levels of unemployment and poverty among the young;
- the high proportion of families in Europe living below the poverty line who therefore have limited means of access to cultural life and cannot afford to offer their children cultural goods, quality recreation or free-time activities which stimulate their cultural development the very limited proportion of family income spent on culture;
- the lack of facilities for sport, exercise, recreation or creative use of young people's free time in the big cities and rural areas of Europe;
- the fact that television - in most cases commercial television - has become the constant companion of young people in Europe, to latch-key children, often acting as "educator" and baby-sitter (a significant number of children over 5 have a TV in their bedroom), and often with declining standards in children's programmes, advertising and videos;
- the development and establishment of a climate in which young people do not trust the traditional democratic and social institutions of Europe;
- the emergence of racism, xenophobia and neo-fascism in Europe, particularly among the young - phenomena which foreshadow the permanent presence of racial and religious tensions within Europe,

including the formation of extremist political groups and movements;

- the growing crisis situation in public schooling which manifests itself in various European countries either through an increasing number of primary and secondary school pupils leaving school without qualifications or through a clear decline in the ability to read or do arithmetic, the increasing number of primary and secondary school pupils who are being expelled from school, the increasing number of children below 10 in care.

2.8.   A European cultural policy for children could also acknowledge:

- the need for personal development and fulfilment that may lead to social sensitivity;
- a basic propensity towards positive individual and group behaviour can be cultivated during childhood - creativity, a willingness to co-operate, social skills and the foundations for the formation and development of a communicative individual and citizen, are cultivated during childhood;
- the naturalness of racial differences and of the usefulness of differences in character and culture, tolerance and creative utilisation of such differences - the foundations for a personality with a willingness to participate in dialogue and with a democratic conscience and outlook - all these things are cultivated and developed during childhood;
- perseverance, patience, powers of observation, the ability to concentrate, dedication and love for one's work - the foundations giving rise to the productive workers of tomorrow - are cultivated and developed in childhood;
- the love of beaming, knowledge and beauty are the foundations of life-long education in the service not only of expediency, but also of beauty;

- the love of physical health, exercise, sport and healthy lifestyles are best established during childhood;
- Love and respect for nature and man - the foundations that give rise to a rounded personality are cultivated and developed in childhood.

2.8.1.   All the above can be cultivated and developed at European level through the European children's folk tale, the European children's story, the rich contribution and joy that can come from children from ethnic minorities playing a full part in Europe's multi~ethnica.l cultural development, children's cinema, television, children's theatre, a new school sport policy, a new policy to integrate the young generation into society and promote its cultural development.

2.8.2.   The Committee feels that drafting and implementing such a policy is an investment which will bring a constant return in the economic and social development of the EU. It is an investment for social cohesion and social competitiveness. The Committee feels that a heavy price would be paid for avoiding or delaying investment in this area.

2.9. Drafting and implementing, a general cultural policy for the children of Europe is particularly essential given that the measures taken to date do not constitute a policy.

As the president of FICE, I would like to say that our organisation feels committed to do everything that is possible to support and to implement this policy, in Europe and in all the other countries, where it is active. In many countries, people are obviously discriminated in many ways discriminated, they speak up because the claim **the right to be different**. If they do so, there seem to be mechanisms in our cultural systems that prevent them to be considered and treated equally by society.

Discrimination means exclusion.

Recently, I participated in the first « European Social Policy Forum » in Brussels. The main theme of this forum was the **struggle against exclusion**. In fact, although our societies are continuously developing, a growing number of people may be considered as the victims of this progress. I don't want to discuss the question who or what is responsible of this evolution. I merely consider the fact, that one third of the citizens of our western societies are living close to the minimum level of subsistence, that more and more are unemployed ore homeless or both. It is also a fact that this situation affects more and more children. The German Kinderschutzbund (Society for the protection of children) created the slogan: « Rich country, poor children » to illustrate that one out of five children in Germany is living under the poverty level.

I could continue for hours to talk about all the related issues of the cultural rights of children. I hope that in the future, NGOs and governments will find a way to collaborate in implementing these rights. The International Convention will be a powerful instrument to realise our goals, but there is still a lot to be done.

Thank you for your attention

FICE-Kongress Kopenhagen 1996: Die Pflege verschiedener Kulturen in einer unsteten Welt

Rede von Robert Soisson am 41. FICE-Kongress in Kopenhagen, Mai 1996

Herr Sozialminister
Herr Präsident
Liebe Gäste, Kollegen und Freunde

Es ist mir eine große Freude, sie zum 41. FICE Kongress in dieser wunderschönen Stadt hier in Kopenhagen begrüßen zu dürfen. Das Thema des Kongresses "Die Pflege verschiedener Kulturen in einer unsteten Welt" passt in gewisser Hinsicht zu der gegenwärtigen Rolle dieser Stadt als kulturelle Hauptstadt Europas.

In zwei Jahren werden wir den **50. Geburtstag von FICE in Paris** feiern. Wie sie wissen, wurde FICE 1948 gegründet und ich denke, dass nicht viele Organisationen in unserem Tätigkeitsbereich so weit zurückschauen können wie wir. Das Thema vom Kongress in Paris wird vermutlich "Vom Menschenrecht zum Recht des Kindes" sein. Dies zeigt deutlich die Entstehung und den Hauptaugenmerk von FICE auf.

Bereits 1949, als die erste nationale Sektion in Frankreich gegründet wurde, war FICE als eine internationale Organisation von Kinderdörfern und Gemeinschaften etabliert. Viele Sektionen wurden in den folgenden Jahren gegründet, wobei sich die Anzahl der Mitglieder in den nahezu 40 Jahren nicht erheblich geändert hat. FICE blieb vor allem eine **europäische Organisation** mit Israel als einziges nichteuropäisches Mitglied. In den letzten Jahren hat sich diese Situation ein wenig geändert, mit der Ernennung von neuen Sektionen in Südafrika, den Vereinigten Staaten und Kanada. Zur Zeit ist FICE in 26 Ländern vertreten und wir haben zahlreiche Kontaktadressen in anderen Ländern. Nichtsdestoweniger steigt die Anzahl der Mitglieder nur langsam, dafür aber konstant an und gerade gestern haben wir eine neue italienische und eine neue estonische Organisation als assoziierte Mitglieder aufgenommen.

Früher bestanden die Aktivitäten von FICE vor allem in der Organisation von Seminaren und Kongressen, internationalem Austausch in Form von Besuchen und Herausgabe von Publikationen betreffend verschiedener Aspekte der **Kinderhilfe**. Bis zur Krise der UNESCO im Jahre 1984 wurde FICE von dieser Organisation unterstützt. Obwohl dieser Zuschuss reichte, FICE während all dieser Jahre zu erhalten, wurden keine Bemühungen unternommen, neue Sektionen in den Entwicklungsländern zu gründen, wo die Neuschaffung von Kinderhilfswerken schon immer auf der Tagesordnung stand. Ein spezielles Ziel von FICE war schon immer **die Beziehung mit den ehemaligen kommunistischen Ländern** wie Polen, Tschechoslowakei und Ungarn zu pflegen, um im ständigen Kontakt mit diesen Ländern hinter dem "eisernen Vorhang" zu bleiben. Ich denke, dass dieser Kontakt uns geholfen hat, die Qualität der Kinderhilfswerke tatkräftig zu fördern und zu verbessern. Dies zeigen auch einige Beiträge des zweiten Buches "Entwicklungen in der Kinderhilfe" (herausgegeben von Meir Gottesmann).

Seit im Verbandsrat in Köszeg (Ungarn) 1978 ein **beispielhafter Wandel** bezüglich der Organisation der FICE - Aufgaben stattgefunden hat: Der Name wurde von "Communautés d'Enfants" zu "Communautés Educatives" abgeändert, hat FICE seinen Blickwinkel von Hilfe vor Ort, **zu allen Formen der Hilfe außerhalb wie in der Familie** erweitert. Viele der Mitglieder sind nicht gleich dem neuen Weg dieser internationalen Organisation gefolgt. Zurzeit werden aber durch abwechslungsreiche Dienste in- und um den örtlichen Hilfseinrichtungen, eine breite Vielfalt von Möglichkeiten einschließlich Förderung der Tagestätten, Familienhilfe und neue Methoden wie "Video-Home-Training", die dem Kind eine Chance bieten soll bei den Eltern zu bleiben, abgedeckt.

Die **Aufgabe der Hilfe vor Ort** und ihr Platz in einem breiten Spektrum von Kinderhilfsdiensten ist eine ständige Diskussion bei FICE. Ich glaube, dass die Hilfe vor Ort immer eine wesentliche Rolle in unserem Aufgabenbereich spielen wird. Im Augenblick sind etwa 1% der Kinder ausserhalb ihrer Familie in europäischen Ländern untergebracht. Wie üblich ist es schwierig genaue Angaben über die Pflegekinder zu erhalten und es ist noch komplizierter einen Vergleich zwischen den verschiedenen Ländern zu machen: Einige Autoren haben kürzlich versucht, dieses schwierige Thema zu bewältigen.

- Meir Gottesmann, ein Mitglied der FICE-Israel, veröffentlichte zwei Bücher über Hilfe vor Ort, aktuelle Entwicklungen und neue Trends in den FICE-Mitglieder Staaten (1991-1994).
- Nicola Madge vom nationalen Kinderbüro im Vereinigten Königreich veröffentlichte eine vergleichende Studie über Hilfe vor Ort in den EU-Mitglieder Staaten (1994)
- Walter Hellinckx, M.-J. Colton und Michel Corbillon von EUSARF veröffentlichten ein Buch über Hilfe vor Ort und Pflegehilfe in Europa (1993)
- Wolfgang Trede von der FICE-Deutschland hat neulich einen Artikel über "Methodische Aspekte" von vergleichenden Untersuchungen im Bereich der erzieherischen Hilfen

Die FICE muss von seinen Mitgliedern unterstützt werden. Dies wurde in der Vergangenheit verwirklicht und ich hoffe dass dies auch in der Zukunft so sein wird. Uns bleibt auch keine andere Wahl, wenn wir den gesamten Aufgabenbereich, den wir gestern an unserer Generalversammlung diskutiert haben, bewältigen wollen.

FICE wird in vier Gebieten sehr gefordert:

1. In der Entwicklung der Strukturen

Seit mehr als zehn Jahren, wird unser Generalsekretariat hauptsächlich durch die finanzielle Unterstützung der Stiftung Kinderdorf Pestalozzi in der Schweiz getragen. Die kleinen finanziellen Beiträge, welche die Stiftung von uns erhält, sind lediglich genug um einen Teil der Übersetzungskosten zu decken. An vielen Anlässen haben wir unseren Dank an die Stiftung übermittelt, jedoch werden wir uns Gedanken machen müssen, wie wir ein finanziell **unabhängiges und**

professionelles Generalsekretariat der FICE führen können, eventuell im Zusammenhang mit einigen Projekten.

Das **"Centre Européen de Recherche et de Formation de la FICE"** (CERFFICE), erwähnte, dass FICE-Europa in Zukunft eine neue Rolle in der Organisation spielen soll. Gegenwärtig denkt eine Arbeitsgruppe über die Möglichkeit nach, einen Katalog über die internationalen Trainings Seminare und Workshops einzuführen.

2. Die Entwicklung der Mitgliedschaft

Seit der Generalversammlung von Milwaukee/USA 1994, erlauben es unsere **neuen Statuten**, dass sich mehrere Organisationen in einem Land FICE anschließen können. Vor Milwaukee war dies nicht möglich und wir hatten Mitglieder die nicht ihr Land repräsentierten jedoch beanspruchten eine nationale Sektion zu sein. Wir haben immer noch solche Mitglieder. Gegenwärtig möchte ich diese Mitglieder ermutigen sich mit anderen Organisationen in ihrem Land zusammenzuschließen um eine **Schirmherrschaft** bilden zu können. Dies macht FICE erkennbar und stärkt den Eindruck unserer Sichtweise von nationaler Politik in dem Gebiet der Kinderhilfe.

Obwohl es schwierig sein wird, denke ich, dass FICE in Ländern der **"Dritten Welt"** Mitgliedschaften realisieren muss. Die Situation der Kinder in diesen Ländern ist derart katastrophal, dass es moralisch nicht akzeptabel wäre, die Bedürfnisse dieser Kinder in unserem Aufgabenbereich zu ignorieren. Vielleicht können wir dies erreichen indem wir Projekte wie "Educateurs sans frontières" realisieren.

3. Kooperation und Netzarbeit auf internationaler Ebene

Dieser Punkt ist ausschlaggebend und momentan, verbringe ich viel Zeit um in diesem Gebiet voranzukommen. Obwohl FICE durch seine Mitglieder getragen wird, ist das Hauptziel international zu arbeiten.

Momentan ist FICE eine NGO (Nicht-Staatliche Organisation), die an verschiedenen internationalen Organisationen wie UNESCO, UNICEF, ECOSOC und dem Europarat angegliedert ist. In Zusammenarbeit mit vielen Internationalen Organisationen wie AEIJI, EUSARF, EFCW, IFCW, IFCO und anderen. Ich will versuchen, die Möglichkeiten die wir zur Arbeit dieser Organisationen beitragen, zu identifizieren und zugleich das Profil unserer eigenen Organisation zu entwickeln. FICE wird nicht durch unsere Aussagen beurteilt, sondern grundsätzlich aufgrund unserer Taten.

3.1 UNESCO, United Nations....

FICE ist eine NGO mit beratendem Status B von UNESCO. FICE wurde unter der Schirmherrschaft dieser Organisation gegründet. FICE sollte versuchen, seine Beziehungen zur UNESCO durch intensivere Zusammenarbeit in einer neu kreierten Vereinigung von Kind und Familienangelegenheiten zu vertiefen. Daniel Vidaud von ANCE-France kümmert sich um die Ausschusssitzung der NGO in Paris.
Es gibt eine Möglichkeit eine finanzielle Hilfe von UNESCO zu erhalten, z.B. zur Startfinanzierung eines Projektes wie "Educateurs sans frontiéres" (siehe unten). Nach einer Diskussion dieser Möglichkeit mit John Benett von UNESCO riet er, einen Antrag an den luxemburgischen UNESCO-Ausschuss zu stellen.

3.2 UNICEF, United Nations Children's Fund

FICE ist eine NGO der UNICEF. An unserer Verbandsratssitzung im Oktober 1995 in Genf hatten wir Kontakt mit Nigel Cantwell und Jack Glattbach von UNICEF. In einem Brief hat Nigel Cantwell die Möglichkeit erwähnt, dass FICE sich dem Komitee der NGO's für Kinderrechte anzuschließen könnte.
Die Sektion FICE Schweiz ist bereits an UNICEF-Aktivitäten in Genf beteiligt.

3.3 ECOSOC, Economic and Social Council of the United Nations

FICE ist eine NGO der ECOSOC. Zurzeit haben wir keine Projekte der Zusammenarbeit mit dieser Organisation. Unser Vizepräsident, Walter Prohaska kümmert sich um die Sitzungen der ECOSOC in Wien.

3.4 Europarat

Der Europarat hat erst kürzlich (im Januar) einer sehr wichtigen Empfehlung für eine **europäische Strategie für Kinder** zugestimmt. FICE wird sich diesen im Dokument aufgelisteten Empfehlungen sowohl auf nationaler als auch auf internationaler Ebene anschließen.

Außerdem beteiligt sich Richard Joubert, unser Schatzmeister, an den Sitzungen der NGO Koordinationsgruppen in Straßburg und an zwei Arbeitsgruppen "soziale und europäische Vorrecht" und "Bildung".

23.5 AEIJI, Association Internationale des Educateurs des Jeunes Inadaptés

Eine **kooperative Vereinbarung** zwischen FICE und AEIJI wurde 1992 in Luxemburg unterschrieben. Ich beteiligte mich kürzlich an einer Sitzung der deutschen Sektion in Freiburg/Deutschland und es hat sich erneut gezeigt, dass unsere Arbeit sehr ähnlich ist und das eine engere Zusammenarbeit für beide Organisationen von Vorteil wäre.

AEIJI organisiert vom 11 - 14. Juni 1997 einen internationalen Kongress in Brescia/Italien. Das Thema ist unserem Thema hier in Kopenhagen sehr ähnlich. "Die Sozio-Bildung in einer multikulturellen Welt". Ich werde weiterhin mit AEIJI in Verbindung bleiben und die weiteren Möglichkeiten einer Zusammenarbeit durchdiskutieren.

3.6 EUSARF, European Scientific Association for Residential and Foster Care

EUSARF wurde 1989 gegründet und ich war bei einigen dieser Treffen anwesend. Ich stand auch immer in Kontakt mit Walter Hellinckx von der Universität in Leuven (B) und Jan van der Ploeg von der Universität in Leiden (NL). Während dem letzten Kongress von EUSARF in Leuven fasste das Gremium der Organisation den formellen Entschluss, mit FICE intensiver zusammenzuarbeiten. FICE Holland gab gestern an der Verbandsratssitzung bekannt, dass wir einen gemeinsamen Anlass (Researchers Day) im Jahre 2000 an unserem Kongress in Maastricht haben werden. Es besteht auch die Möglichkeit einer engeren Zusammenarbeit mit EUSARF und CERFFICE.

3.7 International/European Forum for Child Welfare

IFCW und EFCW wurden erst kürzlich im Jahre 1989/1990 gegründet. FICE ist ein Mitglied von beiden Organisationen. Persönlich vertrete ich in beiden Organisationen auch Luxemburg. Ich nahm praktisch an allen Sitzungen von EFCW und an einigen von IFCW teil. Beide Organisationen haben sowohl die Bekanntmachung der Kinderrechte wie auch das Eintreten für die Kinder zum Ziel. Im Dezember 1995, organisierte das EFCW und FICE Luxemburg eine gemeinsame Konferenz zum Thema: "Kinderrechte, mache sie bekannt, lass sie eintreten".

3.8 EURONET

Euronet ist eine internationale Verbindung von NGO's aus allen 15 Mitgliederstaaten der Europäischen Union. Das Hauptziel ist die Revision des Maastrichter Vertrages während der Internationalen Regierungskonferenz. Viele stellvertretende Organisationen der verschiedenen Mitgliedsländer nahmen an dieser Initiative teil, um Ihre Regierung davon zu überzeugen, der Stellungnahme von Euronet beizupflichten, welche in einem Merkblatt an alle FICE Mitglieder dreisprachig verteilt worden ist.

Durch die Vorstellung einiger Berichtigungen bei der Revision des Maastrichter Vertrages erwartet Euronet nach der internationalen Regierungskonferenz, den Kindern und Jugendlichen eine Stimme zu geben.

3.9 ECSPRESS, European Consortium of Social Professions with Educational and Social Studies, Thematic Network in Erasmus Programme

Ecspress ist eine thematische Vernetzung die um Unterstützung im Rahmen des Erasmus Programmes bittet. In einer Zeitspanne von 3 Jahren soll die Zusammenarbeit der repräsentativsten Mitgliedern erzieherischer Institutionen und Organisationen aller EU-Länder (respektive der meisten anderen europäischen Länder), zu einem Kompromiss für noch spezifischeres Kursmaterial, didaktischere Vorschläge und Richtlinien kommen, um einen guten Standard in der Praxis zu erzielen.

Die drei ernannten Organisationen sind:

EASSW	European Association of Schools of Social Work
EATCSECW Educational	European Association of Training Centres for Socio-
ECCE	European Centre for Community Education

Die vier angegliederten Organisationen sind:

AIEJI Inadaptés	Association Internationale des Educateurs de Jeunes
FICE	Fédération Internationale des Communautés Educatives
IFSW Social Workers	European Region of the International Federation of
ICSW	International Council on Social Welfare

die Rolle von FICE wird man sehr bald präziser in dieser Vernetzung definieren können.

3.10   Info-Drehscheibe über Kinderrechte

Die Vernetzung der Informationen über Kinderrechte wurde bereits 1995 für folgende Zwecke geschaffen:

- Zur Unterstützung und zur Förderung der Durchführung der Konvention über die Rechte des Kindes auf nationaler und internationaler Ebene.
- Als Beitrag zur Zufriedenheit der unterschiedlichen Informationsbedürfnisse von Kinderrechtsorganisationen die auf nationaler, regionaler und internationaler Ebene an der Basis arbeiten.
- Zur Unterstützung der Kinderrechtsorganisationen in ihren Bemühungen ein effektives Informationssystem und Methoden zum Informationsaustausch zu entwickeln, sowohl elektronisch, nicht-elektronisch als auch durch vernetzte Computer.

FICE ist ein Mitglied der Vernetzung

3.11   Helios II

Seit fast sechs Jahren, ist FICE ein Mitglied des HELIOS-Programms, welches 1996 abgeschlossen sein wird. Zurzeit ist FICE ein Mitglied im Sektor "Bildung" zusammen mit sechs anderen internationalen Organisationen

ARFIE Europe	Association de Recherche et de Formation sur l'Insertion en Europe
ATEE	Association for Teacher Education in Europe
EASE	European Association for Special Education
EIN	European Inclusion Network
EPA	European Parents Association
HOPE	Hospital Organisation of Pedagogues in Europe

117

Schon seit mehr als 4 Jahren wurde FICE von der EU gewählt, jährliche Konferenzen und Seminare (meistens in Frankreich und Luxemburg) zu organisieren. Dieses Jahr sind es drei Sitzungen die von der EU mitfinanziert werden: Der Kongress von ANCE-Frankreich/Carcassonne im Mai, über ethische Codes für Berufsleute im Sektor soziale Arbeit und Kinderhilfe. Im November der Kongress über mehrfach behinderte Personen in Luxemburg und unser letztes Seminar über multidisziplinierte Arbeit wird im Januar 1997 in Frankfurt stattfinden.

Eines der Hauptanliegen der ANCE und der FICE war und bleibt die Absicherung der Kinderrechte in den Einrichtungen der ausserfamiliären Erziehung. Dies gilt in besonderem Masse für die sogenannten « geschlossenen » Heime, wo die Rechte der Kinder, aber auch ihrer Eltern, oft gar nicht respektiert werden. Für Luxemburg arbeitete ich eine Vorlage aus, die im ANCE-Bulletin veröffentlicht wurde[8] und die ich mit der Unterstützung von Mill Majerus im Familienministerium der ADCA (Association des Directeurs des Centres d'Accueil) und der EGCA (Entente des gestionnaires des Centres d'Accueil) unterbreitete. Beide Organisatiionen lehnten die Vorlage jedoch ab und das Projekt wurde nie wieder aufgegriffen. Da gerade in jener Zeit die Lage der Kinder in rumänischen Kinderheimen katastrophal war, nutzte ich die Gelegenheit, auf Einladung der kurz zuvor gegründeten FICE-Sektion Rumänien, das Projekt in Bukarest vorzustellen. Danach stelle ich die Übersetzung und Überarbeitung einer Charta vor, die vom « Social Work Department, Strathclyde, Scotland »zum Thema Kinderrechte in Einrichtungen der ausserfamiliären Erziehung ausgearbeitet wurde und die beispielhaft auch auf die mit den Rechten einhergehende Pflichten aufmerksam macht.

Les Droits des Enfants et des Jeunes en Placement

Exposé à l'occasion du séminaire international de la FICE-Roumanie à Bucarest/Constanza du 20 au 26 juillet 1996 :

La Convention des Nations Unies sur les Droits de l'Enfant et les enfants en placement : Réalités et perspectives.

En ratifiant la Convention internationale relative aux droits de l'enfant, les Etats parties, dont la Roumanie, se sont engagés "à prendre toutes les mesures législatives, administratives et autres qui sont nécessaires pour mettre en oeuvre les droits reconnus" dans la Convention "dans toutes

---

[8] ANCE-Bulletin N°

les limites des ressources dont ils disposent" en ce qui concerne les droits économiques, sociaux et culturels (Art. 4).

La Convention relative aux droits de l'enfant, adoptée par l'assemblée générale des Nations unies le 20 novembre 1989 contient des articles qui se réfèrent explicitement à la situation des enfants privés de leurs parents, mais aussi des articles qui sont d'une importance générale en ce qui concerne le thème qui nous intéresse.

Soucieuse de protéger et de promouvoir les droits des enfants placés en dehors de leur milieu familial, la FICE avait organisé en 1992 à Espoo en Finlande un séminaire sur ce thème et publié un bulletin spécial qui contenait entre autres une "Charte des droits des enfants et jeunes en placement", élaborée par la section sud-africaine de la FICE.

Cette charte s'adresse aux enfants et aux jeunes placés dans des foyers d'accueil, des unités de sécurité, internats, abris pour enfants de rue et dans des familles d'accueil.

Dans une famille, ce sont les parents qui, d'une manière plus ou moins engagée, défendent les droits de leurs enfants. Dans le milieu des institutions de placement et autres formes de prise en charge, la défense de ces droits n'est pas garantie. La charte développée par la FICE essaye de décrire des mécanismes qui, une fois acceptés et mis en place dans les institutions donneront aux enfants placés la possibilité de défendre efficacement leurs droits, si ces mêmes droits sont mis en cause.

Quels sont les articles de la Convention qui sont importants dans ce contexte ?

L'article 2 sur la non-discrimination

En effet, au Luxembourg, j'étais témoin de plusieurs cas de discrimination manifeste d'enfants vivant dans des foyers d'accueil par le voisinage ou par des enseignants : Ces enfants ayant la renommée d'être "difficiles", "perturbés", ils sont rejetés par ces personnes, ce qui renforce le cercle vicieux dans lequel ils se trouvent. Dans la salle de classe, l'effet "Pygmalion" renforce l'isolation sociale de l'enfant placé.

L'article 3 sur l'intérêt supérieur de l'enfant

La politique de placement ne respecte souvent pas l'intérêt supérieur de l'enfant. Souvent, les placements sont effectués d'une façon arbitraire, en fonction de critères "externes" (politique générale en matière de placement, manque de soutien aux familles, attitudes du demandeur, places disponibles etc.) La Convention reconnaît le droit de l'enfant, de vivre avec ses parents (Art. 9) et la responsabilité parentale (Art. 18) mais elle entend également le protéger contre abus et négligence de leur part (Art. 19). De cette ambiguïté découle l'art. 20 qui prévoit une protection spéciale pour les enfants privés de leur milieu familial.

Les gouvernements doivent donc prioritairement faire des efforts pour sauvegarder le milieu familial et doivent développer une politique de prévention du placement en donnant aux familles les moyens de gérer leurs problèmes économiques et relationnels autrement que sur le dos des enfants.

L'art. 5 sur la responsabilité parentale

Dans cet article, les Etats parties respectent "la responsabilité, le droit et le devoir" qu'ont les parents ou autres personnes légalement responsables de l'enfant de lui donner d'une manière qui corresponde au développement de ses capacités, l'orientation et les conseils appropriés à l'exercice des droits que lui reconnaît la convention.

Souvent lors d'un placement, les enfants ne sont ni informés sur les raisons de leur placement, ni sur leurs droits dans l'institution qui les accueille. Or les institutions sont à mon avis mieux outillées que les parents pour faire connaître et expliquer leurs droits aux enfants. Outre le fait que dans beaucoup de pays, il faut repenser la démarche du placement, l'enfant, une fois placé doit pouvoir bénéficier d'une information aussi complète que possible sur la convention. Du matériel d'information approprié doit être développé et mis à sa disposition. Si le centre d'accueil accepte la charte de la FICE, des démarches doivent avoir lieu dès l'entrée de l'enfant pour mettre en oeuvre les mécanismes décrits dans ce document.

L'art. 7 sur le nom et la nationalité

Qui stipule entre autres que l'enfant a le droit dans la mesure du possible de "connaître ses parents et d'être élevé par eux".

Cet article implique l'obligation morale de toute institution de placement de tout faire pour permettre le retour de l'enfant dans sa famille d'origine et de ne pas couper court les contacts de l'enfant avec ses parents.

L'art. 9 sur la séparation de l'enfant de ses parents

"Les Etats parties veillent à ce que l'enfant ne soit pas séparé de ses parents contre leur gré à moins que ... cette séparation est nécessaire dans l'intérêt supérieur de l'enfant" (mauvais traitements, abus, négligence, séparation des parents).

Dans le cas d'une séparation, toutes les parties intéressées doivent être entendus et l'enfant séparé doit pouvoir entretenir des relations et contacts directs avec ses parents.

Cet article est très important puisqu'il définit le placement comme une mesure ultime qui ne doit être prise qu'en accord avec tous les concernés, **y compris l'enfant lui-même**.

Les réserves d'usage exprimées dans cet article ("à moins que les autorités compétentes ne décident, sous réserve de révision judiciaire et conformément aux lois et procédures applicables, que cette séparation est nécessaire dans l'intérêt supérieur de l'enfant") dépendent largement des procédures de placement en vigueur dans les différents pays. On sait que ces pratiques varient fortement d'un pays à l'autre et que le nombre total d'enfants placés en est une fonction. Les études comparatives sur les pratiques de placement dans les différents pays sont rares et chaque étude montre combien il est difficile d'avoir accès à des statistiques fiables et combien il est difficile de comparer les chiffres.

Voir à ce propos les publications suivantes :

- Meir Gottesmann, un membre de la section israélienne de la FICE a publié deux livres sur le placement dans les pays membres de la FICE, l'un essayant une analyse comparative des systèmes et l'autre une description des tendances récentes et des problèmes du secteur (1991, 1994)
- Nicola Madge du "National Children's Bureau" de Londres a publié une étude comparative sur la situation dans les 12 pays membres de la Communauté Européenne (1994)
- Walter Hellinckx et Michel Corbillon de EUSARF ont publié un livre sur le placement familial et le placement en institution dans divers pays Européens (1993). Ce livre a été traduit en français.
- Wolfgang Trede de la FICE allemande a publié récemment (1996) un article sur les aspects méthodologiques des études comparatives dans le secteur du placement

L'art. 12 sur l'opinion de l'enfant

Dans cet article, les gouvernements reconnaissent le droit de l'enfant - capable de discernement - d'exprimer librement son opinion sur toute question l'intéressant et s'engagent à prendre en considération ces opinions.

Encore une fois, il faut prendre égard "à son âge et à son degré de maturité".

En ce qui concerne ces réserves que l'on retrouve tout au long du texte de la convention, je tiens à faire les remarques suivantes :

- En général, on a tendance à sous-estimer le "degré de maturité", voir la "capacité de discernement" des enfants. Ceci est dû à une longue tradition ancrée solidement dans la pédagogie et la psychologie du développement qui considèrent l'enfant plutôt comme un adulte "en devenir" et par conséquent un être imparfait qui doit être comblé de savoir et de savoir-faire par les adultes.
- Mais lentement, l'idée de l'enfant-sujet émerge et on a tendance à reconnaître que l'enfant - même le bébé - a des capacités allant bien au delà de ce que l'on admettait couramment au niveau de l'intelligence, de

la créativité, du jugement moral etc... La pédagogie et la psychologie doivent changer de méthodologie dans leurs projets de recherche. Au lieu de mettre l'accent sur ce que les filles et les garçons ne savent pas (encore) faire, il faut se concentrer sur ce qu'ils savent (déjà) faire.

- La recherche doit mettre l'accent sur les capacités des enfants de participer pleinement au processus d'éducation, de participer à la vie familiale, scolaire et politique. Ceci contribuera à éliminer des préjugés concernant les droits des enfants énoncés dans la convention.

- En principe, les décideurs politiques devraient faire preuve d'esprit d'innovation en abaissant délibérément les limites d'âge en vigueur qui limitent l'accès à une participation effective des enfants sur toutes les questions qui l'intéressent. Ce n'est que par la pratique que les enfants et les adultes apprendront à façonner leur collaboration dans un esprit de participation.

- Les gouvernements doivent mettre en place sur le plan national et local des structures qui facilitent et garantissent aux enfants le plein exercice de leurs droits.

L'article 13 sur la liberté d'expression

Encore une fois avec les réserves d'usage (respect des droits d'autrui etc.), cet article donne à l'enfant le droit de "rechercher, de recevoir et de répandre des informations et idées de toute espèce, sans considération de frontières, sous une forme orale, écrite, imprimée ou artistique, ou par tout autre moyen du choix de l'enfant."

Cet article est très important et ses conséquences sur la forme et l'ampleur de l'exercice de l'autorité parentale sont encore difficiles à prévoir.

Les institutions de placement ainsi que beaucoup d'autres institutions prenant en charge des enfants (écoles, internats etc.) ont souvent été décrites par des sociologues comme des **institutions totalitaires**. Bien que mises en place pour le bien-être de l'enfance, leur structure, leur organisation et leur fonctionnement ne permettent pas la participation active de leurs usagers. Les enfants sont au contraire soumis à l'arbitraire des personnes auxquelles on a confié leur garde. Bien que nous sommes loin des temps de Charles Dickens, nous connaissons suffisamment d'exemples récents où les droits les plus élémentaires des enfants sont violés d'une manière grave. Il y a les exemples fréquents d'abus physique ou sexuel d'enfants dans des institutions de placement, la punition corporelle qui n'est pas encore interdite dans les écoles de certains pays, le fonctionnement autoritaire et anti-démocratique des systèmes scolaires de la plupart des pays.

Le droit à la liberté d'expression est dans ce contexte la base de tout changement.

L'article 14 sur la liberté de pensée, de conscience et de religion.

Dans cet article, étroitement lié au précédent, les Etats respectent le droit et devoir des personnes responsables de l'enfant de guider celui-ci dans l'exercice de ce droit.

Sans vouloir entrer dans une polémique au sujet de l'endoctrinement politique ou religieux d'enfants sans défense, je pense que les institutions de placement - au moins celles subventionnées par l'Etat - doivent observer une stricte neutralité en matière idéologique, religieuse et politique. A mon avis, le non-respect de l'article 14 constitue une atteinte grave aux droits de l'enfant. En Roumanie, des centaines d'organisations non-gouvernementales sont actives dans le secteur du placement. Face aux énormes besoins en argent, matériel et personnel, il est probablement difficile de faire une sélection parmi ces ONG mais il faut tout de même rester vigilant afin d'empêcher des sectes ou autres communautés religieuses douteuses de pratiquer une nouvelle forme de missionarisme sur le dos des enfants.

L'appartenance d'un enfant à un courant idéologique, religieux ou politique ne doit, par contre, donner lieu en aucun cas à des sanctions ou à des discriminations **à l'exception des mouvements qui prêchent la haine et l'intolérance.**

L'article 15 sur la liberté d'association

Cet article, encore une fois lié très étroitement aux deux articles précédents donne lieu à des controverses. En effet, dans la plupart des pays, les lois sur les associations ne permettent pas à des mineurs de créer une association sans but lucratif sans la participation d'au moins un adulte, responsable dans le sens de la loi. Le législateur est donc appelé à changer la loi pour donner aux enfants la possibilité de créer des associations de toutes sortes qui leur permettront d'apprendre à gérer leurs nouvelles libertés et responsabilités.

En effet, les associations sont un bon terrain d'apprentissage de la démocratie. Dans beaucoup de pays, on encourage depuis un certain temps la création d'assemblées politiques d'enfants au niveau local, régional et national (conseils communaux d'enfants en France, Kinderparlamente en Allemagne etc.). La participation d'enfants aux décisions politiques sur le plan communal - pourvu qu'on leur donne également les moyens financiers de réaliser leurs projets - est un moyen efficace d'engendrer des processus d'apprentissage sur le plan personnel et social.

Au Canada s'est créé récemment une organisation d'enfants qui lutte contre l'exploitation d'enfants par le travail. Au Royaume Uni, il existe des conseils d'établissement dans les écoles, ou les enfants sont majoritaires et des organisations de jeunes comme "Safe and Sound" qui lutte contre l'abus physique et sexuel dans les institutions de placement. En France, une loi oblige toutes les institutions pour enfants à créer des conseils d'établissement où les enfants sont représentés.

Un exemple est l'approche de la "**Société Lyonnaise pour l'enfance et l'adolescence**", reproduite ci-dessous :

« **Les enfants et les jeunes en placement ont le droit** :

1. de connaître leurs droits et devoirs (Art. 14, 42)
2. de connaître tous les droits énoncés dans la Convention des Nations Unies sur les Droits de l'Enfant du 2 Septembre 1990 (Art 14, 42)

Remarque : Bien que les gouvernements se soient engagés de faire connaître leurs droits aux enfants et aux adultes, il y a actuellement peu d'exemples de bonne pratique dans ce domaine. Lors d'un séminaire organisé à Luxembourg en décembre 1995 avec l'aide de la FICE, les participants avaient identifié quatre groupes cibles prioritaires pour la diffusion de l'information sur la Convention : Les jeunes enfants, les adolescents, les parents et les professionnels en contact avec les jeunes. Il est évident que pour chaque groupe cible, l'information doit être conçue d'une manière différente.

Pour les enfants entrant dans une situation de placement, l'information - adaptée au niveau de l'enfant - devrait comprendre :

■ une documentation sur la Convention
■ une information sur le règlement interne de l'institution
■ des informations sur l'établissement d'un plan éducatif
■ des informations sur la révision de ce plan
■ des informations sur les voies de recours possibles
■ des informations sur une ou plusieurs personnes de confiance à l'extérieur de l'institution.

3. à un plan éducatif à long terme, y compris le droit de participer à son élaboration et d'y apporter des modifications (Art. 9)
4. à un plan éducatif établi sur la base d'un diagnostic compétent et professionnel de leurs besoins, de leurs forces et faiblesses dans le contexte de leur environnement socio-familial (Art. 9)
5. à une révision régulière de leur plan éducatif et de leur placement, y compris le droit de participer aux discussions et d'y apporter des modifications (Art. 25)

Remarque : Dans les maisons d'enfants en Roumanie, cette pratique semble inexistante. Pourtant, le plan éducatif pourrait être un moteur de la réforme de la politique de placement puisqu'il oblige l'institution de placement de définir des objectifs en ce qui concerne notamment la durée du placement, les objectifs à atteindre au niveau du développement de la personnalité de l'enfant, la révision du plan, les contacts avec la famille d'origine, les tâches des éducateurs etc.

Dans beaucoup de pays européens, la législation en matière de placement a été révisée lors des dix années passées. Souvent, les nouvelles lois comme le "Children's Act" au Royaume Uni et le "Kinder- und Jugendhilfegesetz" en Allemagne prévoient

6. à une prise en charge qui respecte leurs différences culturelles et qui leur donne la possibilité d'apprendre à connaître et de conserver leur héritage culturel (Art. 30)
7. à une prise en charge qui respecte leurs différences religieuses et qui leur donne la possibilité de pratiquer leur religion et d'obtenir une instruction religieuse (Art. 30)
8. à une prise en charge qui respecte leurs différences individuelles (Art. 2)
9. à des contacts réguliers avec leurs parents, leur famille et leurs amis sauf pour le cas où il existe une interdiction formelle écrite de la part d'une autorité compétente. Ils ont le droit de refuser le contact avec leurs parents ou toute autre personne s'ils éprouvent de la peur ou un malaise et ils ne peuvent pas être forcés de voir quelqu'un s'ils n'en ont pas envie (Art. 9)
10. à vivre avec leur famille d'origine, et, si cette possibilité est exclue, de participer au choix d'une alternative appropriée (Art. 9)
11. à retourner dès que possible dans leur milieu d'origine et de voir leurs parents intégrés dans la mise en place de leur plan éducatif pourvu qu'il n'y a pas de contre-indication (Art. 9)
12. à recevoir et à envoyer du courrier qui n'est pas lu par d'autres personnes. Dans les cas rares, où le courrier doit être contrôlé, l'enfant a le droit d'être présent. Les enfants et les jeunes ont le droit d'être informés si des informations leurs sont cachées. (Art. 16)

13. à l'intimité, à un temps libre suffisant pur pouvoir poursuivre des activités propres et le droit à la propriété privée (Art. 16)

14. au respect et à la protection devant toute forme d'exploitation, d'abus et de négligence. Ils ont le droit d'apprendre le respect et la solidarité envers les autres (Art. 19)

15. à connaître le contenu de leurs dossiers excepté les informations qui peuvent les blesser ou révéler des détails sur la vie privée de tiers. Ce droit, qui est essentiellement valable pour les jeunes, comprend l'accès a des informations appropriées sur eux-mêmes et leurs familles sous la supervision d'un éducateur ou d'un assistant social

16. à une éducation stimulant leurs capacités et compétences (Art. 28, 29)

17. à des habits correspondant à leur âge et leur occupations

18. à participer dans les activités culturelles, sportives et récréatives dans leur communauté (Art. 31)

19. à des mesures de discipline correspondant à leur degré de maturité en excluant:

- toute forme de punition corporelle
- le retrait de nourriture et de boissons
- l'interdiction de voir leurs parents, leur famille ou amis, d'écrire des lettres ou de téléphoner
- l'obligation de porter des vêtements stigmatisants
- le refus de soins médicaux ou dentaires
- l'administration de médicaments tranquillisants
- le refus du repos nocturne

20. à connaître les règlements de discipline internes des institutions de placement (Art. 14)

21. à des éducateurs compétents et bien formés

22. à être entendu lorsque des décisions sont prises à leur égard. Ils doivent avoir l'occasion d'exprimer ce qu'ils pensent dans leurs propres mots et de poser des questions sur ce qu'ils n'ont pas compris (Art. 25)

23. à connaître la personne à laquelle ils peuvent s'adresser lorsque leurs droits sont violés ou lorsqu'ils ont des problèmes. Ils ont le droit de choisir la personne à laquelle ils veulent se confier et d'avoir à leur côté une personne de confiance qui les aide à s'exprimer

24. à connaître la procédure à suivre pour porter plainte contre la violation de leurs droits (Art. 14)

25. à un environnement le moins restrictif et le plus stimulant possible pour développer leurs potentialités

26. à des programmes et matériaux qui encouragent d'une façon maximale leur développement, minimisant leurs faiblesses et mettant l'accent sur leurs forces

27. à prolonger une mesure de placement au dessus de l'âge de 18 ans pour compléter leur formation (en accord avec leurs parents)

28. à une place où ils peuvent vivre en paix et en sécurité avec le support d'un éducateur ou d'un assistant social

Responsabilités

Les enfants et les jeunes en placement ont certaines responsabilités qu'ils sont supposés de respecter si :

- les responsabilités correspondent à leur degré de maturité
- les responsabilités ont été expliquées et enseignées par les éducateurs
- les jeunes sont physiquement, mentalement et émotionnellement capables d'agir en personne responsable

Les enfants et les jeunes ont la responsabilité de :

1. respecter les droits des autres, d'aider les autres dans leur communauté éducative

2. respecter leur hygiène personnelle

3. respecter les différences culturelles, religieuses ainsi que les personnes handicapées. »

Charte des droits des enfants en placement

Traduction de la charte produite par le Social Work Department, Strathclyde, Scotland, adaptée et complétée par la charte de la FICE par Robert Soisson.

(11 juillet 1997)

Informations générales

Si pour une raison ou pour une autre, tu es placé en dehors de ta famille d'origine dans une famille ou une institution dépendant du ou conventionné par le Ministère de la Famille, tu as droit à la meilleure prise en charge possible.

Tu as beaucoup de droits qui doivent être respectés durant ton placement et qui sont énumérés dans cette brochure. Tu y trouveras également une description des responsabilités que tu dois assumer pour garantir un bon déroulement de la mesure de placement. Certains de tes droits sont garantis par la loi et toute atteinte à ces droits est illégale.

Dans cette brochure ces droits fondamentaux sont imprimés en italique gras. Mais tous les autres droits énoncés sont également importants et tu peux exiger qu'on les respecte. Ces droits sont valables pour les enfants de tout âge ; les adultes qui travaillent avec toi t'aideront à les faire valoir.

Si tu es placé par le tribunal de la jeunesse, certains de ces droits peuvent être limités, par exemple ta liberté. Ceci peut avoir des répercussions sur d'autres droits, p. ex. le droit de visite chez des amis. Néanmoins, la majorité des lois évoquées dans cette brochure sont également applicables dans ton cas.

Comme il est impossible de donner un aperçu complet de toutes les situations qui peuvent se présenter lors de ton placement, n'hésite pas à contacter les adresses suivantes, si tu veux plus d'informations ou si tu as l'impression que tes droits sont violés :

Kanner- a Jugendtelefon ; Tél. : 12345

Ministère de la Famille ; L – 2919 Luxembourg, Tél. : 478 6552

Ministère de la Jeunesse ; L 2915 Luxembourg, Tél. : 478 6464

Services de guidance de l'enfance ; L – 1233 Luxembourg, Tél. : 45 28 77

Centres de psychologie et d'orientation scolaires, L – 1940 Luxembourg,

Tél. : 456464 – 610

Ci-dessous, tu trouves un espace où tu peux noter des adresses et numéros de téléphone de personnes qui pourront t'aider :

Nom, prénom	Adresse, téléphone

La charte est divisée en **huit sections**. Au début de chaque section figure un principe dont découlent les droits et devoirs spécifiés dans le chapitre correspondant. Ils concernent les toutes les choses nécessaires à un bon déroulement de ton placement.

1. Développement individuel

1. Le droit d'être traité comme un individu avec respect et dignité

Ceci implique le droit :

- d'avoir la liberté d'être toi-même, d'affirmer ta personnalité
- d'avoir des objets personnels dans ta chambre, de porter les habits qui te plaisent
- d'avoir des responsabilités correspondant à ton âge et ta maturité

Ceci implique également le devoir :

- de traiter les autres avec respect et dignité

- d'organiser ton propre emploi du temps en accord avec le personnel
- de monter que tu es digne de confiance

2. Le droit a une mesure de placement plausible et planifiée
3. Le droit d'être protégé contre les discriminations de toute sorte : race, sexe, religion, culture, origine sociale, handicap ou langue

Ceci implique le droit :

- au respect de l'identité raciale/religieuse/culturelle et un contexte de vie adapté
- aux aménagements nécessaires adaptés à la forme du handicap

4. Le droit à l'intimité

Ceci implique le droit

- à envoyer et à recevoir du courrier qui n'est ouvert par personne (sauf s'il y a de bonnes raisons pour admettre que ce courrier contient des choses illégales ou dangereuses, p. ex. des drogues)
- a téléphoner en privé (la fréquence et la durée de ces entretiens téléphoniques devraient être négociées avec le personnel)
- d'avoir si possible le choix de partager une chambre
- de pouvoir fermer ta chambre de l'extérieur, d'avoir accès à la clef et d'avoir un endroit pour enfermer des choses personnelles (en cas de chambre partagée)
- de demander aux autres de demander la permission d'entrer dans ta chambre
- de choisir tes ami(e)s, de les visiter et de les inviter à te visiter (dans le cadre des limites à négocier avec le personnel)

Ceci implique également le devoir :

- De respecter l'atmosphère privée des autres

Préparation au départ et suivi

5. Le droit à une préparation appropriée avant de quitter une mesure de placement, p. ex. : la préparation des repas, le maniement de l'argent, l'entretien de la garde-robe et les problèmes liés à la vie indépendante.

6. Le droit de quitter une mesure de placement d'un commun accord (le départ ne doit pas être lié à ces critères comme l'âge ou une grossesse etc.)

7. Le droit à des informations et une guidance appropriée après le départ

Ceci implique le droit :

- au support du personnel dans des questions concernant les études, la formation professionnelle ou l'emploi
- aux informations sur tes ressources financières
- à l'assistance pour trouver un logement
- d'être reçu amicalement en visite dans ton ancienne institution ou famille d'accueil

Emploi

8. Le droit à un emploi conforme aux lois (p.ex. respect des horaires de travail)

2. Participation

9.   Le droit d'être informé sur toutes les procédures qui concernent ton placement de sorte que tu peux prendre part et faire valoir ton opinion dans ces procédures

Ceci implique le droit :

- d'être informé d'une façon compréhensible sur tes droits en placement et au respect de ces droits
- aux mesures et décisions prises toujours dans ton intérêt supérieur

- d'avoir un choix sur la forme de ton placement (p. ex. famille d'accueil ou foyer) et de pouvoir changer d'endroit
- d'avoir une possibilité de participer à l'organisation de la vie et de pouvoir parler sur les choses qui t'inquiètent d'une manière agréable et efficace
- de connaître tous les droits énoncés dans la Convention des Nations Unies sur les Droits de l'Enfant

Ceci implique également le devoir :

- de respecter les droits des autres jeunes et adultes qui vivent dans la même communauté
- de contrôler ton propre comportement
- de considérer que le personnel et les autres adultes sont toujours là pour faire valoir tes droits, mais que parfois, des décisions doivent être prises qui ne te plaisent pas

Dossiers

10. Le droit de consulter ton propre dossier et d'obtenir de l'aide dans cette tâche sauf dans le cas où la loi limite cet accès.

Ceci implique le droit :

- d'avoir des informations écrites d'une manière compréhensible
- d'obtenir des ajoutes écrites dans le cas où tu n'es pas d'accord avec le contenu d'un rapport
- au maintien de ton dossier dans un lieu protégé et au respect du secret professionnel
- de donner ton accord si d'autres personnes désirent consulter ton dossier

11 Le droit d'avoir des informations sur des initiatives de défense des intérêts des jeunes en placement et le droit d'assister à leurs réunions

Plan éducatif, révisions du placement

12. Le droit à un plan éducatif à long terme y compris le droit de participer à son élaboration et d'y apporter des modifications

13. Le droit à un plan éducatif établi sur la base d'un diagnostic compétent de tes besoins, des forces et faiblesses de ton milieu d'origine

14. Le droit à une révision régulière de ce plan éducatif y compris le droit de participer aux discussions et d'y apporter des modifications

Ceci implique le droit

- d'obtenir de l'aide pour préparer la séance de révision par un ami, parent ou professionnel
- de pouvoir consulter les rapports antérieurs au moins un jour avant la révision
- de donner ton avis sur les participants de la réunion
- de préparer ton propre rapport et d'avoir le droit de parole à la réunion (y compris le droit de sélectionner ton audience)
- de formuler verbalement et par écrit ton désaccord sur certains points de la révision
- d'appel contre toutes les décisions prises lors de la révision
- de demander toi-même une révision de ton cas. Aucun changement au plan éducatif ne doit être fait sans ton accord

Ceci implique également le devoir :

- de participer activement dans les séances de révision et d'aider les adultes dans leur tâche de préparation

15. Le droit à des consultations juridiques privées et d'autres mesures d'aide et de soutien, p. ex. une assistance judiciaire au tribunal

Plaintes

16. Le droit de parler de tout ce qui te préoccupe lors de ton placement, d'être écouté et aidé par le personnel. Tu dois te plaindre de tout ce qui te fait souffrir.

Ceci implique également le devoir :

- de te plaindre d'une manière honnête et responsable

17. Le droit de te plaindre à une personne indépendante (personne de confiance), de connaître la procédure à suivre pour porter plainte et de savoir ce qui va se passer avec ta plainte. Les adresses et numéros de téléphone qui figurent au début de ce texte peuvent être utiles dans ce cas.

3. Une prise en charge de qualité

18. Le droit à une prise en charge de bonne qualité

Ceci implique le droit :

- d'un traitement de bonne qualité dans un endroit confortable
- d'avoir des activités bienfaisantes telles que le jeu, les loisirs, le repos et d'avoir un choix parmi plusieurs possibilités
- d'avoir une alimentation saine et équilibrée
- d'avoir des éducateurs compétents et bien formés

Ceci implique également le devoir :

- de te comporter d'une manière décente et de prendre soin de ton corps
- d'avoir une attitude réaliste par rapport aux possibilités matérielles de l'institution et du personnel

Argent

19. Le droit d'avoir de l'argent de poche, de l'argent pour des activités de groupe, habits, déplacements (p. ex. pour des visites), anniversaires, vacances et jours de fête

Ceci implique le droit

- d'avoir la liberté de dépenser l'argent selon tes propres désirs mais sans porter atteinte à ta santé, la santé des autres ou pour agir contre la loi

4. Education

20. Le droit à la meilleure éducation possible adaptée à tes besoins et tes possibilités

Ceci implique le droit :

- à une éducation adaptée à ta situation, *y compris l'éducation religieuse*
- d'être aidé et encouragé au travail scolaire et d'avoir p. ex. un endroit calme pour tes devoirs à domicile
- de fréquenter ton école d'origine si elle se trouve à une distance raisonnable de l'endroit de ton placement et si tu ne dois pas fréquenter une école d'internat
- le droit de participer à des activités culturelles, sportives et récréatives dans leur communauté

Ceci implique également le devoir :

- de respecter l'obligation scolaire

5. Santé

21. *Le droit aux meilleurs soins de santé possibles*

Ceci implique le droit :

- d'avoir une alimentation adaptée à ton état de santé et à tes coutumes culturelles ou religieuses (alimentation végétarienne, cochère e.a.)
- un endroit de vie où il est interdit de fumer
- des informations sur les principes d'une vie saine et les manières de préserver la santé

Ceci implique également le devoir :

- de soigner ton corps le mieux possible en respectant les soins journaliers d'hygiène, d'aller voir le médecin, de suivre ses conseils

22. Le droit d'être soigné en cas de besoin et le droit à des interventions spécialisées

Ceci implique le droit :

- d'accepter ou de refuser tout traitement médical, chirurgical ou dentaire
- de voir un docteur ou paramédical de ton choix
- à des services de consultation et de soutien

6. Relations avec la famille d'origine

23. Le droit de voir tes parents associés à la mesure de placement le plus souvent possible
24. *Le droit de rester en contact avec tous les membres de ta famille* sauf dans le cas où tu ne le souhaiterais pas ou si c'est contre tes intérêts (dans le cas d'une interdiction en provenance du juge de la jeunesse)
25. Le droit de garder ton identité, ton nom, ta nationalité et tes relations familiales

Ceci implique le droit :

- de rester en relation avec frères et soeurs qui sont également placés et si ce n'est pas possible, de savoir pourquoi

7. Un travail éducatif centré sur tes besoins

26. Le droit d'attendre de tous les adultes travaillant pour toi de t'aider et de faire ce qui est dans ton intérêt supérieur
27. Le droit d'avoir des relations privilégiées régulières avec un membre du personnel éducatif

Ceci implique le droit :

- d'avoir une personne disponible (si tu veux de même race ou sexe) à laquelle tu peux te confier
- d'être prévenu à temps s'il y a des changements au sein de l'équipe éducative
- d'avoir un choix pour déterminer ton « tuteur » et le droit de demander son remplacement

Ceci implique également le devoir :

- d'avoir une attitude réaliste par rapport aux possibilités et aux disponibilités du personnel éducatif

8. Un lieu sécurisant

28. Le droit de te sentir en sécurité là où tu vis

Ceci implique également le devoir :

- d'aider à préserver la sécurité de l'endroit
- de connaître et de respecter les règlements de discipline du lieu de placement

29. le droit d'être protégé contre toute forme d'exploitation, de violence physique, psychique ou émotionnelle, abus sexuel ou négligence

30. Le droit d'être consulté sur toutes les sanctions qui peuvent être prises à ton égard et d'être préservé de mesures de discipline comme :

- toute forme de punition corporelle
- le retrait de nourriture ou de boissons
- l'interdiction de voir tes parents, ta famille ou tes amis, d'écrire des lettres ou de téléphoner
- l'obligation de porter des vêtements stigmatisants
- le refus de soins médicaux ou dentaires
- l'administration de médicaments tranquillisants
- le refus du repos nocturne

31. Le droit à l'éducation en milieu fermé. Tu as le droit à être mis dans une unité de sécurité si c'est nécessaire à ta sécurité, la sécurité d'autrui ou en cas d'atteinte grave à la propriété. Si dans une certaine situation tu dois être maîtrisé, tu dois être immobilisé mais pas délibérément blessé. De telles mesures doivent être documentées.

Ceci implique le droit :

- d'accepter une punition juste quand ton comportement ne peut pas être toléré
- d'accepter les règles de l'endroit où tu vis.

Les comportements violents chez certains enfants et jeunes

Cet article est la mise à jour d'un exposé présenté lors d'une journée d'études « Jeunes et violence – un défi pédagogique nouveau ? » organisée le 18 décembre 1996 par le Ministère de la Famille à Differdange.

En 1996, je travaillais comme psychologue au service Médico-Psycho-Pédagogique attaché au service de l'enseignement de la ville d'Esch-sur-Alzette, J'y observais d'année en année l'évolution de certains enfants considérés comme difficiles et souvent je devais assister impuissant à des évolutions pourtant prévisibles vers la violence et la délinquance.

Une étude publiée en 1966 - l'étude longitudinale expérimentale de Montréal (ÉLEM)[9] - a essayé de faire le point sur les enfants violents à l'école primaire.

L'étude de Montréal effectuée par Richard E. Tremblay de l'Université de Montréal est une étude du développement d'un large échantillon de garçons de milieux défavorisés. En 1984, les enseignants du préscolaire ont évalué le comportement de 1000 enfants à risque à l'aide d'un questionnaire. Lorsque ces enfants avaient atteint l'âge de 10 ans, des évaluations annuelles se succédèrent jusqu'à l'âge de 16 ans. Les informations provenaient de quatre sources différentes : les enseignants, les élèves de la classe, les parents et les garçons eux-mêmes. Des sous-échantillons de garçons présentant des caractéristiques particulières furent suivis plus intensivement. Le travail sur cet échantillon se poursuit et les différentes publications sur les résultats des évaluations peuvent être consultées sur le site internet indiqué en bas de page.

---

[9] http://www.grip.umontreal.ca/fr/programme/etudes/elem.html
TREMBLAY, R. E., & DOBKIN, P. L. (1996): Santé mentale et santé physique des jeunes adolescents de milieux socio-économiques faibles à Montréal: Une perspective longitudinale. Rapport au PNRDS Montréal: Groupe de recherche sur l'inadaptation psychosociale chez l'enfant, Université de Montréal, Université Laval & Université McGill.

Lors d'une analyse du comportement de 5000 garçons et filles de la région de Montréal, 27 % des garçons dans les quartiers défavorisés étaient considérés comme extrêmement violents contre 8% seulement des filles et 16 % des garçons dans les zones rurales. Les garçons les plus violent étaient également décrits comme hyperactifs et présentaient des problèmes d'attention. Ils proviennent le plus souvent de familles monoparentales (absence du père) et le niveau scolaire de leurs parents est faible.

Chez 8% des garçons de l'échantillon, la violence physique restait stable jusqu'à 12 ans. 80% des garçons identifiés comme agressifs au préscolaire présentent des échecs scolaires à 15 ans (redoublement(s), transferts dans des classes spéciales) contre 30% pour les enfants non-agressifs.

Les auteurs de l'étude concluent que les garçons jugés parmi les plus agressifs à un moment ou un autre avant l'école secondaire sont à très haut risque d'échec scolaire, alors que les agressifs stables n'ont à peu près aucune chance de « survie ».

A mon avis, ces résultats à eux seuls devraient nous inciter à mettre en place des services préventifs et correctifs pour ces garçons au préscolaire et au début de l'école primaire. Les agressifs stables à l'école primaire sont 9,3 fois plus à risque d'être parmi les délinquants à la pré-adolescence que les garçons qui n'ont jamais été agressifs. En principe, un garçon identifié comme agressif est également hyperactif, peu anxieux et peu altruiste.

Pour un sous-échantillon de la population examinée, l'université de Montréal a offert un entraînement aux habilités parentales aux parents. Cet entraînement a sensiblement réduit le nombre d'enfants présentant de sérieuses difficultés d'adaptation. Tremblay conclut que « pour aider ces jeunes qui se détruisent tout en semant la terreur dans nos sociétés, nous devons probablement centrer le gros de nos énergies sur la prévention dès la petite enfance. » (P. 147)

Cette étude soulève quelques questions :

1) Quels sont les facteurs qui déterminent le comportement agressif chez un enfant de moins de quatre ans ?

Si les enfants sont déjà décrits comme violents au préscolaire, les bases de ce comportement doivent forcément avoir été posées avant, c.à.d. dans la période de la naissance jusqu'à la scolarisation au préscolaire. Tremblay nous donne quelques indications : Pauvreté, milieu urbain défavorisé, familles désunies, niveau scolaire peu élevé des parents etc.

La pauvreté avec ses effets secondaires est donc à la base de la violence et de la délinquance juvénile. Le cercle vicieux, qui par le mécanisme de l'exclusion sociale a tendance à perturber une prédisposition à la violence dans ces milieux défavorisés tant chez les parents que chez les enfants peut parfois être brisé par des interventions thérapeutiques, si celles-ci respectent la différence culturelle entre les attitudes de l'intervenant et du milieu visé[10].

Beaucoup de tentatives ont ainsi échoué parce que le thérapeute a simplement essayé d'imposer ses vues à la famille à risque. Dans le cadre de tentatives essayant d'éviter des placements superflus et mal préparés d'enfants qui dérangent, des techniques mieux adaptées au problème ont été développées tel que le "Video-Home-Training".

Utilisé surtout aux Pays-Bas, au Royaume Uni et en Allemagne, le VHT donne des indications précieuses sur les mécanismes qui conduisent au comportement agressif et violent. Le VHT se limite à filmer avec le consentement des personnes responsables des interactions entre adultes et enfants dans les familles. Ces séquences sont ensuite analysées et discutées avec les familles. Les thérapeutes insistent sur les aspects positifs de l'interaction et essayent de les stimuler et de les développer. Opérant surtout dans des familles à risques et familles monoparentales, les thérapeutes ont découvert des mères fatiguées, épuisées par leur double tâche de chef de famille et de gagne pain, avec souvent une image très négative d'elles-

---

[10]Voir à ce sujet le livre : M. Manciaux, F. Jésus : Bientraitances - Mieux traiter familles et professionnels Fleurus (Editions) Date de parution : 20/04/2000

mêmes. Ils ont rencontré des pères désabusés, victimes du chômage et en proie à l'alcoolisme.

Les interactions entre adultes et enfants étaient dominées par la nervosité, les agressions verbales, le manque de contacts visuels, la rapidité des interactions, l'utilisation fréquente de la violence corporelle. Les personnes interrogées étaient convaincues que leur manière d'agir était correcte et que de toute façon, ils n'avaient pas le choix. Ce qui montre l'importance des "constructions personnelles" (Groeben)[11] pour la détermination du comportement de chaque personne.

En intervenant de la sorte sur l'interaction dans la famille, le VHT a remporté de grands succès thérapeutiques profonds et durables.

Les enfants identifiés comme problématiques au préscolaire proviennent souvent des milieux décrits plus haut et sont incapables, dans une première phase, de changer de répertoire lors qu'ils entrent dans la communauté scolaire.

En les marginalisant, en les stigmatisant, les enseignants ferment le cercle vicieux qui enferme l'enfant dans cette spirale de violence et de contre violence.

Vous connaissez certainement l'histoire de Pygmalion, le sculpteur grec, perfectionniste, qui avait créé la statue d'une femme tellement parfaite qu'il en tomba éperdument amoureux. Les dieux, en le voyant souffrir avaient pitié de lui et donnèrent la vie à cette créature sublime permettant ainsi à Pygmalion de vivre son amour. Les sociologues américains Rosenthal et Jacobson ont parlé pour la première fois en 1968 de l'effet Pygmalion dans la salle de classe. Leur étude portait sur l'intelligence : les enfants considérés comme intelligents par les enseignants (sans égard à leur niveau intellectuel

---

[11] Groeben, N. (1986): Handeln, Tun, Verhalten als Einheiten einer verstehend-erklärenden Psychologie. Wissenschaftstheoretischer Überblick und Programmentwurf zur Integration von Hermeneutik und Empirismus. Tübingen : Francke (477 S.)

réél) finissaient par avoir de meilleurs résultats dans les tests que les enfants considérés comme moins intelligents. Il va de même pour les différents aspects du comportement : l'enseignant qui voit dans un élève un enfant agressif peut aller jusqu'à inculquer ce comportement à l'enfant par mille messages verbaux et non verbaux jusqu'au moment où l'enfant correspond tout à fait l'image que l'enseignant s'est fait de lui.[12]

Il s'ajoute que certains médias donnent une image négative des jeunes : Dans un article du 12 octobre 2004 paru au « Guardian », le journal parle d'une étude menée par un périodique britannique sur l'image des jeunes dans la presse ecrite : Dans la presse de boulevard à large diffusion, les « tabloids », jusqu'à 82% des articles mettent en relation les jeunes avec des activités criminelles. Même dans la presse sérieuse (« quality papers »), "32% of stories featuring young people were related to crime or antisocial behaviour. But Home Office figures show that 196 out of 10.000 boys aged 10 to 15 in England and Wales committed violent theft and or other serious offences…"

2) Quelles sont les responsabilités du monde politique et professionnel au niveau de la prévention de la violence

Je répète que la pauvreté et une éducation fragmentaire sont des facteurs qui stimulent la violence. Le monde politique est invité à prendre les mesures visant à éliminer la misère par exemple par l'allocation d'un revenu minimal garanti, le logement social, la protection sociale, les services aidant les familles les plus démunies à tous les niveaux etc.

Dans la célèbre étude High/Scope[13], menée par la Educational Research Foundation aux Etats Unis par le Dr. David Weikart, un échantillon d'enfants

---

[12] Voir également à ce sujet les écrits de Kurt Singer, en particulier : Die Würde des Schülers ist antastbar, Reinbeck 1998

[13] A propos de High/Scope : voir l'excellent résumé sur la page web allemande : www.kindergartenpaedagogik.de
Ou encore : www.highscope.org, le site officiel du programme qui est fier de présenter les résultats du suivi des enfants qui ont maintenent atteint l'âge de 40 ans.

du préscolaire a été suivi depuis 30 ans par une équipe de chercheurs. Lors d'un congrès du « International Forum for Child Welfare » j'avais l'occasion de rencontrer le Dr. Weikart à Montréal en 1996, où il a présenté les derniers résultats du dépouillement des données en provenance de ces "jeunes" âgés à ce moment-là de plus de trente ans. La comparaison avec un groupe de contrôle a montré qu'un enseignement préscolaire de qualité - comme le Head Start Programme - contribue sensiblement à l'intégration réussie dans la société et diminue d'une façon notable le nombre de délits et de ruptures conjugales.

Les responsables politiques en matière d'enseignement doivent donc veiller à ce que cet enseignement préscolaire soit ouvert à tous et au monde extérieur, orienté vers la créativité et la collaboration entre élèves et non réduit au simple niveau d'une garderie.

Ici au Luxembourg, l'école est malheureusement une source permanente de conflits dans la famille. L'orientation exclusive vers les soi disantes "bonnes notes" empêchent les enfants de se sentir à l'aise. L'alliance malsaine entre parents ambitieux et enseignants exigeants crée une atmosphère de haine et de concurrence au lieu de stimuler l'amitié et la collaboration.

En 1996, où j'avais écrit cet article, j'étais impressionné par les manifestations d'élèves du secondaire qui montraient bien qu'il y avait un

---

"A landmark, long-term study of the effects of high-quality early care and education on low-income three- and four-year-olds shows that adults at age 40 who participated in a preschool program in their early years have higher earnings, are more likely to hold a job, have committed fewer crimes, and are more likely to have graduated from high school. Overall, the study documented a return to society of more than a $17 for every tax dollar invested in the early care and education program.

The High/Scope Perry Preschool study was conducted over 4 decades by the late David P. Weikart, founder of the High/Scope Educational Research Foundation; Larry Schweinhart, High/Scope's current president; and their colleagues."

profond malaise dans notre école et que celle-ci devait être repensée de fond en comble. Encore aujourd'hui et en fait depuis très longtemps, je suis persuadé que les méthodes inchangées depuis un siècle ne correspondent plus aux besoins des jeunes et contribuent-elles aussià une atmosphère de ras-le-bol et de violence sous-jacente. L'idée de base de notre enseignement, l'apprentissage de faits isolés dans toutes les branches- le bourrage de crâne comme disent d'aucuns - ne correspond absolument plus à la réalité du monde extérieur. Les élèves le savent et le disent tout haut. Mais comme ils ne disposent pas de structures qui leur permettent efficacement de se faire entendre, les soubresauts occasionnels altèrent avec de longues périodes de résignation et de défaitisme.

Lors de la présentation de mon exposé, je signalais que la Convention Internationale sur les Droits de l'Enfant pourrait être un outil valable pour faire bouger les choses. J'avais parlé de l'exemple d'un conseil d'établissement dans une école primaire au Royaume Uni qui est composé de deux enseignants, deux parents d'élèves, du directeur et de dix enfants qui ont le droit de vote comme les adultes. J'avais noté qu'il faut avoir du courage pour réaliser de tels projets, courage qui ferait défaut dans notre pays parce que les adultes ont peur des enfants. J'avais demandé à l'assistance si elle savait quelles étaient les premières mesures demandées par les enfants dans ce conseil d'établissement ? Non, ce n'étaient pas la démission du directeur, ni le remplacement du corps enseignant… Ils voulaient avoir des clefs sur les portes des toilettes et un tennis de table dans le préau.

Depuis, dix ans ont passé et encore une fois il ne s'est strictement rien passé dans nos écoles. A part quelques réformettes qui n'allaient même pas nécessairement dans la bonne direction, une réforme globale n'a pas été envisagée et il a fallu qu'une organisation ultralibérale comme l'OCDE a montré le Luxembourg du doigt pour que quelques fonctionnaires du Ministère entament le dur processus du passage entre le sommeil profond et un état d'éveil marqué par l'ingratitude et la méfiance. Faire de ces gens-là des agents du changement est aussi difficile que de changer de l'eau en vin.

En même temps, on constate l'existence d'une croyance quasi masochiste dans une chimère définie communément comme « la violence à l'école ». Partant de faits divers plus ou moins éloignés et isolés (Columbine, Erfurt), les défenseurs d'un Etat fort et d'une répression préventive de toute envie de donner une baffe à son voisin de banc ne cessent de demander des détecteurs de métal à l'entrée des garderies et des courts martiales pour ces délinquants en Pampers. L'ironie veut que la plupart des cas de violence entre écoliers sur lesquels se basent ces défenseurs de la loi et de l'ordre se passent ou se sont passés en dehors de l'école, souvent dans des endroits créés par des urbanistes diplômés universitaires comme le centre Aldringen.

Comme dans ce dossier de « Forum » il y a d'autres articles qui traitent le sujet de la violence, je voudrais préciser ma position sur cette question sans entre dans le détail :

Il y a cinq formes de violences à l'école :

1. La violence contre les objets
2. La violence entre élèves
3. La violence d'élèves contre les enseignants
4. La violence des enseignants contre les élèves
5. La violence institutionnelle

1) La violence contre les objets

Le vandalisme, moins fréquent dans notre pays que dans les grandes agglomérations et leurs „quartiers chauds" ne peut être évité qu'en responsabilisant les élèves en créant des structures de participation démocratiques et en créant des écoles qui ressemblent moins à des casernes qu'à des lieux de vie accueillants et agréables. Il faut également investir plus dans l'entretien pour éviter l'effet « boule de neige ».

2) La violence entre élèves

Comme je viens de le dire, cette violence se passe souvent en dehors de l'école ou dans des endroits mal ou non surveillés. Nous ne disposons pas de chiffres fiables indiquant une augmentation de la violence dans les écoles. L'étude européenne « Violence in schools » a bien démontré que dans aucun pays européen, on constate une augmentation d'actes violents. Le rapport autrichien parle d'une « Wandersage », un mythe qui apparaît là ou un fait divers le fait émerger. Ni les statistiques des polices (plaintes), ni celles des établissements d'assurances (demandes de dédommagement) ni les études scientifiques sérieuses ne justifient l'argument d'un climat de violence accru à l'école.

3)   La violence d'élèves contre les enseignants

Inexistante parmi les enfants, la violence contre enseignants se traduit parfois par des évènements tragiques allant jusqu'au meurtre commis par des jeunes souvent avec les armes de leurs parents. Là encore il s'agit de cas rarissimes qui sont malheureusement gonflés par le presse de boulevard pour démontrer que le monde et le gouvernement au pouvoir sont pourris et qu'il faut appliquer une politique de « tolérance 0 » pour remédier à cette situation intenable.

4)   La violence des enseignants contre les élèves

Cette forme de violence est malheureusement beaucoup plus fréquente que l'inverse. Au cours des années, elle a revêtu dans la majorité des cas la forme d'une violence psychique (cynisme, remarques désobligeantes ou dégradantes etc.)

4.1)   La violence psychique

Sans entrer dans les détails. Je renvoie aux travaux du professeur Kurt Singer qui a déjà été à Luxembourg à plusieurs reprises pour parler de la manière dons sont amoindris et démotivés les élèves par certains enseignants.

Singer ne veut pas seulement être accusateur, il veut également montrer la voir pour un respect mutuel entre élèves et enseignants.[14]

4.2) La violence physique

Bien que la violence physique envers les élèves soit défendue depuis 1845, on constate qu'il y a toujours des enseignants qui se croient autorisés à « corriger* des enfants, parfois même avec le support des parents de ces derniers. Devant les tribunaux, ces personnes sont toujours condamnées mais il est regrettable qu'elles trouvent dans une première phase presque toujours l'appui de leurs syndicats et de leurs supérieurs.

4.3) Abus sexuel

L'affaire de l'instituteur pédophile de Bissen a montré comment son entourage a essayé de banaliser l'affaire et des rumeurs disent que les conditions de détention de ce personnage ne sont pas draconiennes. Dans l'affaire de l'enseignent pédophile alsacien de Cormeilles, « le Monde » s'étonne du silence du Ministère de l'Education Nationale.

5) La violence institutionnelle

Cette forme de violence est immanente aux structures du système scolaire. Je suis d'avis que depuis l'introduction de l'obligation scolaire, les structures de l'enseignement ont été adaptées d'avantage aux besoins des enseignants qu'aux besoins des enfants. Le malaise dans nos écoles (augmentation du nombre d'enfants troublés du comportement, des enfants avec des difficultés d'apprentissage etc.) montre que l'école n'est plus adaptée à l'évolution du monde extérieur. La solution de facilité consiste à chercher les coupables chez les enfants et leurs parents. Mais les conditions de vie des parents, la pauvreté, le manque d'espace vital, l'influence des médias produisent un type d'enfants radicalement différent de l'élève modèle

---

[14] Kurt Singer : Die Würde des Schülers ist antastbar ; Rowohlt, Hamburg 1998
Kurt Singer: Wenn Lehrer Kinder seelisch verletzen, Aktion Humane Schule, München 2000

idolâtré par l'école. Le gouffre culturel entre enseignants et enfants à risque n'a jamais été si profond. S'y ajoutent d'autres signes de la violence institutionnelle :

- Le manque de différenciation : mêmes programmes pour enfants très différents
- Avancement par année, redoublements
- Systèmes d'évaluation préhistoriques
- Pas de participation des élèves dans le fonctionnement de l'école
- Bâtiments scolaires inadaptés («Quadratisch, unpraktisch, schlecht»)
- Pas de formation continue obligatoire et régulière pour les enseignants
- Agenda secret (Heimlicher Lehrplan – hidden agenda) : concurrence et individualisme au lieu de solidarité et coopération, soumission au lieu de courage civil etc.

"L'imagination au pouvoir !". C'est ce qui était marqué sur les murs de Paris lors des révoltes d'étudiants de mai 68. Cette imagination nous fait défaut. Pour empêcher les enfants de s'exprimer d'une façon violente, il faut les associer aux processus de décision et pas seulement à la manière d'un Rousseau, qui conseillait à ses lecteurs de créer l'illusion de la liberté pour ne dominer que d'une manière plus parfaite encore leurs élèves.

3) Quels sont les facteurs qui maintiennent un climat de violence

Le nom de "Rambo" est devenu un synonyme pour la violence stupide et brutale. Dès sa création, la psychologie s'est penchée sur le problème de la violence. Les expériences de Albert Bandura[15] suggèrent que le comportement agressif est appris par imitation. Dans ses études classiques,

---

[15] Albert Bandura: Social Learning Through Imitation, University of Nebraska Press, 1962; Description de experience: http://arbeitsblaetter.stangl-taller.at/LERNEN/Modelllernen.shtml

un groupe d'enfants a regardé un film montrant un personnage violent qui détruisait le matériel qui se trouvait dans la chambre. D'autres enfants regardaient le même personnage dans des situations non-violentes différentes. Laissés seuls dans une chambre identique à celle vue dans le film, les enfants qui avaient vu le personnage violent commençaient également à détruire le matériel, ce qui n'était pas le cas chez les autres.

D'où la conclusion qu'un modèle agressif provoque le même comportement chez les enfants. D'où la conclusion qu'il faut éviter tout abus de consommation de violence au cinéma, à la télé et même dans les livres ou bandes dessinées. Mais qu'est-ce qui fascine jeunes et adultes dans la violence. Neuf films sur 10 sont violents. Le professeur Manfed Spitzer, directeur du « Transferzentrum für Neurowissenschaften und Lernen » à l'université d'Ulm a dit dans une émission radiophonique au SWR2 le dimanche 27 février 2005 sur la « pollution médiatique » : « Un enfant de 18 ans aux Etats-Unis a été à l'école pendant 13.000 heures en moyenne. En même temps, il a passé 25.000 heures devant la télé et a assisté au moins à 32.000 assassinats et 200.000 actes violents »[16]. Les bandes dessinées, les dessins animés, les livres "à consommation courante" : Que de la violence. Est-ce l'effet cathartique tant cité ? La fuite de la réalité morose, de l'ennui ? Le goût de l'aventure, les fantasmes d'omnipuissance ? Sommes-nous prédisposés à la violence ? Eprouvons-nous du plaisir en étant violents ? Eros et Thanatos, Sex and Crime …

La controverse autour du livre d'un auteur américain sur le rôle des "gens ordinaires" lors de l'Holocauste qui a récemment ébranlé l'Allemagne me rappelle les expériences de Stanley Milgram[17] aux Etats-Unis devenues célèbres suite à un film sur l'assassinat de John F. Kennedy. Dans le livre sur l'holocauste, son auteur prétend que les Allemands savaient bien ce qui se passait dans les camps de concentration et qu'ils appuyaient cette politique. De là le peu de résistance face à ces massacres. Les expériences de Milgram

---

[16] Manuscrit de l'émission, traduit par R.S.
[17] Stanley Milgram: Obedience to Authority, 1974; Description de l'expérience: http://home.swbell.net/revscat/perilsOfObedience.html

donnent une explication. Dans un design expérimental truqué, les participants étaient invités à administrer des décharges électriques à un cobaye humain qui lorsqu'il donnait une fausse réponse à une question posée par Milgram, faisait semblant de subir l'effet d'une décharge. Au fur et à mesure que l'expérience progressait, les participants avaient la consigne d'augmenter l'intensité des décharges électriques. Leur unique point de référence était le psychologue qui conduisait l'expérience et qui disait calmement que les décharges étaient sans conséquences graves sur le cobaye. Malgré les cris déchirants du cobaye, la majorité des participants à cette expérience auraient carrément tué le cobaye par l'intensité des décharges administrées. Milgram concluait que les participants à son expérience acceptaient dans leur majorité l'autorité du directeur de l'expérience sans réfléchir sur les conséquences de leurs actes.

Cette conclusion pessimiste rejoint un peu ce que les sociologues et philosophes allemands émigrés pendant la guerre comme Adorno, Horkheimer ou Fromm ont écrit sur la psychologie de masse de leurs compatriotes sous Hitler.

L'histoire est une succession de guerres et de massacres. Les plus récents en Bosnie-Herzégovine, au Rwanda et en Iraq ont été particulièrement meurtriers et cruels. Des gens qui vivaient pendant de longues années ensemble se sont soudainement remis à s'entre-tuer d'une façon atroce qui semble dépasser les limites de l'imaginable. Face à la présence réelle de la violence - présentée dans tous ses détails sanglants chaque jour avec joie par les médias - il faut éviter un double moral: La violence est mauvaise, mais si elle défend notre cause, elle est justifiée. Ce message qui accompagne depuis des millénaires guerres civiles et religieuses ne peut que soutenir la disposition à la violence.

Pour conclure, je dirais que la violence est un indicateur fidèle de l'état de notre société. L'augmentation de la violence est toujours un signe précurseur d'une crise grave. Aujourd'hui, nous sommes dans une telle situation. La vie pour nos jeunes n'est pas aussi prévisible comme c'était encore le cas pour la génération précédente. Avec des millions de chômeurs à longue durée, des acquis sociaux plus que jamais remis en question, avec la mondialisation de l'économie, nous vivons les retombées du colonialisme qui prend une revanche tardive sur les barbaries commis en son nom. Il ne faut pas seulement développer des idées nouvelles en matière d'enseignement mais également en politique économique. Comme les ressources ne sont plus disponibles sans limites, il faut y réfléchir - et comme l'a demandé Jean-Baptiste Foucault, « commissaire au plan » du gouvernement français lors d'une conférence au Conseil de l'Europe à Strasbourg - arrêter de produire plus mais de travailler moins. Il faut profiter de la chance que nous donnent les nouvelles technologies pour mettre leurs possibilités au service des hommes et non au service de l'argent.

Kinder haben Rechte

Überlegungen zur Notwendigkeit einer Kulturevolution im Kinderzimmer

Erschienen in FORUM N° 173; Februar 1997

Deine Kinder sind nicht deine Kinder Sie sind die Söhne und Töchter der Sehnsucht des Lebens nach sich selbst.

Sie kommen durch dich, aber nicht von dir,
und obwohl sie bei dir sind, gehören sie dir nicht.

Du kannst ihnen deine Liebe geben, nicht aber deine Gedanken, denn sie haben ihre eigenen Gedanken.

Du kannst ihrem Körper ein Heim geben,
nicht aber ihrer Seele,
denn ihre Seele wohnt in dem Haus
von morgen, das du nicht besuchen kannst,
nicht einmal in deinen Träumen.
Du kannst versuchen ihnen gleich zu sein,
aber suche nicht sie dir gleich zu machen.
Denn das Leben geht nicht rückwärts und verweilt nicht beim gestern.
Du bist der Bogen, von dem deine Kinder
als lebende Pfeile ausgeschickt werden.
Lass deine Bogenrundung in der Hand
des Schützen Freude bereiten.

Kahlil Gibran[18]

---

[18] Anm. d. Red. (d.s.): Dies ist wahrlich ein sehr schöner Text. U.a. wird er oft und gerne bei Kindertaufen eingesetzt. Für meinen Geschmack hat er allerdings einen gravierenden Schönheitsfehler: das ist die pfäffische Pose des Autors. Damit meine ich die Attitüde desjenigen, der den anderen vorschreibt, was sie zu tun und zu denken haben und der sich selbst raus hält, der sich über den Dingen wähnt, der nicht betroffen ist, der aber umso besser weiß, wo es lang zu gehen hat. Das ist aber nicht schlimm, denn der Text lässt sich leicht umschreiben, man braucht nur das Subjekt zu ändern: "Unsere Kinder sind nicht unsere Kinder... Sie kommen

Sich über Kinder und Kindheit zu äußern ist niemals ein leichtes Unterfangen, ob man aus der Perspektive des Erwachsenen, des Vaters, des Lehrers oder des sonst wie beruflich mit Kindern Beschäftigten berichtet, seine eigenen Kindheitserinnerungen einzubeziehen versucht oder gar den Anspruch erhebt, eine "objektive", ganzheitliche Perspektive zu entwickeln. Kindheit ist jedoch mehr als die bloße Tatsache des nicht (oder noch nicht) Erwachsenseins, sie ist auch mehr als eine Aneinanderreihung von Entwicklungsphasen, die mit mehr oder weniger großer Gesetzmäßigkeit aufeinander folgen: Sie ist ein kulturelles Phänomen, das von gesellschaftlichen Entwicklungen nicht unberührt bleibt.

Als 1989 anlässlich der Generalversammlung der Vereinten Nationen die Konvention über die Rechte des Kindes verabschiedet wurde, reichten die Reaktionen in der Öffentlichkeit von überschwänglicher Begeisterung bis zu radikaler Ablehnung der Idee dieses Vertragswerks.

Die internationale Kinderrechtsbewegung begrüßte natürlich die Verabschiedung der Konvention, da mit ihr zum ersten Mal ein international verbindliches System zum Schutz und zum Ausbau der Rechte des Kindes geschaffen wurde.

Die Tatsache, dass praktisch alle Länder dieser Erde die Konvention ratifizierten, weist gleichzeitig auf ihre Schwächen hin, wo doch bekannt ist, dass in vielen Unterzeichnerstaaten die Kinderrechte und damit auch die Menschenrechte mit Füßen getreten werden.

Obschon Mechanismen geschaffen wurden, welche die Umsetzung der Konvention in nationales Recht überwachen und fördern sollen, stellt die verantwortliche UN-Kommission in vielen Staaten erhebliche Widerstände gegen die Verwirklichung der Prinzipien der Konvention fest. Vor allem die Bürokratie und verschiedene, von der UN-Maschinerie überrumpelte

---

durch uns, aber nicht von uns... Wir können ihnen unsere Liebe geben, nicht aber unsere Gedanken... etc." Die Autorenschaft lässt sich dann mit "frei nach Kahlil Gibran" angeben.

Politiker streben sich gegen die Erweiterung und den Ausbau der Rechte der Kinder.

Den heftigsten Widerstand gegen die Konvention - und das ist meine persönliche Empfindung - findet man jedoch auf der "untersten" Ebene, nämlich bei den Eltern und bei den beruflich mit Kindern Tätigen, vor allem im Bereich des Unterrichtswesens.

Die Argumente, mit denen Eltern und Lehrer eine Ausweitung der Rechte von Kindern ablehnen, entstammen einem Mangel an Information über die Konvention und ihre Auswirkungen, einer konservativen Geisteshaltung, die der Delegation von Machtbefugnissen an "Minder"-jährige negativ gegenüber steht und der Unfähigkeit, subjektive (negative) Erlebnisse mit Kindern und Jugendlichen in einen größeren, wenn auch nicht notwendigerweise objektiveren, Zusammenhang zu stellen. Diese Unfähigkeit zur Abstraktion von der erlebten Wirklichkeit ist natürlich ein guter Nährboden für Vorurteile aller Art.

Die Rechte des Kindes auf Schutz und Fürsorge nehmen in der Konvention großen Raum ein, aber die Konvention geht darüber hinaus, indem sie den Kindern u. a. Meinungs-, Versammlungs-und Religionsfreiheit zugesteht sowie das Recht, Vereinigungen zu gründen. Hiermit tun es sich die politisch Verantwortlichen - und die rezenten Schülerstreiks hier in Luxemburg verdeutlichten dies - eher schwer. Forderungen in dieser Richtung werden oft als "Gebraddels" abgetan und zeugen eigentlich nur von einem antiquarischen Verständnis von Erziehung.

Ich will jetzt nicht auf ein Lieblingsthema der Antipädagogik[19] - das Kinderwunschmotiv - eingehen, obschon in diesem Bereich bei den meisten Eltern vieles im Unklaren liegt. Wenn die Kinder min einmal da sind, wird von den Eltern und anderen Instanzen erwartet, dass sie die Kinder "erziehen". Für den Einzelnen kann der Erziehungsbegriff sehr viele Bedeutungen haben. Eines haben aber alle Erklärungsversuche gemeinsam:

---

[19] siehe dazu Von Braunmühl: "Antipädagogik", Beltz, Weinheim und Basel, 6. Auflage, 1989, S. 56

Sie definieren erzieherische Maßnahmen immer im Hinblick auf zu erwartende oder wünschenswerte Resultate, die in der Zukunft irgendwann einmal eintreffen sollen (the house of tomorrow). Für Jan Geurtz [203] sind positive Zukunftsperspektiven heute aber eher die Ausnahme als die Regel und diese Abwertung der Zukunft schlägt zurück auf die Qualität des erzieherischen Handelns.

Paradigmenwechsel im Erziehungsbereich

Geurtz fordert einen paradigmatischen Wandel im Erziehungsbereich: Einzelne Zugeständnisse von Eltern oder Politikern an Kinder werden wirkungslos bleiben, wenn sich die grundsätzlichen Ansichten dieser Personenkreise nicht ändern. Eine volle Anerkennung des Kindes als Rechtssubjekt - wie es die Konvention vorschlägt - ist solange unmöglich wie die Kinder nicht zusätzlich zu ihren sozialen Rechten auch neue Freiheiten erlangen. Diese Rechte sind jedoch dem geltenden Paradigma im Erziehungsbereich, der Unmündigkeit des Kindes, diametral entgegengesetzt.

Geurtz schlägt vor, Kinder als reife Partner in der Familie zu betrachten, unabhängig von ihrem Alter. Äußerungen des Kindes, welche die Rechte anderer Personen verletzen, sollen nicht als Zeichen von Unmündigkeit, sondern als legitimer und wesensgerechter Ausdruck der kindlichen Natur betrachtet werden. Wie man sieht, werden hier die Eltern keineswegs ihrer Pflicht, steuernd in das Verhalten ihrer Kinder einzugreifen entbunden. Die Qualität der Beziehung ändert sich, indem Partnerschaft und Freundschaft an die Stelle von Autorität tritt. Selbstverständlich sind Bestrafungen aller Art in dieser Beziehung fehl am Platz.

Die Familien haben sich verändert, das ist bekannt. Mehr Scheidungen, wechselnde Partnerschaften, Alleinerzieher, Verarmung und Verschuldung vieler Familien, gerade oft jener mit vielen Kindern, bestimmen heute das Bild. Aber eine "vollständige" Familie garantiert noch nicht den Respekt vor der Person des Kindes.

---

[20] 3 op. cit., S. 287 - 296

Helga Zeiher[21] beschreibt die Lebensbedingungen der Kinder in unserer Zeit wie folgt:

- Ausgeliefertsein an eine kommerzielle "Kinderkultur" (Spielzeug, Sportgeräte, Mode, Möbel usw.)
- Verunsicherung der Eltern durch eine Fülle von Ratgebern
- Zunahme von elterlichen Ängsten und Ehrgeiz
- Zunehmende Kinderfeindlichkeit der Wohnumgebung
- Wandel der Familienstruktur
- Zunahme außerfamiliärer Erziehungseinrichtungen
- Reduktion familiären Zusammenlebens auf Feierabend- und Wochenendbetrieb - Ausgliederung wichtiger Lebensbereiche aus der Familie und der Nachbarschaft
- Verplanung des Alltags (Termine, Transporte)
- Planung und Überwachung der sozialen Kontakte des Kindes
- Zunehmende Abhängigkeit der Kinder von geplanten Freizeitangeboten

Sexuelle Misshandlung von Kindern passiert in 9 von 10 Fällen innerhalb der Familie, oft mit dem Vater als Täter und der Mutter als Mitwisserin. Der tägliche Kampf um Macht, der bei Schuleintritt noch durch die teilweise Verlagerung des Drills in das häusliche Milieu verschlimmert wird, führt zu zahlreichen Konflikten, oft mit dramatischem Ausgang. Die schönen Momente im Zusammenleben zwischen Eltern und Kindern werden, wenn der Teufelskreis von Gewalt und Gegengewalt nicht unterbrochen werden kann, immer seltener: Die Folge ist der Abbruch der Kommunikation, die Beschränkung auf das Nötigste. Manchmal laufen Kinder auch ganz einfach weg oder nehmen sich das Leben.

---

[21] Helga Zeiher: Kindheit: Organisiert und isoliert; in Psychologie heute, 2/90, S. 20 ff

Es hat in diesem Zusammenhang wenig Sinn, Eltern als Schuldige abzustempeln und ihnen ein schlechtes Gewissen einzureden. Die veränderten Arbeits- und Lebensgewohnheiten fordern ein Umdenken. Man kann nicht von Herrn und Frau Schmit erwarten, wegen der Erhaltung der Wettbewerbsfähigkeit unserer Industrie flexible Arbeitszeiten, Arbeitslosigkeit und Abbau der Sozialleistungen zu akzeptieren und gleichzeitig auch noch total für ihre Kinder da zu sein.

In den letzten Jahren kreisten die Diskussionen über das Kind vor allem um Themen wie Gewalt und sexueller Missbrauch wobei eine nicht immer glückliche Allianz zwischen der Informationspflicht einer interessierten Fachöffentlichkeit und der Desinformation einer sensationsgierigen Presse entstand. Kindheit hat aber - wie das Leben auch nichts Sensationelles an sich und wird offenbar nur dann Gegenstand öffentlichen Interesses, wenn Abweichungen von eher impliziten - Normen festgestellt werden (z.B. die Gewaltdiskussion) oder gesellschaftliche Tabus verletzt werden (z.B. Sexualität zwischen Erwachsenen und Kindern).

Daneben gibt es aber die Tag für Tag von Millionen Kindern und Erwachsenen ge- und erlebte Kindheit, der tägliche Kampf um Macht und Rechte mit seinen harten Gefechten und Waffenstillstandsperioden, mit seinen heroischen und weniger tapferen Momenten, ein Zustand, den ich als eine Kultur der Gewalt gegen Kinder bezeichnen möchte.

Ein gutes Beispiel für ein weitverbreitetes Vorurteil in der Diskussion um die Gewalt von Jugendlichen hat vor kurzem Wolfgang Trede von der FICE Deutschland anlässlich einer Konferenz der Caritas in Rumelange über "schwererziehbare" Jugendliche gegeben. Mit einer schon beinahe angsteinflößenden Regelmäßigkeit wird in den deutschen Medien berichtet, dass es zwar auch schon früher Schlägereien im Schulhof gegeben habe, das heute jedoch der am Boden liegende Unterlegene im Gegensatz zu früher "zusätzlich noch mit Fußtritten traktiert würde". Im Stil: "Macht ihn fertig!" (Zu meinem größten Vergnügen und nebenbei bemerkt tauchte dieses Argument auch in einer Arbeitsgruppe des von der Fondation Prince Henri -

Princesse Maria-Teresa und des Familienministeriums im Dezember 1996 organisierten Symposiums über Jugendliche und Gewalt in Differdange auf.)

Aber selbst wenn dieses Vorurteil stimmte: Wo käme denn diese Zunahme an Gewaltbereitschaft bei Kindern und Jugendlichen her? Die Tagung in Differdange hat bewiesen, dass außer aktenkundigen Polizei- und Gerichtsprotokollen in Luxemburg kein zuverlässiges Zahlenmaterial besteht, welches diese Zunahme erklären könnte. Die Teilnehmer einer Arbeitsgruppe über Gewalt in der Schule konnten keine spektakuläre Zunahme der Gewalt beispielsweise in Schulen feststellen. Im Freizeitbereich - nach Zeltfesten und Discoabenden oder nach Fußballspielen - kommt es öfters zu Schlägereien zwischen Jugendlichen, aber die anwesenden Polizisten konnten nicht mit Sicherheit sagen, ob dies früher weniger der Fall war. Mord und Totschlag gibt es auch unter Kindern und Jugendlichen, aber das Beispiel der beiden Jungen von Birmingham dürfte doch eine absolute Ausnahme darstellen.

Die Zunahme der Informationsflut führt natürlich dazu, dass die Welt einem nach dem Genuss von mehreren Nachrichtensendungen als ein einziges Jammertal vorkommen muss. Es gibt Leute, die haben sich amüsiert, die Unglücklichen zu zählen, die an einem einzigen Tag im Fernsehen umgebracht werden. Die Zahlen sind beachtlich. Das Fernsehen ist ja vor allem ein "Werbeträger" geworden.

Gewaltvolle Filme und Sensationsjournalismus scheinen das beste Mittel zu sein, die Konsumenten dazu zu bringen, sich auch noch Werbespots anzusehen.

Versuche, die Auswirkungen des täglichen Konsums von Gewalt und Brutalität zu erfassen, reichen von ihrer kathartischen Wirkung bis hin zur Anstiftung zum Mord[22]. In der psychologischen Forschung haben Milgram und Bandura das Phänomen der Gewalt untersucht. Milgram hat dabei festgestellt, dass die Gewaltbereitschaft beim Erwachsenen vorhanden ist,

---

[22] vgl. die Diskussion um den Film "Natural Born Killers"

und dass er - wenn er sich durch eine Autorität abgesichert fühlt sogar einen ihm völlig unbekannten Menschen zu töten bereit ist. Diese Experimente sind ein eindrucksvoller Beweis für die kürzlich aufgestellten Thesen von Daniel Goldhagen in "Hitlers willige Helfer". Bei Kindern konnte Bandura eine Zunahme der Gewaltbereitschaft feststellen, nachdem sie Filme mit gewalttätigen Erwachsenen sehen konnten.

Aber auch ohne die Beweiskraft experimenteller Studien leuchtet ein, dass die Banalisierung, ja Verherrlichung von Gewalt bei Kindern verheerende Wirkungen haben muss!

Fernab von jeglichen moralischen Bedenken ebnet ein ganzer Industriezweig mit totaler Unterstützung durch die Medien den Weg in eine unheilvolle Symbiose von Dummheit, Konsumzwang, Gewaltbereitschaft und verdinglichter Sexualität.

In den reichen Ländern dieser Erde wurden die Kinder als Konsumenten entdeckt. Eltern und Großeltern geben beträchtliche Summen aus für Nahrung, Kleidung, Spielzeug, Schulmaterial und andere Konsumartikel. Der Markt ist heiß umkämpft, die Werbebranche kämpft voll mit, so dass die Moderatoren von Kindersendungen scheinbar nur noch da sind, um die Zeitlücken zwischen zwei Werbeblocks aufzufüllen.

Mester in: Publik-Forum

Mit dem Durchbruch des Privatfernsehens hat sich die Situation dramatisch verschlimmert. Wenn man die

Qualität dessen, was täglich Kindern dargeboten wird, beurteilen soll, dann kann es

einem schon leid tun für die Menge an Intelligenz, die notwendig war, um Satelliten ins Weltall zu schicken, die mit diesem Unfug Tag für Tag unseren Planeten berieseln. Wie schrieb einst Karl Kraus: "Wenn man bedenkt, dass dieselbe technische Errungenschaft der 'Kritik der reinen Vernunft' und den Berichten über eine Reise des Wiener Männergesangsvereines gedient hat, dann weicht aller Unfriede aus der Brust und man preist die Allmacht des Schöpfers."[23]6 Kürzlich feierten deutsche Kinderschützer einen Erfolg als sie verhindern konnten, dass eine besonders dämliche und gewalttätige Serie nicht schon am Morgen beim sogenannten Frühstücksfernsehen von einem hierzulande bestens bekannten Sender ausgestrahlt wird. Es geht also schon nicht mehr um das Verbot solcher Sendungen schlechthin sondern nur noch um die zeitlichen Umstände ihrer Ausstrahlung.

Kinder, denen man die eingangs erwähnten Freiheiten und Rechte vorenthält, sind natürlich gefundenes Fressen für die Konsumgüterindustrie, die trotz des lauten Wehklagens ebenso hilfs- wie einfallsloser Pädagogen noch mehr Zeit vor dem Fernseher verbringen, noch mehr Hamburger essen, noch einfallsloseres Spielzeug kaufen - und dies alles zum Erhalt von Arbeitsplätzen.

Schule und Kinderrechte

Geurtz hat den eingangs erwähnten paradigmatischen Umschwung im Erziehungsbereich gefordert. Dass Eltern über ihr Verhältnis zu Kindern nachdenken sollten, ist sicherlich berechtigt, doch vor allem müssen dies Lehrer und Erzieher: Es gibt nämlich keinen Ort hier in Luxemburg, wo die Kinderrechte mehr mit Füßen getreten werden als in der Schule.

---

[23] Karl Kraus, Beim Wort genommen, Kösel, München 1965

Zeichnung: Mester

"Man soll nicht mehr lernen, als man unbedingt gegen das Leben braucht" schrieb einst Karl Kraus[24] und traf den Nagel auf den Kopf.

Teils mit Absicht, teils unbewusst - aber immer auf der Basis vorn Paradigma der Unmündigkeit der Kinder - werden diese in der Schule gequält, gedemütigt und systematisch ihrer Spontaneität und Kreativität beraubt

Auch wenn die Primärschule mancherorts - dank dem Einsatz von human denkenden und handelnden Lehrern und Lehrerinnen - einigen Kindern positive Lern- und Lebenserfahrungen vermitteln kann, so wird der Schüler im postprimären Bereich regelrecht für dumm verkauft.

Meine eigenen Erfahrungen als Schüler und die Eindrücke aus ungezählten Gesprächen mit Schülern, Eltern und Lehrern lassen nur eine Schlussfolgerung zu: Unser Schulsystem hat sich grundsätzlich seit 1912 nicht verändert. Das gilt übrigens auch für die Schulsysteme im Ausland, von einigen wenigen Ausnahmen abgesehen. In einer Fernsehserie mit dem

---

[24] id.

programmatischen Titel "Lob des Fehlers"[25] hat das norddeutsche Fernsehen nachgewiesen, dass unsere Lehr-und Lernmethoden völlig überaltert sind, dass die intellektuellen, motorischen und kreativen Fähigkeiten der Kinder systematisch unterdrückt werden, ja dass selbst die Industrie die völlig verkorksten Fachidioten die von Hoch- und anderen Schulen in ihre Betriebe abgeliefert werden, erst einmal durch Kreativitätsübungen entkrampfen und auf eine produktive Atmosphäre einstimmen muss. So sieht man dann Jungmanager, die im Verlauf der Übung ihren "Boss"-Anzug und ihre Seidenkravatte ausziehen, um mit der Kollegin von nebenan gemeinsam ein Bild zu malen.

Da kann es einem alten Kämpfer schon wann ums Herz werden, wenn er Industriekapitäne das sagen hört, was er jahrelang in der Wüste gepredigt hat, aber gleichzeitig wird ihm angst und bange, wenn er wieder in den Schulalltag zurückkehrt. Übrigens beklagen sich die Handels- und die Handwerkskammer seit Jahren über die schlechte Qualität der Ausbildung an unseren postprimären Schulen. Dass dies nicht aus Nächstenliebe geschieht ist auch dem Dümmsten klar, trotzdem erstaunt mich immer wieder die Arroganz, mit der die Schule nicht auf diese Kritiken reagiert.

Der Immobilismus in unserem Schulsystem ist sicherlich das Resultat der Trägheit und mangelnden Veränderungsbereitschaft der Lehrer - wie anderer Berufsgruppen auch -, seine Grundlage ist jedoch das Paradigma der Unmündigkeit, der feste Glaube daran, dass Kinder zunächst dumm sind. Und dass sie mit den Jahren immer dümmer werden.

"Die heutige Jugend ist von Grund aus verdorben, sie ist böse, gottlos und faul. Sie wird niemals so sein wie die Jugend vorher, und es wird ihr niemals gelingen, unsere Kultur zu erhalten." Dieses Zitat stand nicht kürzlich im Luxemburger Wort, aber man kann es nachlesen, sofern man der Keilschrift

---

[25] Die Videokassetten mit der Aufzeichnung dieser Serie können im "Centre de Documentation Pédagogique" im ISERP in Walferdange ausgeliehen werden.

mächtig ist, auf einer babylonischen Tontafel, deren Alter auf 3000 Jahre geschätzt wird[26]. Das Unmündigkeitsparadigma ist also nicht von gestern.

Auch wenn der Umgangston zwischen Schülern und Lehrern in den letzten Jahren ungezwungener geworden ist und die Gewaltanwendung abgenommen hat, so will das noch nicht viel heißen. Bereits 1929 bemerkte Walter Benjamin, dass die Fortschritte der offiziellen Pädagogik in nichts anderem bestehen, als

"zunehmend List anstelle von Gewalt zu setzen"[27]. Brutale Gewalt verabscheute schon Rousseau : « Prenez une route opposée avec votre élève ; qu'il croie toujours être le maitre, et que ce soit toujours vous qui le soyez. *Il n'y a point d'assujettissement si parfait que celui qui garde l'apparence de la liberté, on captive ainsi la volonté même.* Le pauvre enfant *qui ne sait rien, qui ne peut rien, qui ne connait rien,* n'est-il pas à votre merci ? Ne disposez-vous pas, par rapport à de tout ce qui l'environne ? N'êtes-vous pas le maitre de l'affecter comme il vous plait ? Ses travaux, ses jeux, ses plaisirs, ses peines, tout n'est-il pas dans vos mains, sans qu'il le sache ? Sans doute il ne doit faire que ce qu'il veut ; *mais il ne doit vouloir que ce que vous voulez qu'il fasse* ; il ne doit pas faire un pas que vous ne l'ayez prévu; il ne doit pas ouvrir la bouche que vous ne sachiez ce qu'il va dire. »[28] (Hervorhebungen von mir).

Ich nehme an, dass bei den rezenten Schülerstreiks das dumpfe Bewusstsein dieses Sachverhalts einiges zu dem oft ausgedrückten Unbehagen beigetragen hat. Ich nehme an - und ich hoffe -, dass die Schüler in Zukunft

---

[26] Watzlawik/Weakland/Fisch: Lösungen - Zur Theorie und Praxis menschlichen Wandels, Huber, Bern 1974, zit. nach Von Braunmühl, op. cit.

[27] Walter Benjamin: Über Kinder, Jugend und Erziehung, zit. Nach Von Braunmühl, op. cit. S. 83

[28] Jean-Jacques Rousseau: Emile ou de l'éducation, Garnier-Flammarion, Paris 1966, p. 150

wirkliche Zugeständnisse von Pseudokonzessionen unterscheiden und sich entsprechend verhalten werden.

Eine Rosskur für die Schule

Unser Schulsystem bedarf einer Rosskur. Die viel zitierten Pflaster auf dem Holzbein werden nichts zur Veränderung der Lage beitragen. Ohne ins Detail zu gehen und ohne Begründung werde ich versuchen, einige meiner Vorstellungen zu einem die Rechte und die Person des Kindes respektierenden Schulsystems in kurzen Sätzen darzustellen.

- Es gibt nur ein einziges System für alle Kinder von 4 bis 15 Jahre. Differenzierung geschieht intern. Kinder mit speziellen Bedürfnissen werden nicht ausgesondert.
- Die Schulklassen und Klassensäle verschwinden: Die Kinder lernen in unterschiedlich großen Gruppen, die an die individuellen Bedürfnisse angepasst werden.
- Die Schullaufbahn wird nicht durch Klassen definiert sondern durch unterschiedlich lange Einheiten, die sich durchaus überschneiden können, z.B.: Einschulung und Aneignung der Basistechniken; Fremdsprachenerwerb und Festigung der Erstsprache; Entwicklung sozialer Kompetenz, Entwicklung kreativer und manueller Fertigkeiten, Einführung in Kunst und Wissenschaft, Spezialisierung usw.
- Die Betreuung der Kinder geschieht durch ein Team, welches Lehrer, Erzieher und teilweise auch Eltern umfasst.
- Lernen findet in einem offenen Umfeld statt.
- Die Benotung wird progressiv eingeführt. In den ersten Schuljahren wird ganz darauf verzichtet und später wird ein einfaches, nicht entwürdigendes System der Leistungsmessung eingeführt.
- Gemäß dem Paradigma der Kompetenz und Mündigkeit der Kinder werden die Programme radikal erneuert. Lernen geschieht in Einheiten, die dem Entwicklungsstand, dem Interesse und der Motivation des Kindes Rechnung tragen.

- Der Umgang mit den neuen Technologien und Medien wird zu einem selbstverständlichen Teil des Lernprozesses.
- Die Grundausbildung ist für alle Lehrer gleich. Danach erfolgt eine Spezialisierung.
- Die Fort- und Weiterbildung der Lehrer wird obligatorisch: z.b. Sabbatjahr.
- In allen Schulen werden Lehrerkollegien eingeführt, die sich regelmäßig treffen.
- Es werden "conseils d'etablissement" geschaffen mit Vertretern von Eltern, Lehrern und Schülern. Die Schüler haben in diesen Gremien die absolute Majorität (Beispiele dafür gibt es bereits in England).
- Diese Vorschläge werden sehr wahrscheinlich allgemeine Heiterkeit bei vielen betroffenen Erwachsenen auslösen. Trotzdem bilden sie ein in sich zusammenhängendes Ganzes, welches versucht, dem Kind den nötigen Respekt entgegenzubringen und ein Lernumfeld zu schaffen, das anspornt anstatt zu demotivieren, das fördert anstatt auszulesen, das Lust statt Frust am Lernen schafft.

Die Kinder verbringen - leider - einen Großteil ihrer Zeit in der Schulbank. In dem Sinne ist die Schule die wichtigste Sozialisationsagentur im Leben des Kindes, einmal abgesehen von der - nicht immer vorhandenen - Familie. Der Leistungsdruck, der von der Schule ausgeht, verbreitet sich leider auch in den Familien. Da aber nur einer der Erste der Klasse sein kann, bietet die Tatsache, weniger gut zu sein, für alle anderen Kinder schon genügend Konfliktstoff, um ihnen definitiv die Lust am Lernen zu nehmen. Nicht der Lernprozess selbst ist wichtig, sondern die Stellung des Kindes in der Hierarchie. Die Tatsache, dass die Kinder in der Primärschule für ein oder zwei Jahre einer einzelnen Person ausgeliefert sind, die kaum kontrolliert wird, führt oft zu dramatischen Situationen. Mir sind Fälle bekannt, wo Kinder in der Schule unter rassistischen oder beleidigenden Äußerungen ihrer Lehrer und Lehrerinnen zu leiden haben und/oder misshandelt und geschlagen werden. Die betroffenen Eltern trauen sich oft nicht, sich zu beschweren oder etwas zu unternehmen aus Angst, ihr Kind müsse dann die Konsequenzen ausbaden.

Schule ist ein öffentlicher Dienstleistungsbetrieb. Die Kinder müssen die Schule besuchen, sie haben gar keine andere Wahl. Allein schon deswegen drängt sich der Respekt der Person des einzelnen Kindes auf. Der Umgang mit abweichendem oder störendem Verhalten ist viel einfacher, auch für die betroffenen Kinder, wenn diese Voraussetzung erfüllt ist.

> "Solange die Kinder noch klein sind, gib ihnen tiefe Wurzeln. Wenn sie älter geworden sind, gib ihnen Flügel."

Kinderrechte sind Menschenrechte. Würden sie nicht dauernd mit Füßen getreten, hätte es sicher keiner UN-Konvention bedurft. Und ich spreche hier nicht einmal von Kinderarbeit und sexueller Ausbeutung in Ländern der 3. Welt. Wer behauptet, Kinder seien nicht "reif" oder "unvollständig", der soll sich doch einmal unter den Erwachsenen umsehen.

E. Verhellen vergleicht die Machtlosigkeit des Kindes mit dem Zustand der Sklaverei[29]. Die Gesellschaft ist an den Bedürfnissen der Erwachsenen orientiert.

Diese Erwachsenen-Zentriertheit verstellt den Blick auf das Kind, auch in der Wissenschaft. Sie beschreibt vor allem die Unterschiede zwischen Erwachsenen und Kindern: Arbeit versus Spiel, rationelles versus affektives Handeln, Verantwortung versus Abhängigkeit usw. Diese Rollenzuweisungen wirken steuernd auf das Verhalten Erwachsenen Kindern gegenüber, was wiederum die Unterschiede verstärkt. Es wird immer schwieriger, diesen Teufelskreis aufzubrechen. Die wahre Natur des Kindes ist zu einer "black box" geworden, welche viele Leute sich überhaupt nicht mehr trauen zu öffnen: Die Büchse Pandoras?

---

[29] E. Verhellen: "Ombudswork for Children" in E. Verhellen/F. Spiesschaert, op. cit. S. 18

In den 20er Jahren, lange vor der Konvention über die Rechte des Kindes hat sich Janusz Korczak seine Gedanken über diese Rechte gemacht. In einer kürzlich erschienenen Biographie hat Betty Lifton die von Korczak formulierten Rechte zusammengestellt.[30]

Das Kind:

- hat Recht auf uneigennützige Liebe
- hat Recht auf Respekt
- hat Recht auf optimale Entwicklungs-und Wachstumsbedingungen
- hat Recht auf ein Leben im Hier und Jetzt
- hat Recht darauf, sich selbst zu sein
- darf Fehler machen
- hat Recht auf Misserfolge
- muss ernst genommen werden
- hat Recht auf Anerkennung für das was es ist
- hat Recht auf Wünsche, Forderungen, Fragen
- hat Recht auf Geheimnisse
- hat Recht auf eine Lüge, einen Betrug und einen Diebstahl
- hat Recht auf Achtung seines Besitzes und seines Geldes
- hat Recht auf Erziehung
- hat Recht auf Widerstand gegen eine Erziehung, die seinen Ansichten wider spricht
- hat Recht auf Protest gegen Ungerechtigkeit
- hat Recht auf ein Kindergericht, in dem Gleichaltrige über sein Handeln urteilen
- hat Recht auf Verteidigung vor dem Kindergericht.

---

[30] Zit. nach Kees Kleibergen: Youngsters' Statute? - About the Rights of Children in a Dutch Children's Home, in Wies de Boer et al. "Children's Rights and Residential Care - An International Perspective", Amsterdam 1996

Das Kind hat ein Recht darauf Kind zu sein, im Hier und Jetzt zu leben, sich selbst zu sein und Fehler zu machen, fürwahr ein herrliches Programm für die Familie und die Schule von morgen!

Robert Soisson

3

20 septembre 1999 : Journée mondiale de l'enfant

Communiqué de l'Association Nationale des Communautés Educatives (ANCE)

A l'occasion de la journée mondiale de l'enfant et à l'approche du 10ᵉ anniversaire de l'adoption par l'Assemblée Générale des Nations Unies de la Convention Internationale sur les Droits de l'Enfant, l'ANCE, une organisation qui défend les droits des enfants et surtout les droits des enfants défavorisés, invite le nouveau gouvernement luxembourgeois à oeuvrer systématiquement vers l'amélioration des conditions de vie de tous les enfants :

Sur le plan international :

- Promouvoir activement le respect des stipulations de la Convention Internationale sur les Droits de l'Enfant dans sa politique étrangère
- Encourager les tentatives de différentes ONG d'établir une Cour de Justice Internationale pour Enfants
- Faire du respect des droits de l'homme et les droits des enfants une condition explicite pour l'allocation d'une aide au développement
- Débloquer des moyens financiers supplémentaires pour aider les enfants victimes de conflits armés sur le plan médical et psychologique
- Prévenir les effets néfastes de la globalisation de l'économie sur la vie des enfants
- Soutenir les mesures contre le tourisme sexuel et les formes abusives du travail des enfants

Sur le plan Européen

- Soutenir les efforts visant à améliorer la situation désastreuse des enfants défavorisés dans certains pays de l'Europe de l'est (enfants de rue, enfants placés dans des institutions, enfants malades …)

- Encourager toutes les initiatives visant à améliorer la participation active des enfants au sein de l'Union Européenne au niveau politique et dans les domaines qui les concernent directement (école, famille, loisirs …)
- Lutter contre la pauvreté touchant de plus en plus de familles et dont les enfants sont les pèmières victimes
- Prévenir les effets négatifs sur les enfants de la libre circulation de la main d'oeuvre et des marchandises (déracinement social et culturel, marginalisation, discrimination)

Sur le plan national

- Mettre en oeuvre les principes de la Convention Internationale sur les Droits de l'Enfant avec un peu plus d'enthousiasme et de diligence, e.a. :

- Finaliser le projet de loi sur l'ombudsman
- Promulguer les contenus de la Convention
- Soutenir les initiatives privées promouvant les droits des enfants
- Adapter la législation

- Encourager la participation active et assurer la réalisation des droits des enfants dans les domaines qui les concernent (famille, école, institutions de placement, organisations sportives et autres)
- Encourager la participation active des enfants au niveau politique :

- Repenser les limites d'âge pour le droit de vote
- Soutenir la création de conseils communaux d'enfants
- Redéfinir et vitaliser les conseils d'établissements

- Lutter contre la marginalisation et l'exclusion sociale
- Veiller à ce que pour toute nouvelle loi, les effets directs et indirects sur l'enfance soient évalués (études d'impact)
- Intégrer les enfants à besoins spéciaux au niveau scolaire, social et professionnel

Comme dans le passé, l'ANCE offre sa collaboration et son soutien à toute initiative visant à réaliser ces buts.

9.9.1999

Am 7. Juni 2015 gab es ein Referendum in Luxemburg, bei dem 78% der Bevölkerung gegen ein Ausländerwahlrecht stimmte. Das ist schon schlimm genug, aber noch mehr "Bürger" stimmten gegen die Herabsetzung des Wahlalters auf 16 Jahre. Die Betroffenen wurden selbstverständlich nicht gefragt. 80,87 % der Bürger waren gegen und nur 19,13 % waren für die Senkung auf 16 Jahre. Allein dieses Abstimmungsresultat wäre ein Argument, die Altersbeschränkung als solche abzuschaffen, den dümmer geht es ja wohl nicht.

Wahlrecht für Kinder: Haben Kinder (uns) nichts zu sagen?

In einem Radiointerview hat der vorherige Jugendminister Alex Bodry die Diskussion über die Herabsetzung des Wahlalters für eröffnet erklärt. (RTL ; 30.01.99).

In einem Leserbrief im Januar 1999 im „journal" ärgert sich Gary Diderich, 16 Jahre alt, darüber, dass er als Jugendlicher keine Möglichkeit hat, an wichtigen Entscheidungen die seine Person und Gleichaltrige betreffen, teilzunehmen.

Seitdem hatten wir Gemeinde-, Landes- und Europawahlen und das Thema wurde nicht mehr aufgegriffen. Da jetzt die Regierung fest im Sattel sitzt und auch die meisten Gemeinderäte gebildet sind wäre es an der Zeit, die Diskussion wieder aufzugreifen um zu verhindern, dass dies wiederum erst kurz vor den nächsten Wahlen geschieht. Denn es geht nicht darum, bloß das Wahlalter zu ändern, sondern den Kindern mehr Möglichkeiten einzuräumen, sich aktiv am politischen Geschehen zu beteiligen.

Die **UN-Konvention über die Rechte des Kindes** wurde **vor zehn Jahren** von der Generalversammlung der Vereinten Nationen in New York ratifiziert. Die Bestimmungen der Konvention wurden in 10jährigen Verhandlungen ausgehandelt und stellen zum Teil Minimalanforderungen dar, welche « besser geeignete Bestimmungen » zur Verwirklichung der Kinderrechte unberührt lassen (§ 41).

Die Konvention enthält einige wichtige Artikel welche die Ausweitung der Rechte des Kindes im Sinne von einer grösseren Beteiligung (participation) an Entscheidungsprozessen fordern: **Das Recht, gehört zu werden (§ 12); Das Recht auf freie Meinungsäußerung (§ 13); das Recht auf Gedanken-, Gewissens- und Religionsfreiheit (§ 14) und das Recht auf freien Zusammenschluß (§ 15).** Es lohnt sich, diese Artikel im Detail durchzulesen.

Zur Änderung unseres Wahlgesetzes bedarf es einer **Verfassungsänderung.** Deshalb sollte der Gestzgeber gründlich arbeiten um nicht im Laufe der nächsten Jahrzehnte die Verfassung noch zwanzig Mal umändern zu müssen.

Die Diskussion um die **Herabsetzung des Wahlalters auf 16 Jahren** lässt solches befürchten. Warum sollte ein zwölfjähriges Kind, das durchaus vertretbare Ansichten zu bestimmten Themen hat, diesen nicht über den Umweg von Wahlen zu mehr Resonanz verhelfen dürfen?

Ich möchte hier nicht auf die Frage eingehen, ob Wahlen das beste Mittel sind, Politik zu gestalten. Tatsache ist, daß sie zurzeit für die Bürger in den meisten Ländern praktisch den einzigen Weg darstellen, ihre Zufriedenheit oder ihre Unzufriedenheit mit ihren Regierungen auszudrücken. Die Mediatisierung der Wahlkampagnen führt dazu, daß auch Kinder angesprochen werden und sich darüber Gedanken machen.

In der **Diskussion um die Rechte des Kindes** wird die Frage der Herabsetzung des Wahlalters sehr oft diskutiert. Nach einer ausführlichen Analyse der Stellung des Kindes in der Gesellschaft kommt Bob Franklin[31] zu folgenden Schlussfogerungen:

- Das Argument, **Kinder verstünden nichts von Politik** ist ein Scheinargument. Auch viele Erwachsene verstehen nichts davon, wie es

---

[31] Bob Franklin: „Kinder und Entscheidungen. Entwicklung von Strukturen zur Stärkung von Kinderrechten", in: Caroline Steindorff (Hrsg.) Vom Kindeswohl zu den Kinderrechten; Luchterhand, Neuwied 1994; S. 43 – 67 (aus dem Englischen übersetzt)

Untersuchungen in England deutlich beweisen. Bürger haben das Stimmrecht nicht weil sie Spezialisten in irgendeinem Regierungsbereich sind sondern weil dies eine Frage der Gerechtigkeit ist. „Die Demokratie verlangt, daß jeder ein Stimmrecht bei Entscheidungen hat, die sein Leben betreffen.

- Das Argument, **Kinder gäben ihre Stimme leichtfertig ab** wird zumindest zum Teil damit widerlegt, daß (in England) durchschnittlich ein Viertel der Wähler überhaupt nicht von Ihrem Recht Gebrauch machen.

- Das Argument,. **Kinder würden Parteiführern blindlings Vertrauen schenken** wird dadurch entkräftet, daß auch Erwachsene sich aus allen möglichen Ursachen von Persönlichkeiten beeinflussen lassen: Führerkult, Eigeninteresse, Parteipolitik und Parteiloyalität lassen sich schwer auseinanderhalten.

- Das Argument, **Kinder würden durch das Wahlverhalten der Eltern beeinflusst** trifft zu, jedoch nicht nur für Kinder bis 18. Anlysen des Wahlverhaltens zeigen, daß dieser Einfluß wärend des ganzen Erwachsenenlebens bestehen bleibt.

Alle diese Erwägungen veranlassen den von Bob Franklin zitierten Autor John Holt zu der Schlußfolgerung, „daß das Wahlalter herabgestzt, wenn nicht sogar völlig abgeschafft werden sollte, und daß die Gesellschaft anerkennen sollte, dass Demokratie darin besteht, soviele Menschen wie möglich darin zu bestärken, sich über die Angelegenheiten ihrer Gesellschaft auf dem laufenden zu halten und sich dafür zu engagieren. **Jedem sollte es erlaubt sein, zu wählen, wenn Interesse, Kenntnisse und Betroffenheit ihn motivieren, das zu tun.**"

Für Luxemburg bedeutet dies, daß

- Der Wahlzwang abgeschafft werden sollte und
- die Wahlaltersgrenze aufgehoben werden sollte

Wahlrechte sind jedoch kein Wundermittel zur Bekämpfung der Probleme mit denen Kinder konfrontiert sind: In der Diskussion um die Umsetzung der Konvention über die Rechte des Kindes werden immer wieder gefordert:

- Aufbau von Ombudsstrukturen für Kinder
- Einführung von „Kinderverträglichkeitsprüfungen" (Child Impact Assessments) bei der Diskussion von Gesetzesvorlagen
- Einführung von Mitbestimmungsstrukturen in Schulen und Betreuungseinrichtungen
- Mitspracherecht auf Gemeindeebene, usw.

Robert Soisson; 7.11.1999

Anlässlich des 10-Jährigen Bestehens der Kinderrechtskonvention der Vereinten Nationen hatte ein Komitee, zusammengesetzt aus verschiedenen laizistischen Organisationen, einen Kongress im Espace Boris Vian in St. Étienne organisiert, zu dem ich zu einem Vortrag eingeladen war. Ich nutzte die Gelegenheit, eine internationale Perspektive in die Diskussion um die Kinderrechte einzubringen. Es war mir schon mehrmals aufgefallen dass in Frankreich die Aktivitäten und die Literatur zu diesem Thema in den englisch- und deutschsprachigen Ländern weitgehend unbekannt sind.

10 ans droits des enfants en France et en Europe : Les droits de l'enfant en Europe – Conférence à St. Étienne 21 octobre 2001

Par Robert Soisson
Psychologue
Luxembourg

Mesdames, messieurs,

Permettez-moi de vous remercier cordialement pour l'invitation à votre journée régionale des droits de l'enfant. Dans cette Europe en construction le terme de nation devient de plus en plus problématique, le terme de région de plus en plus intéressant pour le citoyen. Je viens du plus petit pays de l'Union Européenne qui a à peu près la grandeur d'un département français. Un pays qui est le produit d'une querelle entre les grandes puissances autour d'une forteresse. Aujourd'hui, la forteresse est démantelée, on essaye de reconstruire certaines parties pour le plus grand plaisir des touristes. Au croisement des cultures francophones et germanophones, le Luxembourg a su tirer profit de cette situation sans perdre son identité. Dans une Europe unie, il représente la garantie qu'il peut y avoir la diversité dans l'unité: la culture, la langue des minorités peuvent être sauvegardées et protégées. Mais au Luxembourg comme ailleurs, la minorité qui nous intéresse ici, les enfants qui représentent environ 20 % de la population, restent une minorité sans droits.

La Convention des Nations Unies sur les droits de l'enfant (CDE)

Dans la première partie de mon exposé, je ne veux pas entrer dans les détails de la CDE. Je suppose que vous connaissez tous l'essentiel de son contenu. Pour les aspects relatifs à la situation en Europe, je m'inspire du livre sorti il y a un mois sur la Convention relative aux droits de l'enfant publié par le professeur Eugeen Verhellen, directeur du Centre des droits de l'enfant à l'université de Gant en Belgique, ami, expert en la matière et militant pour la cause des enfants.

Selon Eugeen Verhellen, l'adoption, par l'Assemblée Générale des Nations Unies le 20 novembre 1989 de la Convention Internationale sur les droits de l'enfant est une étape historique dans une « lutte pénible et longue de plusieurs décennies visant à améliorer la position sociale de l'enfant. »[32] Cette lutte est caractérisée par l'évolution de l'image de l'enfant d'une part, par l'évolution du projet des droits de l'homme d'autre part.

Avant de parler des problèmes relatifs à l'application de la CDE en Europe, il faut quand même décrire brièvement les **types de droits** contenus dans cette convention et aborder le problème de son applicabilité.

Les droits énoncés dans la CDE peuvent être **classés** selon un procédé classique dans les rubriques suivantes :

1. Droits civils
2. Droits politiques
3. Droits économiques
4. Droits sociaux
5. Droits culturels

D'après les objectifs à atteindre, ils peuvent être divisés en trois catégories :

1. Droits à l'autodétermination

---

[32] Eugeen Verhellen ; La Convention relative aux droits de l'enfant ; Garant ; Louvain 1999 ; p. 13

2. Droits de protection
3. Droits spécifiques

La classification suivant les trois P

1. Provision (ou prestation)
2. Protection
3. Participation[33]

En ce qui concerne l'applicabilité de la convention, la réponse n'est pas facile. En effet, la CDE contient au moins trois types de dispositions :

- Les dispositions contraignantes
- Les déclarations d'intention
- Les mesures appropriées

Les dispositions contraignantes sont du type de la première génération des droits de l'homme qui sont peu nombreuses, souvent déjà reconnues dans d'autres traités et qui n'ajoutent rien de neuf à la situation actuelle.

Pour les autres dispositions de la Convention, « il faut compter principalement sur l'obligeance et la créativité des avocats et des magistrats, ... afin de prouver l'utilité de la Convention pour ceux qui cherchent à obtenir justice dans des affaires concrètes. »[34]

En Belgique p. ex. les dispositions avec effet direct doivent être appliquées par les juges. En France par contre, l'arrêt du 10 mars 1993 de la Cour de cassation déclare que les dispositions de la CDE ne sont pas directement applicables en droit interne. Le Conseil d'Etat français par contre estime qu'il faut apprécier l'application directe disposition par disposition. En attendant une harmonisation des positions des positions de la Cours de

---

[33] Eugeen Verhellen, op. cit., pp. 96 ff.
[34] Eugeen Verhellen, op. cit., p. 108

Cassation et du Conseil d'Etat, l'élan judiciaire en faveur d'une plus grande reconnaissance des droits de l'enfant est freiné en France.

Les institutions européennes

Les institutions européennes les plus importantes sont le Conseil de l'Europe et l'Union Européenne. Dans le cadre de cet exposé, je n'ai pas le temps de donner des détails sur leur historique et sur le rôle que ces institutions jouent dans la politique. Vous savez certainement que le **Conseil de l'Europe**, une **organisation intergouvernementale** internationale, regroupe 41 Etats européens dont un nombre important de pays de l'ancien Bloc de l'Est. Sa compétence est assez limitée ainsi que son budget, mais il représente une grande autorité morale, certainement en ce qui concerne les droits de l'homme. **L'Union Européenne**, par contre, est un **organe politique supranational** qui regroupe 15 Etats. Tous les Etats membres du Conseil de l'Europe et de l'UE ont ratifié la CDE qui est donc « l'instrument des droits de l'enfant le plus puissant en Europe »[35]!

Le Conseil de l'Europe

Le Conseil de l'Europe a élaboré en 1950 la **Convention Européenne des Droits de l'Homme (CEDH)**, et en 1961 la **Charte sociale européenne** (révisée en 1996), deux documents importants en matière de droits des enfants. Pour surveiller l'application de la CEDH, le Conseil de l'Europe de la *Commission européenne des droits de l'homme* et de la *Cour européenne des droits de l'homme*. Le contrôle de la Charte Sociale est exercé par un *Comité d'experts indépendants*.

En matière de droits de l'enfant on peur distinguer **trois grandes évolutions** dans les activités du **Conseil de l'Europe** :

1. Il y a d'abord la **CEDH**, qui est d'application directe dans les Etats membres en ce qui concerne les droits civils et politiques. Tout citoyen peut porter plaine devant la Cour de Strasbourg s'il a l'impression que ses droits sont violés. La question est de savoir si l'enfant est un homme,

---

[35] Eugeen Verhellen, op. cit., p. 161

est porteur des droits de l'homme ! ? En principe, l'enfant est toujours réduit à ses représentants légaux (autorité parentale). Certaines dispositions de la convention confère quand même à l'enfant des capacités qui je juge capable, p. ex. *le droit de recours individuel*. Selon E. Verhellen, la question serait résolue si les juges interprétaient l'article 14 de la convention (sur la non-discrimination) dans le sens que l'âge ou la minorité faisaient partie des critères de non-discrimination ![36]

2. Il y a ensuite quelques initiatives ayant un lien direct avec les droits de l'enfant, telles que le **rapport Havroy & Tabone** lors le l'Année Internationale de l'Enfant en 1979 qui recommandait l'élaboration d'une Charte européenne des droits de l'enfant. En 1987 fut publié le rapport **Boucaud** qui recommandait l'élaboration d'une convention. Un des textes les plus importants, selon E. Verhellen, est le rapport **Eckman**, publié en 1989, il y a dix ans, qui a abouti à la *Recommandation 1121* qui malheureusement n'a pas encore été adopté par le Comité des Ministres. Cette recommandation contient des dispositions importantes quant au statut de l'enfant et prévoit entre autres la création d'un 'ombudsman' pour enfants dans chaque pays membre. Eugeen Verhellen recommande aux ONG de faire pression sur leurs gouvernements pour hâter l'adoption de cette recommandation. En ce qui concerne le projet d'une *Convention européenne relative à l'exercice des droits de l'enfant*, élaboré en 1990 par le Comité d'experts sur le droit de la famille, Verhellen est moins enthousiaste. Une analyse approfondie de ce texte l'amène à conseiller aux gouvernements **de ne pas ratifier** cette convention, car elle affaiblirait le contenu de la Convention de l'ONU ![37]

3. Enfin, il y a une multitude de textes relatifs aux droits de l'enfant comme la Charte sociale et ses protocoles additionnels, les conventions sectorielles (comme p. ex. sur l'adoption) et les recommandations et résolutions sectorielles comme p. ex sur le placement des enfants, les jeunes travailleurs, la responsabilité parentale, la protection contre les mauvais traitements, la violence, l'exploitation sexuelle etc.

---

[36] E. Verhellen, op. cit. P. 162
[37] E. Verhellen, op. cit. P. 165

L'Union Européenne

Dans les **traités de l'Union Européenne** (Traité de Rome, Maastricht et Amsterdam), il n'y a aucune référence directe à l'enfant bien que surtout lors de la procédure de révision du traité de Maastricht, une grande campagne avait été lancée par des ONG pour introduire un paragraphe sur les droits de l'enfant dans le traité d'Amsterdam (voir le chapitre sur Euronet). Il est important de savoir que la politique sociale est sous la responsabilité des Etats membres (principe de subsidiarité). Malgré cela, la politique de l'unification européenne a un impact certain sur la vie des enfants ce qui résulte en un certain nombre d'**initiatives** comme p. ex. la politique familiale, le droit de garde, la pauvreté, les enfants des migrants, l'exploitation sexuelle, les enfants de rue, les handicapés etc. Plusieurs programmes européens, tels que Daphné, et plusieurs lignes budgétaires soutiennent ces initiatives dans le domaine de la protection de l'enfance.

Le Parlement Européen essaye de faire pression sur la Commission de Bruxelles. Suite à l'affaire Dutroux en Belgique, « le Parlement européen a ainsi adopté, le 20 novembre 1996, un rapport d'initiative sur les mesures de protection des enfants mineurs dans l'Union européenne, qui préconisait l'inscription de la protection des droits des mineurs comme principe fondamental du nouveau traité de l'Union en discussion, la création d'un centre européen d'enfants disparus, l'institution d'un médiateur pour enfants, la réorganisation des services de la Commission pour instaurer une direction générale compétente en matière de droits de l'enfant et l'arrêt, par le Conseil, d'actions communes visant à améliorer la coopération judiciaire en matière de lutte contre la pédophilie, l'enlèvement et le trafic d'enfants. »[38] Toutes ces initiatives n'ont pas abouti, mais il y a au niveau du Parlement une prise de conscience sur les problèmes de l'enfance qui se traduit par la constitution d'une « **Alliance pour les enfants** » sur initiative de l'allemande Lissy Gröner et l'irlandaise Mary Banotti. Je viens d'apprendre il y a quelques

---

[38] Marie-Thérèse Hermange ; Le rôle de l'Union Européenne dans la protection de l'enfance ; actes du séminaire du 25 septembre 1998 à Paris sur la protection de l'enfance en Europe par le BICE et Euronet, p. 13-14.

jours, que Marie-Thérèse Hermange, auteur du rapport sur la protection de l'enfance en Europe que je viens de citer, a été nommée par Mme Nicole Fontaine *parlementaire chargée de mission sur les problèmes de l'enfance en Europe.*

Dans un débat cette semaine, le Parlement Européen demande à la Commission d'élaborer un plan d'action en faveur des enfants et d'y définir les priorités. Le Parlement demande entre autres que les droits des enfants soient ancrés dans les traités de l'Union Européenne et que la situation des filles trouve plus d'attention, spécialement dans les domaines où leur discrimination est manifeste. Le commissaire Antonio Vitorino aurait dit que la commission penserait à établir une Unité « Enfance » qui aiderait à réaliser les buts qu'on s'était donné il y a dix ans lors du vote de la CDE aux Nations Unies.[39]

En 1990, le PE adoptait une résolution qui invitait les Etats membres à adopter sans tarder la CDE et demandait à la Commission d'élaborer **une Carte européenne des droits de l'enfant**. Le projet d'une telle charte (résolution du 8 juillet 1992) n'apporte hélas, selon E. Verhellen, pas grand-chose de neuf à la CDE et un mécanisme de surveillance n'est pas prévu.

Dans son livre cité à plusieurs reprises, Eugeen Verhellen plaide pour la création d'un **observatoire européen sur la politique de l'enfance** qui serait en mesure de fournir les données nécessaires pour définir une véritable politique dans l'intérêt des enfants qui représentent quand même 20% de la population sur le Vieux Continent.

« Malheureusement, nous ne discernons aujourd'hui aucune perspective réaliste concernant une politique sociale promouvant les droits de l'enfant. A l'époque, José Mendes Bota (parlementaire européen portugais) critiquait encore vivement le fait que l'UE consacre 20 fois plus d'argent aux moutons qu'aux enfants (PE 148896 def/ NE, p. 47, 17 mai 1991).

---

[39] Article paru dans un quotidien luxembourgeois « Tageblatt » du 17 novembre 1999

Fondamentalement, rien n'a changé. Les sujets sur le bien-être des enfants restent surtout dans la compétence des Etats membres. »[40]

Les ONG internationales

Si au niveau des institutions européennes, les progrès en matière de droits des enfants sont très lents, on assiste parallèlement à une levée de boucliers sans pareil dans le secteur des organisations non-gouvernementales.

Nigel Cantwell, ex-secrétaire général de « Defence for Children International » (DCI) a souligné dans son exposé lors du congrès international de la FICE en Paris en 1998 le rôle joué par les ONG lors du processus d'élaboration de la convention. A l'époque, c'étaient surtout DCI et Save the Children International, rejoints plus tard par UNICEF qui faisaient progresser les travaux. Dans de nombreux pays, ce furent également ces organisations qui étaient à l'origine de la formation de coalitions nationales pour les droits de l'enfant. Ce sont elles qui étaient également à l'origine de la création du Groupe des NGO pour la Convention des droits de l'enfant.

Le Groupe des NGO pour la Convention des droits de l'enfant

Le Groupe des ONG pour la Convention relative aux droits de l'enfant réunit des ONG internationales directement impliquées dans l'application de la Convention. Le Groupe des ONG vise à attirer l'attention sur la Convention et à rendre son implication connue, pour promouvoir son application complète afin d'être une source d'information active auprès du Comité des droits de l'enfant, des organes des Nations unies concernés et des ONG intéressées. Une des tâches principales du Groupe des ONG est de favoriser le flux d'informations entre le Comité des droits de l'enfant et la communauté des ONG, sur le plan international et national. Le Groupe des ONG encourage aussi la création et le développement de coalitions et comités d'ONG pour les droits de l'enfant pluri-disciplinaires et représentatives sur le plan national.

---

[40] E. Verhellen, op. cit., p. 172

A l'intérieur du Groupe des ONG, un certain nombre de sous-groupes a été formé afin de travailler sur des thèmes liés à des articles spécifiques de la Convention. Le Groupe a désigné une coordinatrice qui est en contact de façon régulière avec le Comité des droits de l'enfant. Il a publié e.a. le Guide pour les ONG établissant des rapports destinés au Comité des droits de l'enfant et entretient un contact régulier avec les ONG et les Coalitions Nationales intéressées aux questions des droits des enfants.

La vocation du Groupe des ONG n'est pas exclusivement européenne. Mais a joué et il joue encore un rôle important en soutenant les coalitions nationales en Europe.

Les Coalitions Nationales pour les droits de l'enfant

Un phénomène intéressant est l'activité des Coalitions Nationales pour les droits de l'enfant. En 1998, on estimait que de telles coalitions existent dans plus de 70 pays dans le monde. Leur nombre a vraisemblablement encore augmenté aujourd'hui. En Europe, de telles coalitions existent dans plus de 30 pays et il y a eu déjà deux rencontres internationales, la première à Berlin en mars 1998 et la deuxième à Stockholm en mai 1999. Plus de 20 organisations ont participé aux deux rencontres qui avaient pour but de discuter comment les ONG peuvent influencer la mise en œuvre de la CDE, de stimuler la coopération internationale et d'améliorer leurs relations avec les gouvernements.

La réunion de Berlin débutait par une table ronde avec un échange d'informations ; 21 rapports écrits avaient été distribués aux participants avant le congrès[41]. Les questions discutées lors de la table ronde concernaient la participation des enfants dans les coalitions nationales, le financement des activités, les structures (formelles ou informelles) les conflits etc. Ensuite, les

---

[41] Ces rapports sont publiés dans la brochure : Kinderrechte in Europa : Erstes Europäisches Regionaltreffen von Nationalen Koalitionen ; AGJ ; Bonn 1998. Les rapports provenaient de l'Allemagne, l'Angleterre, l'Autriche, la Belgique, le Danemark, l'Ecosse, l'Espagne, l'Estonie, la Finlande, la France, l'Irlande, le Luxembourg, la Macédoine, les Pays-Bas, le Pays de Galles, la Pologne, la République Tchèque, la Roumanie, la Suède, la Suisse, la Turquie et la Yougoslavie.

participants se répartissaient sur 6 groupes de travail qui discutaient les thèmes suivants :

- Coopération ou confrontation ?
- La CDE comme instrument légal
- Les ONG et la mise en œuvre de la CDE
- La participation des enfants
- Comment faire connaître la CDE ?
- Coopération transfrontalière

Ces discussions furent très fructueuses et pour des recommandations ont été formulées par chaque groupe de travail. Ces recommandations reflétaient en partie des exemples de bonne pratique rencontrées dans les différents pays.

La deuxième rencontre des Coalitions Nationales a eu lieu à Stockholm en mai 1999 et la déclaration finale publiée par le réseau suédois des ONG pour la CDE reprend en gros les recommandations formulées lors de la rencontre de Berlin. C'est pourquoi je résume ici les points essentiels de cette déclaration :

Initiatives au niveau national

Les initiatives suivantes ont été identifiées comme instruments utiles pour faire connaître la CDE et promouvoir sa mise en œuvre :

- La production de **matériel d'information sur la CDE** ; l'intégration de **l'enseignement des droits de l'homme** dans les plans d'études ; la création d'un **milieu scolaire** respectueux des droits des enfants et surtout des enfants à besoins spéciaux ou nécessitant une protection spéciale
- Le développement de matériel d'information sur la CDE **adaptés à l'âge du groupe cible** et accessible aux enfants handicapés et aux enfants issus de minorités ethniques

- Le développement de **guides pratiques** permettant la mise en œuvre des principes de la CDE au niveau local et dans différents domaines sensibles affectant directement ou indirectement les enfants
- Le renforcement de la collaboration avec les **médias** pour les aider à jouer un rôle plus important dans l'information sur la CDE et dans la dénonciation des violations des droits des enfants
- La création de **groupes parlementaires multi-partis** aux parlements avec la mission de promouvoir la convention à l'intérieur des partis ainsi que dans les programmes des gouvernements
- L'organisation de **tables rondes avec les ministres** concernés et les NGO pour interroger le gouvernement sur les progrès et les problèmes lors de la mise en œuvre de la CDE
- La promotion de **réunions avec les enfants** pour assurer que les opinions et les expériences des enfants soient exprimées et comprises
- L'utilisation des opportunités créées par les **périodes électorales** pour braquer les phares sur les problèmes des enfants, promouvoir la mise en ouvre de la CDE et fixer les priorités
- L'organisation de campagnes publicitaires contre la violation des droits des enfants

Activités communes à toutes les coalitions nationales

Les activités suivantes ont été identifiées comme essentielles pour la promotion de la CDE par tous les participants :

- Promouvoir la CDE dans toutes les couches de la société
- Développer la volonté politique par la sensibilisation des parlementaires pour la CDE et leur rôle dans sa mise en œuvre ; par la création de postes d'ombudsman indépendants et par le développement de réseaux représentatifs des NGO au niveau national
- Militer pour le retrait des réserves formulées par les gouvernements
- Identifier des méthodes nouvelles permettant aux enfants de participer aux processus de décision qui les concernent

- Utiliser la Convention Européenne des Droits de l'Homme pour renforcer les droits des enfants dans la législation nationale
- Promouvoir des plans d'action et des mécanismes de contrôle pour assurer que les observations finales et les recommandations du Comité des Droits de l'Enfant de Genève aux gouvernements nationaux soient respectées
- Encourager les NGO de faire des rapports au Comité des Droits de l'Enfant et faire connaître ces rapports à un large public
- Promouvoir une prise de conscience des problèmes des enfants au niveau de l'Union Européenne
- Assurer aux enfants réfugiés et demandeurs d'asile, accompagnés ou non, une protection juridique et sociale sans faille
- Reconnaître aux enfants handicapés ou défavorisés la droit à l'inclusion et une participation effective

Quelques thèmes pour les campagnes de demain

1. Macro-économie et droits de l'enfant

Toutes les mesures politiques ont un impact sur les enfants, même celles qui semblent très éloignées des préoccupations de ces derniers. La politique économique ou la politique de l'emploi peuvent avoir des retombées plus importantes sur la vie des enfants que p. ex. le montant du budget de l'éducation nationale ou de la santé. Il est évident que le chômage a des conséquences néfastes sur le bien-être et le développement de l'enfant. Dans l'article 4 de la convention, les Etats parties prennent toutes les mesures nécessaires pour la mise en oeuvre de la convention « dans toutes les limites des ressources dont ils disposent, et s'il y a lieu, dans le cadre de la coopération internationale » (d'où la nécessité de faire faire des études d'impact).

La conférence de Stockholm propose le développement de stratégies pour mieux comprendre et analyser l'impact des mesures macro-économiques sur la vie des enfants et d'inventer des mécanismes introduisant une perspective respectueuse des droits de l'enfant dans l'analyse économique et les procédures de décision.

2. « Les enfants sont imbattables »

La protection de l'enfant contre toute forme de violence, y compris le châtiment corporel, est une étape importante dans le combat contre la violence dans la société. Dans les pays qui n'ont pas encore un cadre légal interdisant l'utilisation de la violence dans l'éducation des enfants la conférence de Stockholm préconise les mesures suivantes pour assurer la protection des enfants en accord avec l'article 19 et l'article 3 de la CDE :

- Lancer la campagne « les enfants sont imbattables » pour obtenir des réformes légales
- Développer et faire connaître des méthodes éducatives encourageant une approche positive par rapport aux problèmes de discipline
- Promouvoir une argumentation visant à soutenir les parents au lieu de les condamner
- Identifier des cas pouvant être traduits devant la Cour Européenne des Droits de l'Homme pour renforcer la protection légale au niveau national

3. Démocratie et droits des enfants

Une démocratie efficace est basée sur la participation des citoyens. La participation assure des contacts fréquents entre gouvernants et gouvernés et un contrôle permanent du gouvernement. Les enfants sont également des citoyens. En prenant au sérieux le droit des enfants à être écoutés et à être pris au sérieux, nous contribuons à la réalisation des objectifs de la CDE et nous encourageons l'établissement de démocraties vivantes.

Les NGO peuvent favoriser la participation des enfants :

- En favorisant la création d'organisations gérées par les enfants eux-mêmes
- En encourageant les enfants à articuler leurs préoccupations, expériences et vues directement face aux politiciens an niveau national et local
- En aidant les enfants à rédiger leurs propres rapports pour le Comité des Droits de l'Enfant
- En développant des structures démocratiques dans les écoles par l'implication directe des enfants dans le développement des plans d'études et dans les procédures de décision.

EURONET

Euronet est une coalition de réseaux et d'organisations qui défendent les intérêts et les droits des enfants. Ils se sont réunis pour la 1ère fois en 1995 afin de réclamer la prise en compte des enfants dans la révision du traité de l'UE pour rendre les enfants « visibles » en Europe.

Sandy Ruxton, un chercheur indépendant a réalisé pour Euronet un rapport intitulé « Premiers pas vers une politique de l'Enfance pour l'Europe du 21e siècle »[42] dont voici les principales recommandations :

- Dans les traités européens, un **nouvel article** devrait être inséré ayant pour objet l'obligation des Etats membres de promouvoir et de protéger les droits des enfants
- Les initiatives politiques et les dispositions législatives de l'UE doivent être pleinement **compatibles avec l'intérêt supérieur de l'enfant** comme il est défini dans la CDE
- Le Parlement européen devrait étendre les **budgets** consacrés à la jeunesse aux enfants plus jeunes et augmenter les ressources
- Les effets de l'Agenda 2000 sur les enfants devraient être évalués
- La part du budget **consacrée aux enfants** devrait être analysée

---

[42] Rapport publié par Euronet en janvier 1999 disponible en français, anglais, allemand et espagnol chez Euronet, Place de Luxembourg 1, B – 1050 Bruxelles

- Les enfants doivent pouvoir pleinement bénéficier de **programmes** **d'action communautaires** axés sur la jeunesse et l'exclusion sociale
- Le programme **Daphné** devrait être adopté par le Conseil des Ministres
- La Commission européenne devrait initier des mesures pour combattre la **discrimination** à l'encontre des enfants (Art. 13 du traité d'Amsterdam sur la non-discrimination) et s'attaquer aux **crimes transnationaux** contre des enfants (Art. K.1 du traité d'Amsterdam sur les délits perpétrés sur des enfants).
- Les institutions européennes et les Etats membres doivent encourager la **participation des enfants à tous les niveaux** par des mécanismes appropriés
- La Commission devrait encourager les **études d'impact** des politiques macro-économiques sur les enfants
- Il conviendrait de mettre en place une **unité en charge de l'enfance** et de renforcer le dialogue avec les ONG défendant les droits des enfants ainsi qu'avec les organisations animées par des enfants.

Rappelons dans ce contexte que le professeur E. Verhellen propose la création d'un **observatoire européen** sur les politiques de l'enfance

Les thèmes prioritaires développés dans le rapport Ruxton pour les années à venir sont les suivants :

- La violence exercée sur des enfants
- L'exclusion sociale
- La non-discrimination
- La citoyenneté et la participation
- La libre circulation des personnes
- Les médias et Internet
- La politique des consommateurs
- L'éducation
- La santé
- L'environnement

- L'emploi
- L'Union Economique et Monétaire
- L'élargissement
- L'information relative aux enfants[43]

Pour chacun de ces thèmes, le rapport analyse les problèmes qui se posent et fait des recommandations pratiques.

EFCW

Le « European Forum for Child Welfare » (Forum Européen pour le Bien-être de l'Enfance) est un réseau d'ONG préoccupées par toutes les questions touchant les enfants en Europe. C'est le groupe régional européen du « International Forum for Child Welfare » (IFCW). L'EFCW a des membres dans plus de 20 pays de l'Europe. Sa politique est basée sur l'application de la CDE et la promotion d'une politique en faveur des enfants ainsi que l'amélioration qualitative des services qui leur sont destinés.

EFCW essaye de suivre la politique européenne en analysant son impact sur les enfants et d'influencer le travail législatif. Il informe ses membres sur les programmes européens, favorise le contact des ONG entre elles, propage des exemples de bonne pratique, organise des conférences, séminaires, publie des bulletins et textes politiques et un calendrier de manifestations.

EFCW a élaboré des documents politiques (position papers) sur d'importants thèmes concernant les enfants : le placement, l'abus sexuel, la pornographie impliquant des enfants, les politiques d'aide aux familles, l'Internet, les mesures de garde, la publicité, la santé les conflits armés etc.,

UNICEF

Je n'ai pas besoin de vous présenter UNICEF. Depuis le l'élaboration de la CDE, UNICEF joue un rôle de plus en plus important dans le processus de la surveillance de son mise en œuvre et du développement de

---

[43] Rapport Ruxton, op. Cit., p. 45

stratégies pour améliorer la participation des enfants. Surtout en Europe, les Comités Nationaux, qui dans le temps étaient essentiellement des pourvoyeurs de fonds, se sont vus attribuer un rôle nouveau, à savoir le rôle de défenseur de la CDE au plan national.

Au plan international, l'UNICEF travaille en étroite collaboration avec le Comité des droits de l'enfant et a publié le **Manuel d'application de la Convention relative aux droits de l'enfant**. Ce livre qui est un vrai trésor d'idées pour toute personne qui s'intéressa à l'application de la CDE regroupe, paragraphe par paragraphe, les idées essentielles tirées des rapports des gouvernements et des rapporta alternatifs des ONG en ce qui concerne la mise en œuvre de la CDE.

CRIN (Child Rights Information Network)

CRIN mérite d'être mentionné dans cet exposé à cause de sa grande valeur scientifique pour tous les défenseurs des droits de l'enfant. Crin est un réseau mondial d'organisations qui travaillent dans le domaine des droits de l'enfant et qui apportent leur soutien à l'échange d'informations sur les enfants et sur leurs droits.

CRIN est ouvert aux particuliers et aux organisations qui se consacrent à des travaux portant sur les droits de l'enfant.

CRIN essaye de

- Promouvoir et soutenir la mise en oeuvre de la CDE
- Aider à satisfaire les besoins en informations des organisations et individus soutenant les droits de l'enfant
- Aider les ONG à recueillir, gérer et publier des informations importantes sur les droits des enfants par les outils « électroniques » ou non électroniques.

Conclusions

Dans cet exposé, j'ai essayé de décrire la situation des droits de l'enfant **à travers les activités des ONG** qui défendent ces mêmes droits.

198

Les thèmes évoqués lors de la présentation des activités de ces ONG présentent des défis pour les acteurs politiques à tous les niveaux de la société. En effet, s'il est difficile de trouver une politique commune au niveau européen, les collectivités locales et régionales ont, quant à eux, des possibilités beaucoup plus vastes. Je cite à titre d'exemple les nombreuses initiatives de conseils municipaux d'enfants en France, les bureaux de l'enfance en Allemagne, les conseils d'établissements au Royaume Uni, les stations de radio locales gérées par des enfants etc. Les collectivités locales jouent un rôle de précurseur dans la mise en ouvre de la CDE. Ils peuvent montrer ce qui est possible.

Mais il y a aux moins deux autres possibilités de faire le bilan sur la situation des droits de l'enfant en Europe : La première consiste à analyser les **rapports des pays de l'UE devant le Comité des droits de l'enfant** de Genève et la deuxième consiste dans le développement **d'indicateurs pour le bien-être de l'enfance** en Europe.

Un exemple pour la première méthode est l'étude des rapports des Etats membres de l'UE devant le Comité des droits des enfants de Genève publiée par EFCW et rédigée par Nicola Wyld.[44]

Cette étude très intéressante analyse les observations du Comité de Genève sur les rapports des Etats parties paragraphe par paragraphe. Comme il prendrait des heures à exposer tous les détails de cette analyse, les uns aussi intéressants que les autres, je me limite ici à mentionner quelques conclusions intéressantes :

• Il y a des rapports plus complets et plus critiques (self-critical) que la moyenne : les pays nordiques et la Belgique
• Le rôle des ONG dans la réalisation des objectifs de la Convention et dans la surveillance (monitoring) du processus d'application est considéré comme vital et essentiel

---

[44] Nicola Wyld, European Children's Rights: An overview of law, policy and practice ; EFCW, december 1997

L'étude compare les domaines d'application suivants en relevant les progrès enregistrés dans l'un ou l'autre des pays membres ou en dénonçant les faiblesses :

- Mesures générales de mise en oeuvre
- Principes généraux (non-discrimination. Intérêt supérieur de l'enfant, participation)
- Droits civils et libertés (liberté d'expression, intégrité de la personne)
- Environnement familial et de substitution
- Santé et bien-être
- Education
- Enfants dans des situations particulières (réfugiés, délinquants, jeunes travailleurs)

Le rapport fait une analyse détaillée des rapports des gouvernements et des observations du comité et il ressort de ce rapport que la mise en oeuvre de la convention est très inégale dans les différents pays secteur par secteur. Si dans un pays donné, de grands progrès ont été réalisés dans un domaine précis, il peut être la voiture balai dans d'autres domaines.

Ceci rejoint un peu l'effort des chercheurs d'établir des **critères pour mesurer le bien-être de l'enfance** afin de définir des **critères de convergence** pour les politiques en faveur de l'enfance dans les pays européens.

Dans une étude qui vient d'être publiée par le « International Child Development Centre » d'UNICEF à Florence, John Micklewright et Kitty Stewart ont essayé pour la première fois de développer de tels critères.[45]

Après une étude détaillée des différents critères de convergence convenables, les auteurs ont étudié les facteurs suivants (typiques pour les pays industrialisés) :

---

[45] John Micklewright and Kitty Stewart (1999): Is Child Welfare Converging in the European Union? Innocenti Occasional Papers, No. ESP 69. Florence : UNICEF International Child Development Centre.

Bien-être économique
Produit national brut par tête

Pourcentage des enfants vivant en dessous du seuil de pauvreté (50% en dessous de la moyenne nationale)

Le chômage dans les ménages avec enfants
Le chômage des jeunes (20-24 ans)
Mortalité
Mortalité infantile (0-5 ans)
Accidentés mortels de la rue (5-14 ans)
Suicides parmi les jeunes hommes entre 15 et 24 ans

Education

Pourcentage des jeunes fréquentant l'école à 16 ans

Dépenses pour l'éducation en % du PNB ; ajustés selon l'âge

Taux de natalité des mineurs
Taux de fécondité des filles entre 15 et 19 ans

Qualité de vie

Degré de satisfaction avec la vie qu'ils mènent des jeunes entre 15 et 19 ans

Les conclusions de ce rapport sont révélatrices :

- D'abord, les auteurs regrettent que les données statistiques concernant les enfants soient peu fiables et qu'il faut remédier à cette situation

- Au niveau européen, certains critères montrent une nette **tendance convergente négative**: ainsi p. ex. le chômage des jeunes montre une tendance de convergence négative dans le sens que cette forme de chômage augmente dans tous les pays de l'UE. L'indicateur de la fertilité des mineurs montre par contre une **tendance vers une**

convergence positive, c.à.d. que ce taux diminue dans la plupart des pays de l'UE.

- Dans l'ensemble, les facteurs suivants montrent une convergence positive : Mortalité infantile, accidentés mortels, dépenses pour l'éducation, pourcentage des jeunes scolarisés à 16 ans, degré de satisfaction avec la vie.
- Une convergence négative est constatée pour les facteurs suivants : Chômage dans les ménages avec enfants, chômage des jeunes.
- Une situation stable est constatée pour les indicateurs suivants : Suicides parmi les jeunes hommes ; taux de fécondité des jeunes filles entre 15 et 19 ans.

La discussion des résultats de cette enquête n'est pas possible dans les limites de temps du présent exposé. Mais ils montrent combien il est nécessaire d'établir cet observatoire des politiques de l'enfance réclamé par E. Verhellen. A part quelques problèmes qui sautent aux yeux, il est difficile de définir une politique de l'enfance si on ne dispose pas de données statistiques et d'indicateurs fiables pour en définir les grandes lignes.

Il y a dix ans, même les défenseurs les plus optimistes de la CDE avaient du mal à admettre qu'il était possible et nécessaire de développer les droits des enfants en Europe. La Convention était considérée comme un instrument utile au service des enfants vivant dans la plus grande misère, comme dans les pays en voie de développement. Mais l'évolution récente, la discussion de la CDE dans les ONG a montré que même dans les pays industrialisés, de graves problèmes subsistent en ce qui concerne la protection des droits de certains groupes de la population comme p. ex. les enfants.

Beaucoup d'efforts ont été entrepris surtout après l'affaire Dutroux pour protéger les enfants de la maltraitance et de l'abus sexuel. Je suis d'avis que ceci est très important et qu'il faut continuer dans cette direction. Là où je ne suis plus d'accord, c'est quand la discussion monopolise le débat public et cache la vue sur d'autres problèmes d'une importance au moins égale. La chasse aux sorcières en matière d'abus sexuel a déjà contribué, du moins en Allemagne et aux Etats Unis, d'associations de défense des victimes de fausses allégations.

Aussi grave qu'elle soit, la violence sexuelle et physique ne touche qu'une minorité d'enfants. Mais il existe une violence cachée et autrement plus importante que la violence manifeste parce qu'elle touche tous les enfants.

Je parle de la violence qui consiste à réduire l'enfant à un simple objet dans toutes les situations où il vit : à l'école, dans la famille, dans la cité. Croire en les droits de l'enfant veut dire : croire en la capacité de l'enfant, capacité de participer et de faire valoir son point de vue.

L'école

Si on me demandait où je voyais la plus grande priorité en matière de droits de l'enfant, je répondrais sans hésiter : à l'école !

« En l'instruisant exclusivement par arrosage, l'école traditionnelle fait violence à l'intégralité de l'enfant : elle le morcelle, ne retient que sa tête en mesure le vide relatif et la remplit de connaissances, de matières, de disciplines. Elle l'oblige à laisser au vestiaire son corps et son cœur, un peu comme on se débarrasse d'un manteau encombrant. Elle le traite comme une machine en exigeant de lui, à toute heure, une attention et une vigilance constantes qu'il est incapable de fournir. Elle insiste sur l'effort et néglige le plaisir, elle oublie le jeu, elle impose de travailler seul, elle fait de l'apprentissage une course où elle fête les gagnants et abandonne les perdants. Bref, elle contraint l'enfant à n'être pas enfant et l'oblige à connaître sans apprendre. »[46]

On pourrait écrire un roman sur les relations ambiguës entre l'enfant et l'école. Et pourtant il y a des lieux qui montrent que l'école peut être un lieu intéressant et enrichissant pour les enfants. L'école doit changer, s'éloigner des méthodes pédagogiques développées au début du siècle et

---

[46] Danielle Mouraux : Enseigner, c'est aussi faire violence, dans : Le Ligueur N§ 21 du 27 mai 1998, édité par la Ligue des Familles a.s.b.l, Bruxelles.

encore en vigueur aujourd'hui, elle doit devenir un lieu de vie au lieu d'être un lieu d'instruction. En donnant plus de droits, et par cela, plus de responsabilité aux enfants, l'école pourrait contribuer à enrayer la soi disante violence des jeunes en faisant d'eux des acteurs responsables de la société au lieu d'exclus. Philippe Mérieu, lors du congrès de la FICE en mai 1998 à Paris et Eugeen Verhellen ont souligné que l'école doit devenir un vrai lieu d'apprentissage des valeurs démocratiques : « A quoi bon, en effet, prévoir un processus d'apprentissage théorique des valeurs des droits de l'homme et de la démocratie en général **si elles ne sont pas mises en pratique** ? »[47]

La participation

Il y a des gens pour qui la démocratie se résume en une marche occasionnelle aux urnes. Je n'en fais certainement pas partie. Une démocratie vivante demande l'engagement quotidien des citoyens. Les enfants ne sont pas encore de citoyens. A mon avis ils sont tout à fait capables d'exercer ce droit. Prenons l'exemple du droit de vote : D'aucuns prétendent que les enfants ne sont pas capables d'exercer ce droit à cause des raisons suivantes :

Les enfants ne comprennent rien à la politique ! Est-ce que les adultes comprennent tout à la politique ? Les citoyens n'ont pas le droit de vote parce qu'ils sont spécialistes dans une certaine matière mais parce que c'est une question de justice.

Les enfants votent à la légère ! En Angleterre, et dans d'autres pays, un grand nombre de personnes ne votent pas du tout !

Les enfants font confiance aveuglément aux têtes de liste ! Les adultes se laissent influencer par n'importe quoi : l'image du leader politique, les intérêts particuliers, la politique des partis et la loyauté par rapport au parti.

Les enfants sont influencés par leurs parents ! Des analyses du comportement électoral en Angleterre montrent clairement que ce

---

[47] Eugeen Verhellen, op. Cit. ; p. 138

comportement se prolonge bien au delà de l'âge de la maturité : les enfants ont tendance de voter pendant toute leur vie d'adulte comme leurs parents.

Ces arguments, résumés admirablement par Bob Franklin montrent combien ils sont aléatoires.[48] Personnellement, je suis favorable à une levée de l'âge minimum pour le droit de vote. Dès qu'un enfant a le besoin ou l'intention d'exprimer son opinion, il doit pouvoir avoir le droit de le faire.

Le placement

Tous les enfants vont à l'école, tous les enfants pourraient avoir le droit de vote, mais pas tous les enfants sont dans une situation, où ils doivent grandir en dehors de leur milieu familial d'origine. Bien que je suis d'avis qu'un grand nombre de placements pourraient être évités grâce à un travail éducatif avec la famille, les enfants placés dans des institutions socio-éducatives ont encore moins de droits que les enfants qui vivent chez leurs parents.

L'organisation que je préside, la Fédération Internationale des Communautés Educatives (FICE) a développé une charte des droits des enfants en situation de placement qui prévoit entre autres que l'enfant a le droit au respect de sa sphère privée, le droit à avoir des contacts avec une personne de confiance extérieure à l'institution, le droit d'avoir accès à son dossier, à être consulté et présent lors de procédures de décision à son égard etc.

Depuis l'Année Internationale de l'Enfant en 1979, je me suis engagé résolument dans la voie de la défense des droits de l'enfant. Bien que je sois un peu déçu par la lenteur des changements, je suis quand même convaincu que des progrès certains ont été réalisés durant les deux décennies passées grâce à des personnes comme vous tous ici qui par leur présence témoignent du grand intérêt qu'ils portent à la cause commune qui est la nôtre : faire de l'enfant un sujet de droit, lui donner les moyens de s'exprimer

---

[48] Bob Franklin: „Kinder und Entscheidungen. Entwicklung von Strukturen zur Stärkung von Kinderrechten", in: Caroline Steindorff (Hrsg.) Vom Kindeswohl zu den Kinderrechten; Luchterhand, Neuwied 1994; S. 43 – 67 (traduit et résumé de l'allemand)

et de s'engager dans le processus démocratique, lui donner les moyens de façonner le milieu dans lequel il est contraint de vivre pour son bonheur et le bonheur de toute la société.

Unter dem Impuls des 2014 verstorbenen charismatischen Kinderarztes und Kinderrechtler, Professor an der Universitätsklinik in Nancy, Michel Manciaux, organisierte der « Fonds Houtman[49]» im Jahre 2001 einen Kongress zum Thema Kinderrechte in Brüsssel. Zu diesem Zweck hatte Manciaux ein Buch veröffentlicht: « Plaidoyer pour les enfants », dessen Lektüre ich auch heute noch nur empfehlen kann. Über 500 Teilnehmer aus französischsprachigen Ländern aus aller Welt waren in Brèssel anwesend, auch das Familienministerium war offizieller Partner für Luxemburg und hatte einige Vetreter entsandt. Zur Vorbereitung der Konferenz wollte Mill Majerus ein positives Bild der Situation der Kinderrechte vermitteln und lud eine grosse Zahl von Organisationen zu Vorbereitungsgesprächen ins Schloss Kolpach ein. Aber die Einladung stiess bei den Pfadfindern, Kinderfeuerwehren und Jugendorganisationen der Parteien auf wenig Gehör und so erschien das Büchlein mit den vielen (positiven) Beiträgen erst gar nicht. Frustriert und erleichtert zugleich schrieb ich dann folgenden Beitrag, der als einziger Beitrag von Luxemburg in Brüssel vorgelegt wurde. Im Olymp des Familienministeriums wurde ich dann mit einem Bann belegt und jahrelang nicht mehr zur Teilnahme an Projekten eingeladen.

La situation des droits de l'enfant à Luxembourg

Texte pour la conférence du fonds Houtman à Bruxelles

Robert Soisson, psychologue diplômé[50]

---

[49] www.fonds-houtman.be

[50] L'auteur travaille comme psychologue au Service Médico-Psycho-Pédagogique de la Ville d'Esch-sur-Alzette dans le cadre du service de l'enseignement. Il est membre du Comité Ad Hoc sur les droits de l'enfant et président de la Commission nationale d'Arbitrage en Matière de Placement. En tant que représentant de la Coalition Nationale pour les Droits de l'Enfant, il fait partie du Conseil National des Programmes. Il fait partie des Conseils d'Administration du Forum Européen pour le Bien-être de l'Enfance (EFCW), d'Euronet, de la Fédération Internationale des Communautés Educatives (FICE, dont il était le président de 1994 à 2000), de la FICE-Europe, dont il est actuellement le président et de l'Association nationale des Communautés Educatives (ANCE), section luxembourgeoise de la FICE. Pendant quelques années, il était le président du Réseau Luxembourgeois des Maisons de Jeunes.

Après plusieurs tentatives infructueuses de réunir un groupe de réflexion autour de l'ouvrage « Plaidoyer pour les enfants »[51], je me vois contraint de rédiger mes opinions personnelles sur le thème des droits de l'enfant au Luxembourg. Ce texte n'a pas la prétention de traiter tous les problèmes relatifs au respect des droits de l'enfant d'une manière exhaustive.

La situation politique, sociale et économique au Luxembourg est assez comparable à celle de la Belgique, comme elle a été décrite dans le « Plaidoyer ». Si le PIB et les revenus des ménages sont les plus élevés en Europe, ceci ne vaut pas dire que tout le monde en profite. Au Luxembourg comme ailleurs, il y a les familles marginalisées, la pauvreté, la fragilisation des structures familiales, l'inégalité des chances à l'école, les placements abusifs etc.

En comparaison à d'autres pays Européens, le Luxembourg a ratifié la convention relativement tard et a formulé de nombreuses réserves.[52]

C'est le Ministère de la Famille qui a été chargé de la mise en œuvre de la convention. Mais peu a été fait depuis. Relevons les **points positifs** :

1) Elaboration d'un projet de loi sur une structure du type ombudsman pour enfants.

   Ce projet, qui a connu de nombreux remaniements est sur le point d'être voté par la chambre des députés. Le projet propose un « ombuds-comité » de six personnes avec à sa tête un président. Actuellement, le projet donne encore lieu à des discussions controversées dans la presse.

2) Mise en place d'un comité ad hoc sur les droits de l'enfant.

---

[51] « Plaidoyer pour les Enfants », Fonds Houtman, 84-86, avenue de la Toison d'Or ; B – 1060 Bruxelles
[52] Etant un petit pays, le Luxembourg ne dispose que d'un appareil administratif restreint. C'est pourquoi, notre pays a souvent du retard dans la mise en œuvre des conventions, traités et directives internationales et européennes. Les fonctionnaires sont souvent surchargés de travail et doivent choisir leurs priorités. Or il est regrettable que les droits de l'enfant ne soient pas d'une priorité haute.

Ce comité, dont les membres ont été désignés par le Ministère de la Famille, a connu une phase de démarrage très active, mais peu à peu, il s'est essouflé. Ceci est dû en partie au fait que les fonctionnaires responsables du fonctionnement de ce groupe sont surchargés de travail, mais je pense qu'on aurait pu trouver une solution à ce manque de dynamisme. Au début de ses activités le comité a été saisi de quelques problèmes ayant trait aux droits de l'enfant et a proposé des solutions acceptables pour toutes les parties. Récemment et sur son initiative, une brochure sur le signalement de l'abus sexuel a été publiée et largement diffusée aux professionnels du secteur socio-éducatif.

3) Mesures législatives

On peut affirmer que la situation des enfants a été améliorée à travers de nouvelles dispositions législatives dans le domaine social et économique. Mais ces initiatives ne s'inscrivaient pas forcément dans une politique de mise en œuvre de la Convention et les droits de l'enfant n'ont été touchés par ces dispositions que d'une manière « collatérale ».

4) Information

Des dépliants, affiches et bandes dessinées ont été diffusés largement surtout parmi les élèves de l'école primaire. Un guide des droits et devoirs des jeunes est sur le point d'être réédité. Mais on est encore loin d'une politique d'information ciblée, visant à créer du matériel destiné aux professionnels qui sont en contact avec les enfants.

5) Initiatives de la société civile

Les organisations et associations privées sont à l'origine de nombreuses initiatives visant à informer et sensibiliser les enfants sur des problèmes divers et de les engager dans des projets et activités ludiques et récréatives. Tout semble indiquer que ces activités et initiatives se multiplient et que de plus en plus d'enfants y participent. Mais encore faudrait-il établir un lien direct entre ces activités et la mise en œuvre de la Convention, ce qui n'est pas évident.

Quels sont, de l'autre côté, les **points négatifs** ?

1) Jusqu'à ce jour, ni le gouvernement ni le Ministère de la Famille n'ont adopté un agenda ou un **plan d'action** pour la mise en œuvre de la Convention. Pourtant les chantiers ne manquent pas. La coordination entre les ministères et la collaboration avec les associations privées s'avèrent difficiles. Les intérêts particuliers font souvent obstacle à une démarche commune.

2) Toutes les initiatives prises jusqu'à ce jour s'inscrivent dans démarche de protection, respectivement de provision, pour employer la terminologie des « trois P ». Le volet de la **participation** n'a pas encore trouvé l'attention qu'il mérite, à part un « plan communal jeunesse » qui n'engage personne et un projet de loi sur la liberté d'association. Or c'est dans ce domaine, qu'une politique innovante et courageuse en matière de droits de l'enfant se différencie d'une politique minimaliste.

3) La **lenteur des démarches** dans le contexte de la mise en œuvre de la Convention risque de favoriser le découragement et le désengagement des acteurs de la société civile.

4) Le **discours officiel** est assez ambigu. Pour calmer les adversaires de la Convention, on ne cesse de nous dire que les enfants ont bel et bien des droits mais aussi des devoirs, tout comme si l'histoire de l'enfance n'avait été marquée exclusivement que par leurs droits.

Quels sont les chantiers urgents en matière de droits de l'enfant au Luxembourg ?

1) Réserves

Le gouvernement devrait engager une procédure en vue de l'abolition des 6 réserves émises lors de la ratification et, dans ce contexte, mettre en pratique les exigences formulées dans les 5 motions votées par la Chambre des députés lors de la ratification.

2) Plan d'action

Le gouvernement devrait adopter un plan d'action pour la mise en œuvre de la convention, définissant les objectifs à atteindre, les moyens pour y parvenir et les délais à respecter.

3) Ombudsman

Le projet de loi sur la structure « ombuds »-comité pour les droits de l'enfant devrait être votée au plus vite par la Chambre des Députés en tenant compte des dernières évolutions dans ce domaine, e. a. les expériences faites par les personnes regroupées dans ENOCH (European Network of Ombudsmen for Children).

4) Participation

Le gouvernement devrait adopter un plan d'action visant à améliorer significativement la participation des enfants sur le plan politique, scolaire, familial et associatif. Dans ce plan pourront facilement être insérés les éléments déjà existants.

5) Ecole

Un des grands problèmes au Luxembourg est l'école, source d'un trop grand nombre d'échecs, de conflits entre les enfants, parents et enseignants, d'espoirs anéantis, de discrimination … Il faut impérativement créer des structures de participation démocratiques, des procédures et instances neutres pour gérer les conflits, un environnement propice aux apprentissages façonné prioritairement en fonction des besoins des enfants et non des professionnels qui y travaillent.[53]

6) Information

La politique d'information sur la Convention doit être développée et atteindre des populations cibles comme e. a. les enseignants, les parents, les adolescents et les professions du secteur socio-éducatif avec du matériel adapté à leur intérêts.

7) Placement

Au Luxembourg, un trop grand nombre d'enfants se trouvent en situation de placement. Dans la grande majorité des cas, les parents de ces enfants sont désistés de leur autorité parentale. Les enfants ainsi que leurs parents ont peu de moyens de se défendre contre des abus de pouvoir et des mauvais traitements. Une initiative reprise par le comité ad hoc sur les droits de l'enfant visant à établir un document sur les droits de l'enfant en matière de placement n'a pas abouti. Cette « charte », inspirée de modèles étrangers devrait être renégociée dans les meilleurs délais. En plus, une commission indépendante chargée e.a. d'éviter les placements abusifs ou abusivement prolongés[54] devrait être créée sur la base des structures existantes.

8) Délinquance juvénile

Le Luxembourg maintient toujours une politique d'incarcération de jeunes dans l'unique prison pour adultes, comme il n'existe pas d'unité de sécurité dans le cadre des Centres Socio-Educatifs de l'Etat, destinés à recevoir les jeunes placés par le juge. Malgré les faits qu'une telle unité de sécurité devrait être réalisée sous peu et que les conditions d'incarcération des jeunes ont été améliorées, je pense que le gouvernement ne fait pas assez d'efforts pour développer des mesures alternatives à l'incarcération ainsi que dans le domaine de la

---

[53] Cf. la « Déclaration sur les droits de l'enfant à l'école » en annexe à ce texte.
[54] Cf. « Plaidoyer pour les Enfants », p. 72

prévention du placement en milieu fermé. Les mesures de médiation entre victime et agresseur devraient être développées à l'image de l'Allemagne et de l'Autriche.

9) "Child impact Studies"

Dans une optique proactive de la mise en oeuvre de la Convention, chaque loi et chaque décision au niveau national et local devraient être avisés par un organisme qualifié sur leur impact sur les enfants.

10) Bientraitances

Par la formation continue et l'information, le gouvernement devrait encourager un autre regard sur les familles « à risques », surveillées et contrôlées par les services sociaux et freiner la déresponsabilisation croissante d'un grand nombre de familles. Ceci vaut également pour les attitudes des enseignants vis à vis des élèves issus de ces mêmes familles.

R.S. ; 20.10.01

Aider ou punir ?

Robert SOISSON[55]

Au début du mois de décembre 2000 eut lieu à Luxembourg pour la deuxième fois une conférence internationale sur la délinquance juvénile. Si la première conférence en 1998 avait pour thèmes principaux la prévention et la médiation, le thème dominant de la seconde était la prison pour mineurs[56]. Le but de cette manifestation était la comparaison au niveau européen des systèmes d'aide à (ou de protection de) la jeunesse et des expériences qui ont été faites dans les prisons pour mineurs[57] (2).

Il faut reconnaître dès le début qu'il est extrêmement difficile de comparer les différents systèmes d'aide à la jeunesse (ou de protection de la jeunesse). Les systèmes judiciaires sont très différents comme ils reposent sur des philosophies très divergentes. Les pratiques professionnelles d'encadrement des jeunes délinquants varient d'une façon considérable, même à l'intérieur d'un pays. Je me limiterai donc dans cet article à résumer les moments les plus intéressants de ce congrès. Une publication avec les textes des conférences, surtout en allemand et anglais, sera disponible à partir du mois d'août 2001.

---

[55] Psychologue, Président des Fédérations Internationales des Communautés Educatives - Europe.

[56] J'ai choisi pour la version française de ce texte le mot "prison pour mineurs" pour désigner une multitude de mesures qui ont pour dénominateur commun la privation plus ou moins importante de la liberté du jeune. En allemand, le mot le plus utilisé est "geschlossene Unterbringung", le terme équivalent en anglais, "secure accommodation".

[57] Le premier séminaire a été organisé par FICE-Europe (Fédération Internationale des Communautés Educatives - région Europe) et l'ANCE (Association Nationale des Communautés Educatives - Luxembourg). Le deuxième fut organisé par les mêmes associations en collaboration avec la section allemande de la FICE (IGFH) et l'association des tribunaux pour mineurs allemands (DVJJ). La manifestation a trouvé le support de la Commission Européenne (programme jeunesse) et du Ministère de la Famille allemand.

1. La comparaison au niveau Européen

Le professeur Horst Schüler-Springorum participait comme observateur assidu à une grande partie des exposés et groupes de travail et avait accepté la mission de faire un résumé de ce qui avait été dit à la fin du congrès. Il regrettait qu'il n'y avait pas d'accord sur la terminologie en matière de délinquance juvénile au niveau européen. Il faut noter que M. Schüler-Springorum fait partie d'un comité d'experts avec fonction consultative auprès du Conseil de l'Europe en matière de criminologie. Une des fonctions de ce comité est de créer une terminologie commune qui permettra des comparaisons. Face aux difficultés terminologiques et philosophiques, ce comité s'est résigné à collectionner des « exemples de bonne pratique » en matière de prise en charge des jeunes délinquants et de les documenter. Les statistiques ne se prêteraient pas à la comparaison parce qu'elles seraient de toutes façons incomparables, voire fausses.

Du point de vue luxembourgeois, il est important de constater que tous les pays avoisinants ont adopté fin des années 80 une nouvelle approche en matière de délinquance : un changement de paradigme de la protection vers l'aide (en Allemagne : Kinder- und Jugendhilfegesetz ; en Belgique[58] francophone : Décret d'aide à la jeunesse. En ce moment, ces pays sont en train d'évaluer l'impact de ces mesures. Au Luxembourg, il faudrait suivre l'évolution des pays voisins et réformer d'urgence notre loi sur la protection de la jeunesse.

Au niveau européen, le professeur Schüler-Springorum constate une « dérive des politiques en matière de criminologie vers la droite » et donnait de nombreux exemples.

En France, l'utilisation de plus en plus fréquente du terme de « responsabilisation » dénonce la tendance de préférer l'allocation de responsabilités à la protection des droits de l'enfant. En France, le juge

---

[58] Cité d'après Pascal Iacono : Protection et aide à la jeunesse en Belgique, Conférence lors du congrès "Aider ou punir ?", Luxembourg, décembre 2000.

d'enfants a un pouvoir assez important: Il peut demander des enquêtes, prononcer des sanctions et proposer des mesures « éducatives » en même temps.

Au Royaume Uni, on se concentre surtout sur la première partie de la formule de Tony Blair : « Get tough on crime and tough on the causes of crime » (Il faut réagir avec fermeté contre le crime et réagir avec fermeté contre les causes de la criminalité). Un programme contre les causes de la criminalité est en effet très difficile à réaliser. Il est par contre facile de jongler avec des slogans comme « Plus d'excuses », copiés d'ailleurs sur le concept de la « tolérance zéro » populaire aux Etats Unis.

Dans ce contexte, Schüler-Springorum dénonce le chaos au niveau européen lorsqu'il s'agit de définir l'âge de la majorité pénale. En Suisse et en Irlande, par exemple, cet âge est fixé à 7 ans ! La Convention des Nations Unies sur les droits de l'enfant de 1989 suggère aux Etats parties de fixer cet âge à 18 ans. Dans la pratique, il est bien sûr difficile de trouver des critères objectifs sur le plan biologique, social et culturel pour délimiter l'âge de la majorité pénale et même là où un consensus a été trouvé, de nombreuses dérogations sont possibles : la « gravité du délit » par exemple peut être une raison pour ne pas respecter les limites d'âge fixés par la loi. De plus en plus, les médias insistent avec un certain plaisir sur la méchanceté des actes criminels commis par les « petits monstres ». Schüler-Springorum cite le cas Bulger (un garçon de deux ans a été tué sauvagement par deux autres garçons âgés de moins de dix ans) : Ce cas a mené à un conflit entre la Cour Européenne des Droits de l'Homme et le gouvernement britannique. D'un point de vue pragmatique, Schüler-Springorum se prononce pour une limite d'âge fixée à 12 ans.

2. Les prisons pour mineurs

Les contributions lors du congrès ont montré qu'il existe un grand nombre de mesures de prise en charge de mineurs délinquants. Le degré de privation de liberté peut varier considérablement et des institutions totalement fermées n'existent pratiquement pas. Selon la professeur Sabine Pankofer, même dans les institutions réputées pour leur caractère punitif, les arrangements pour les cas individuels sont plus ou moins « ouverts ».

Schüler-Springorum est catégorique : la privation de liberté n'est pas une solution mais crée de nouveaux problèmes. C'est une concession temporaire aux besoins de sécurité des collectivités. Dans les espaces où les jeunes sont privés de liberté, aucune thérapie n'est possible. La justice a comme tâche principale la défense de la liberté ; en cas de doute, le juge doit toujours opter pour la mesure la moins sévère.

Dans l'optique du mineur délinquant, une mesure de privation de liberté - même très limitée - crée des problèmes d'assimilation : 6 mois dans la perspective d'un jeune constituent un laps de temps beaucoup plus important que dans la perspective d'un adulte. Les jeunes détenus pensent souvent qu'ils sont victimes d'injustices : Eux, ils ont été « attrapés » alors que bon nombre de leurs copains ou copines qui ont commis les mêmes délits se trouvent toujours en liberté. Ce sentiment d'injustice a une influence négative considérable sur les effets à long terme recherchés par les mesures de privation de la liberté.

Selon Sabine Pankofer, les mesures de privation de liberté pour les jeunes ne font que très rarement l'objet de recherches dans le domaine socio-éducatif. Selon une étude du « Deutsches Jugendinstitut » (Institut allemand de la jeunesse), il n'existe pas de concepts dans ce domaine. En principe, « l'hébergement en sécurité » décrit surtout des mesures au niveau de l'architecture que des concepts pédagogiques. La majorité des jeunes concernés par des mesures de privation de liberté sont des garçons. La clé est l'instrument de travail le plus important. En Allemagne, il existe environ 150 places pour l'hébergement en sécurité. Les institutions travaillent en coopération étroite. Les méthodes de travail permettent un degré variable « d'ouvertures » vers le monde extérieur. L'isolement total n'existe nulle part. Par contre, le « contrôle 24 heures sur 24 » des jeunes est une source de conflits permanente.

Une étude que Sabine Pankofer a réalisée dans une institution fermée pour jeunes filles à Gauting près de Munich a montré que les fugues sont aussi nombreuses en milieu « fermé » qu'en milieu « ouvert ». La création de places en milieu « fermé » crée des besoins. Les enfants privés de liberté sont stigmatisés outre mesure. Ils sont souvent considérés par d'autres jeunes avec un mélange de peur et de respect. Les rumeurs sur ce qui se passe en milieu fermé contribuent à cimenter la réputation de ces « durs ».

Un aspect positif de la privation de liberté est que la pression exercée par la rue ou le milieu familial des enfants placés est atténuée temporairement. Leurs droits sont respectés dans une large mesure, ce qui est considéré par Sabine Pankofer comme un des « effets pervers » de la privation de liberté. Un des effets négatifs est que la privation de liberté est plutôt vécue comme une punition et non comme une chance pour un nouveau départ. Rappelons que l'Etat allemand dépense quelque 60.000 FF par mois pour une place en milieu « fermé ».

Le personnel des centres « fermés » se retrouve également devant des problèmes : à côté du stress permanent dû à la surveillance et la confrontation permanente avec les jeunes, ils sont souvent méprisés par leurs collègues travaillant dans d'autres institutions du secteur socio-éducatif. On leur reproche le non-respect des droits de l'enfant. En Suisse, des institutions de formation continue ont refusé l'accès à une formation à des surveillants d'une prison pour jeunes.

Les enfants privés de liberté n'ont souvent aucune idée du moment où va se terminer la mesure dont ils font l'objet. Sabine Pankofer demande donc plus de transparence dans ce domaine et des indications claires sur la durée de la mesure. Lors de son étude, elle a remarqué que les jeunes dans les institutions « fermées » n'avaient aucun droit à une interruption temporaire de leur mesure (congé). Ceci est plus que discutable dans la perspective de la Convention sur les Droits de l'Enfant.

Un autre grand problème relevé par l'étude de Sabine Pankofer est la zone d'ombre entre les institutions « fermées » et la pédopsychiatrie. Elle parle d'un « mécanisme de transfert » allant des institutions fermées vers la pédopsychiatrie et ceci en particulier pour les filles. Dans une étude menée au « Land » de Brandenburg, on a constaté des placements abusifs dans des cliniques psychiatriques de jeunes issus de différentes mesures de placement dans des institutions « fermées » et ceci sans diagnostic précis.

3. Mesures de médiation entre agresseur et victime (réparation).

Dans toutes les langues, il y a différents termes pour décrire cette technique relativement récente de confronter l'agresseur et sa victime dans le but de régler le conflit à l'amiable. Le premier congrès sur la délinquance juvénile à Luxembourg en 1998 avait pour thème les différentes techniques utilisées à grande échelle en Allemagne, Angleterre et Autriche.

Le professeur Schüler-Springorum se déclare être un défenseur véhément de ces techniques de médiation. Le jeune qui a commis une infraction est confronté à sa victime dans l'optique d'un processus d'apprentissage. Elle ou il doit d'abord surmonter sa gêne dans la confrontation avec la victime face à laquelle il doit avouer son délit et s'excuser. Une deuxième difficulté pour le jeune est qu'il doit réparer sa faute si la victime l'exige, soit sous forme d'une indemnisation ou de travail communautaire.

4. Le role des médias

Josine Junger-Tas, directrice du département de la recherche au Ministère de la Justice néerlandais constatait dans sa contribution, qu'il y a des « cycles historiques » dans la manière dont la société traite ses jeunes délinquants. Tantôt, la tendance est plus punitive, tantôt plus éducative. En ce moment, et en accord avec Schüler-Springorum, Junger-Tas constate que de plus en plus d'enfants sont enfermés. Auprès des tribunaux, les jeunes sont de plus en plus considérés comme des adultes et les sanctions prononcés à leur égard sont de plus en plus sévères. A l'encontre des adultes, les jeunes ne bénéficient pas de droits procéduraux. Le délit devient plus important que la personne qui l'a commis. Ceci n'était pas toujours le cas et Josine Junger-Tas accuse la presse de boulevard d'avoir beaucoup aidé à créer une atmosphère d'insécurité et de peur. Comme les politiciens sont très influencés par les médias, on voit partout en Europe leur discours se radicaliser. Ils demandent plus de « fermeté » par rapport aux jeunes délinquants bien que l'on peut constater en comparant les chiffres, que la délinquance juvénile progressait régulièrement à partir des années 50 pour se stabiliser d'une manière remarquable depuis les années 80. Le professeur Friedrich Dünkel a également dit lors du congrès que la délinquance juvénile n'a pas augmenté d'une manière spectaculaire dans les dernières années. Une source de confusion est l'utilisation abusive et irréfléchie des statistiques policières : une interpellation n'est pas un jugement.

5. Une approche Européenne

Schüler-Springorum propose une approche « communautaire », donc proche des citoyens face à la délinquance juvénile. Cette approche, comme les « child hearings » en Ecosse, devrait être développée en Europe et soumise à une évaluation permanente. Il pense qu'il sera difficile d'imposer une unification des procédures du haut vers le bas. Même des conventions universellement acceptées et ratifiées comme la Convention sur les Droits de l'Enfant n'ont pas pu générer une politique commune. Le professeur Dünkel préconise également un modèle de « justice restaurative » comme les « conférences familiales » ou les « child hearings ». A la fin d'une telle procédure pourrait très bien résulter une forme de « contrat » difficile à concevoir dans le droit pénal d'aujourd'hui. Il plaide pour la mise en place d'un grand nombre de projets pilotes pour trouver une nouvelle approche face à la délinquance des mineurs. Vouloir imposer des réformes par de nouvelles lois serait risqué comme souvent les infrastructures pour mettre en œuvre les nouvelles directives feraient défaut.

Les jeunes dont il est question ici n'ont pas de lobby. Paradoxalement, ce sont les services d'aide à la jeunesse et la justice elle-même qui doivent défendre leurs intérêts.

Dans le périodique de l'association des tribunaux pour mineurs allemands (DVJJ) a paru un article très intéressant de Heiner Schäfer[59], collaborateur de l'institut allemand de la jeunesse (DJI) dans la section « prévention de la criminalité des mineurs ». Schäfer insiste sur l'importance de la prévention et

---

[59] Heiner Schäfer : Zum Umgang mit delinquenten Kindern : Ein Überblick, DVJJ-Journal 2/2000, pp. 134-139.

demande la création d'un réseau international d'échange sur les bonnes pratiques. La prévention sera efficace, si elle définit exactement ses groupes cibles (délinquants récidivistes, jeunes immigrés, population générale, etc.), ses méthodes de travail (importance du langage, références au milieu de vie etc.) et si elle cherche la collaboration active avec les parents, l'école, les forces de police et les chercheurs (en ce qui concerne l'évaluation).

Un exemple de bonne pratique : Le décret d'aide à la jeunesse du 4 mars 1991 de la Communauté Française de Belgique.

Trois grands principes sous-tendent la politique de l'Aide à la Jeunesse en Communauté française de Belgique :

1. la déjudiciarisation des situations psychosociales,

2: la priorité aux actions de prévention;

3: le maintien du jeune dans son milieu de vie.

A la question : « Aider ou punir, est-ce possible sous le même toit ? », il semble que la Communauté française de Belgique ait opéré son choix. En décidant clairement la séparation des institutions psychosociales d'avec les institutions à caractère judiciaire (ce qu'on appelle la déjudiciarisation de l'aide), une avancée significative a été opérée. La volonté pédagogique a été de démontrer que lorsque les familles, en proie à des difficultés d'ordre sociales, avaient besoin d'une aide ponctuelle (car les familles peuvent demander l'arrêt des mesures), elles pouvaient trouver un service capable, sans trop d'intrusion, de leur fournir une prestation adéquate. Cette notion semble d'ailleurs de mieux en mieux assimilée par la population. La plupart des personnes identifie d'ailleurs bien le service rendu.

D'un autre côté, la sanction est nécessaire dans certaines situations lorsque les jeunes commettent des délits. Mais ici aussi, le décret donne la possibilité aux jeunes et à leur famille de revenir dans un cadre « plus négocié » lorsque la situation redevient plus acceptable.

Jugend-Hilfe – Jugend-Strafe

Von Robert Soisson[60]

Anfang Dezember fand in Luxemburg zum 2. Mal eine internationale Fachtagung zum Thema Jugenddelinquenz statt. Während die erste Tagung schwerpunktmäßig die Themen Prävention und Mediation behandelte, stand diesmal die geschlossene Unterbringung im Zentrum der Debatten. Ziel der Fachtagung war u.a., einen Vergleich der verschiedenen Jugendhilfesysteme in Europa anzustellen und Erfahrungen mit geschlossener Unterbringung auszutauschen.[61]

Um es gleich vorweg zu nehmen: Ein internationaler Vergleich ist sehr schwer, wenn nicht unmöglich. Die Rechtsgrundlagen sind sehr verschieden und beruhen zum Teil auf recht unterschiedlichen Philosophien. Auch die Praxis der Betreuung gefährdeter oder delinquenter Jugendlicher variiert beträchtlich, sogar innerhalb der Grenzen eines Landes. Ich werde deshalb

---

[60] Der Autor ist Diplompsychologe und arbeitet seit 25 Jahren im Service Médico-Psycho-Pédagogique in Esch-sur-Alzette. Zurzeit ist R.S. Präsident der FICE-Europa, eine Unterorganisation der Internationalen FICE, die sich schwerpunktmäßig um Fragen der Qualitätssicherung von Erziehungshilfen bekümmert. Darüber hinaus ist er in vielen anderen internationalen Netzwerken aktiv, die sich vor allem für die Umsetzung der Konvention über die Rechte des Kindes einsetzen (EFCW, IFCW, AEIJI usw.) In Luxemburg ist R.S. Präsident der ANCE (FICE-Sektion Luxemburgs), Vorstandsmitglied der UNICEF, Mitglied des „Comité Ad hoc pour les droits de l'enfant" und seit Dezember 2000 Präsident der CNAP (Commission Nationale d'Arbitrage en Matière de Placement).

[61] Die erste Tagung wurde von der FICE-Europa (Fédération Internationale des Communautés Educatives – Region Europa) und der ANCE (Association Nationale des Communautés Educatives - Luxemburg) organisiert. Die zweite Tagung wurde in Zusammenarbeit mit der deutschen FICE-Sektion, der IGfH (Internationale Gesellschaft für erzieherische Hilfen) und der Deutschen Vereinigung für Jugendgerichte und Jugendgerichtshilfen (DVJJ) organisiert. Unterstützt wurde die letzte Veranstaltung auch von der Europäischen Gemeinschaft (Programm Jugend) und vom Bundesministerium für Familie, Senioren, Frauen und Jugend Deutschland.

versuchen, die interessantesten Aussagen der Tagung hier wiederzugeben. Ein Tagungsbericht wird voraussichtlich im März/April dieses Jahres veröffentlicht werden.

Der europäische Vergleich

Prof. Dr. Horst Schüler-Springorum nahm als aufmerksamer Beobachter an der ganzen Tagung Teil und versuchte am Ende, ihre Ergebnisse zusammenzufassen. Er bedauerte, dass es auf europäischer Ebene keine einheitliche Terminologie im Bereich der Jugenddelinquenz gibt. Schüler-Springorum ist Mitglied des kriminologischen Beirats des Europarats, der versucht, Vergleichbarkeit erst einmal herzustellen. Hier wird der Versuch unternommen, praktische Erfahrungen im Umgang mit straffälligen Jugendlichen zu sammeln und Beispiele von „Best Practice" zu dokumentieren. Statistiken seien nicht vergleichbar, da sie sowieso nicht stimmten.

Aus Luxemburger Sicht von Bedeutung ist die Tatsache, dass praktisch alle Länder in ihrer Gesetzgebung von Schutz- zu Hilfekonzepten übergewechselt sind (D: Kinder- und Jugendhilfegesetz, B: „décrèt d'aide à la jeunesse" etc.) und nun dabei sind, erste Erfahrungen mit diesen neuen Gesetzen aufzuarbeiten. Was demnach in den meisten europäischen Ländern schon längst abgeschlossen ist, ist in Luxemburg dringend geboten: Die Überarbeitung resp. Neufassung des Jugendschutzgesetzes.

Europaweit stellt Prof. Schüler-Springorum einen „kriminalpolitischen Ruck nach Rechts" fest und gab dafür zahlreiche Beispiele:

In Frankreich wird mit dem Ausdruck „Responsabilisation" der Trend deutlich, die Zuschreibung von Verantwortung dem Schutz der Rechte des Kindes vorzuziehen. In Frankreich hat der Jugendrichter vergleichsweise viel Ermessensspielraum: Er ist Untersuchungsrichter, Strafrichter und „Erziehungsrichter" zugleich. In den letzten zwei Jahren forderten immer mehr Politiker, allen voran der ehemalige Innenminister Chevènement, Eltern für ihre Nachlässigkeit in Erziehungsfragen durch Streichen oder Herabsetzen der Familienzulagen zu bestrafen.

In England wird die Blair-Formel: „Get tough on crime and tough on the causes of crime" sehr stark angewandt, zumindest in bezug auf den ersten Teil der Maxime. Der Kampf gegen die Ursachen der Kriminalität erweist sich als ungleich schwieriger. Ähnlich der 0-Toleranz in den USA gilt in England und Wales die Maxime: „No more excuses".

Als ein regelrechtes „Chaos" bezeichnet Schüler-Springorum die Altersgrenzen der Strafmündigkeit, besonders im unteren Bereich, wo in Europa die Schweiz und Irland mit 7 Jahren den Rekord halten. Die Kinderrechtskonvention der Vereinten Nationen empfiehlt, die Altersgrenze nicht zu niedrig anzulegen und schlägt 18 Jahre vor. In der Praxis erweist sich dies jedoch als schwierig, denn es gibt keine eindeutigen biologischen, soziologischen und kulturellen Kriterien, nach denen sich die Festlegung einer Altersgrenze empirisch belegen ließe. Denn auch dort, wo klare Altersgrenzen bestehen, können diese durch das „Gravierende an der Tat" wieder aufgehoben werden, nach dem Motto: „Die Bosheit macht wett, was das Alter noch fehlen lässt". Das schlichtweg Böse scheint durch, was der Theorie der „kleinen Monster" immer wieder Auftrieb gibt (vgl. den Télécran-Artikel aus Nr. 47/2000, S. 24-26). Als Beispiel zitiert Schüler-Springorum den Bulger-Fall in Liverpool (UK), der zu einem akuten Konflikt zwischen dem Europäischen Gerichtshof für Menschenrechte und dem Vereinigten Königreich ausartete. Aus einer pragmatischen Sicht schlägt Schüler-Springorum daher eine Altersgrenze um 12 Jahre fest.

Geschlossene Unterbringung[2]

Der Ausdruck „Unterbringung" bedeutet schon laut Professor Schüler-Springorum in einem gewissen Maße Freiheitsentzug. Wie aus verschiedenen Beiträgen im Verlauf der Tagung festgestellt wurde, gibt es fließende Übergänge zwischen den Maßnahmen der Jugendhilfe und der „geschlossenen Unterbringung". Die totale Geschlossenheit gibt es sowieso nicht. Wie Prof. Sabine Pankofer berichten konnte, sind auch innerhalb geschlossener Einrichtungen die Arrangements mehr oder weniger „offen".

Prof. Schüler-Springorum ist kategorisch: Freiheitsentzug ist keine Lösung, sondern schafft nur neue Probleme! Es ist ein vorübergehender Konsens an das Sicherheitsbedürfnis der Allgemeinheit. Geschlossene Unterbringung als Behandlungsraum sei purer Etikettenschwindel. Die Priorität der Justiz sei immer der Schutz der Freiheit, im Zweifelsfall solle der Richter immer für den schwächeren Eingriff plädieren.

Aus der Sicht des Probanden schafft bereits ein kurzer Freiheitsentzug Verarbeitungsprobleme: 6 Monate oder ein Jahr sind im Bewusstsein eines Jugendlichen ein viel größerer Zeitraum als vergleichsweise bei einem Erwachsenen. Jugendliche in GU betonen immer wieder die Rolle des Zufalls. Sie wurden „erwischt", wo Freunde oder Bekannte, die ebenfalls straffällig geworden sind, frei herum laufen. Allein schon dieses Gefühl erfahrener Ungerechtigkeit lässt erahnen, dass jeder Anspruch auf Dauerwirkung einer GU-Maßnahme die Realität weitgehend verfehlt.

Sabine Pankofer musste feststellen, dass geschlossene Unterbringung sehr wenig erforscht ist. Laut einer Studie des Deutschen Jugendinstituts ist mit dem Begriff kein Konzept verbunden, letztlich versteht man darunter lediglich eine **bauliche Maßnahme**. Betroffen von GU sind vor allem männliche Jugendliche. Der Schlüssel sei das wichtigste Arbeitsinstrument in GU. In Deutschland gibt es ca. 150 Plätze in Einrichtungen der Jugendhilfe die unter das Konzept der GU fallen. (Verglichen mit der Bevölkerungszahl hätte demnach Luxemburg Anrecht auf einen halben Platz.) Die einzelnen Institutionen sind vernetzt. Konzepte richten sich nach aktuellen Standards, die jedoch immer mit Offenheit gekoppelt sind. (D.h. dass es die „totale" Geschlossenheit nirgends gibt. Belastend hingegen wirkt sich die „ständige" Präsenz" und Konfrontation auf Jugendliche und auf Betreuer aus.

Die Untersuchung, die Sabine Pankofer im geschlossenen Heim für Mädchen in Gauting bei München durchgeführt hat, ergab, dass die „Entweichquoten" in geschlossener Unterbringung gleich hoch sind wie in nicht geschlossener Unterbringung. Die Bereitstellung von Plätzen in der GU **erzeugt Bedarf!** Kinder in der GU werden weitgehend stigmatisiert. Andere Jugendliche bewundern sie mit einer Mischung aus Ehrfurcht und Angst. Gerüchte über die GU tragen auch dazu bei, das „Image" dieser Kinder zu zementieren.

Positiv an GU ist, dass in bestimmten Situationen der Druck der Strasse oder des Elternhauses abgeschwächt wird, die Rechte des Kindes werden weitgehend respektiert, was von Sabine Pankofer als ein perverser Effekt der GU bezeichnet wird. Negativ ist, dass das Einsperren als Strafe verstanden und erlebt wird, bei einem **Kostenpunkt von 14.000 DM im Monat**. (Die Angaben zu den Kosten für einen Platz in GU schwanken in Europa zwischen 250.000 und 500.000 Franken. Spitzenreiter ist anscheinend England, wo gerne behauptet wird, ein Platz in GU sei teurer als eine Suite im Ritz.)

GU hat aber auch Auswirkungen auf das Personal: Abgesehen von dem schon erwähnten Stress durch dauernde Überwachung und Konfrontation geraten die Erzieher aus der GU auch bei ihren Kollegen in Verruf. Ihnen wird nachgesagt, dass sie die Rechte der Kinder nicht respektieren. In der Schweiz weigerten sich Ausbildungsinstitutionen, Aufsichtspersonal in Fortbildungsveranstaltungen aufzunehmen.

Kinder in der GU leiden oft darunter, dass sie nicht wissen, wann die Maßnahmen zu Ende sind. Sabine Pankofer fordert daher mehr Transparenz und klare Aussagen über die Dauer des Freiheitsentzugs. Es fiel auf, dass Kinder in GU kein Anrecht auf Ferien, d.h. eine Unterbrechung der Maßnahme haben. Das ist im Sinne der Kinderrechtskonvention doch sehr bedenklich.

Ein weiteres Problem ist die **Nebelzone zwischen GU und Psychiatrie**. Sabine Pankofer spricht von einem „Verschiebemechanismus" von der GU hin zur Psychiatrie, der besonders bei Mädchen in Kraft tritt. Es besteht in der Regel keine Schwierigkeit, eine psychiatrische Diagnose zu erhalten, aber auch das ist anscheinend nicht einmal notwendig: In Brandenburg hat Petzold eine Rekonstruktion von 33 Fällen von GU angefertigt. Davon waren 32 in der Kinder- und Jugendpsychiatrie untergebracht und davon wiederum 31 ohne präzise Diagnose! Dies entspricht einer Fehlplazierungsrate von annähernd 100%!

Täter-Opfer-Ausgleich

Anlässlich des ersten Kongresses über Jugenddelinquenz im Dezember 1998 hier in Luxemburg wurden die Mediationstechniken vorgestellt, die, besonders im deutschsprachigen Ausland, bereits erfolgreich und in großem Maßstab angewendet werden. Auch in Luxemburg sind mit dem „Centre de Médiation" die Weichen richtig gestellt. Zu hoffen bleibt nur, dass dieses Zentrum den nötigen materiellen und personellen Ausbau erfährt, um seine Aktivitäten erfolgreich auf- und ausbauen zu können.

Schüler-Springorum bezeichnet sich als leidenschaftlicher Verfechter des TOA oder des „außergerichtlichen Tatausgleichs", wie er in Österreich genannt wird. Auch die „Children's Hearings" in Schottland verfolgen ähnliche Ziele: Der jugendliche Straftäter soll durch die Konfrontation mit dem Opfer etwas lernen. Er oder sie muss zunächst die große Hemmschwelle überwinden, die darin besteht, angesichts des Opfers seine Tat einzugestehen und sich dafür zu entschuldigen. Ein zweiter Lernprozess kann dadurch entstehen, dass der Jugendliche seine Tat wiedergutmachen soll, wenn das Opfer darauf besteht: Sei es in Form einer direkten Zuwendung an das Opfer, sei es durch gemeinnützige Arbeit.

Die Rolle der Medien

Josine Junger-Tas, Leiterin der Forschungsabteilung des Niederländischen Justizministeriums stellte in ihrem Beitrag fest, dass es in der Behandlung der Jugenddelinquenz durch die Gesellschaft im Allgemeinen und die Justiz im Besonderen „historische Zyklen" gibt. Mal schlägt das Pendel mehr zu der einen, mal wieder mehr zu der anderen Seite aus. In Einklang mit Schüler-Springorum stellt sie fest, dass zurzeit wieder stärker bestraft und eingesperrt wird. Jugendliche werden immer mehr wie Erwachsene bei Strafprozessen behandelt, haben aber keinen Anspruch auf „procedural rights". Die Straftat wird wichtiger als die Person, die sie begangen hat. Das war nicht immer so und die Sensationspresse hat viel dazu beigetragen, eine Atmosphäre der Angst und der Furcht vor Verbrechen zu schaffen. Da Politiker stark durch die Medien beeinflusst werden, wird in vielen europäischen Ländern eine härtere Gangart gefordert, obschon nachgewiesen werden kann, dass die Jugenddelinquenz, nach einem konstanten Ansteigen ab den 50er Jahren seit den 80er Jahren bemerkenswert stabil geblieben ist. Auch Prof. Friedrich Dünkel sagte aus, dass die Jugendkriminalität nicht dramatisch in den letzten Jahren gestiegen ist, wie viele Medien behaupten. Quelle von Missverständnissen ist immer wieder die undifferenzierte und missbräuchliche Verwendung von Polizeistatistiken. Der Leser erinnert sich sicher an die Kontroverse im letzten Wahlkampf hier in Luxemburg zwischen der Bürgermeisterin der Hauptstadt Lydie Polfer und dem damaligen Jugendminister Alex Bodry, der alle Mühe hatte, die Panikmache der Bürgermeisterin zu entschärfen.

Gemeinsame Europäische Handlungsansätze

Schüler-Springorum sieht die Zukunft in Europa in der verstärkten Förderung gemeindenaher Reaktionen auf Jugenddelinquenz, die einer beständigen Evaluation unterworfen sein sollte. Den Versuch, eine Angleichung „von oben" zu erreichen, bezeichnet er als schwierig. Bestehende Regelwerke wie die UN-Konvention über die Rechte des Kindes haben bis jetzt noch nicht vermocht, die Praxis in den einzelnen Ländern Europas zu vereinheitlichen. Prof. Friedrich Dünkel forderte in seinem Beitrag ein sinnvolles Modell restaurativer Justiz wie z.B. Familienkonferenzen, „child hearings" usw. Am Ende einer solchen Prozedur könnte durchaus eine Art von Kontrakt stehen, der jedoch nicht so recht ins Strafrecht passen will. Er plädiert sehr stark für die Erprobung neuer Umgangsformen mit Jugendkriminalität über Modellprojekte. Der Weg über neue Gesetze sei riskant und scheitere meistens dadurch, dass die nötigen Infrastrukturen zur Umsetzung der Gesetze noch nicht vorhanden seien.

Neue Probleme - alte Lösungen. Was ist dran an geschlossener Unterbringung?

EREV-Schriftenreihe 2/94, und: Argumente gegen geschlossene Unterbringung in Heimen der Jugendhilfe. IGfH, Frankfurt 1995.

Einleitung

Dieser Band dokumentiert eine Tagung, die unter dem Titel "Jugend-Hilfe - Jugend-Strafe" vom 30.11. bis 2.12.2000 als Kooperationstagung der Deutschen Vereinigung für Jugendgerichte und Jugendgerichtshilfen (DVJJ), der FICE-Europa, der FICE-Luxemburg und der Internationalen Gesellschaft für erzieherische Hilfen (FICE-Deutschland, IGfH) in Luxemburg stattgefunden hat.

Tagungsthema und Veranstalter weisen auf das Spannungsfeld hin, das Thema der Tagung war: Angesichts in den letzten Jahren insgesamt ansteigenden Kriminalitätszahlen bei jungen Menschen und veranlasst durch die Öffentlichkeit aufrührende Einzeltaten sind die Institutionen, die mit delinquenten Jugendlichen umgehen, unter Legitimationsdruck geraten. Europaweit müssen sich Jugendhilfe und Jugendgerichtsbarkeit fragen lassen, ob ihre Herangehensweisen (noch) adäquat sind. Ein deutlicher Trend tendiert in dieser Debatte zu mehr Härte, gefordert wird vor allem mehr Freiheitsentziehung durch die jeweils zuständigen Institutionen mittels schärferer Anwendung des bestehenden Gesetze oder mit Hilfe neuer gesetzlicher Regelungen. Nicht nur die Justiz, sondern auch die sich in vielen Ländern als rein helfende Akteurin verstehende Jugendhilfe gerät hierbei in den Blickpunkt des Interesses, wird wieder als Kontroll- oder Repressionsinstanz gefordert.

Bei der nationalen Suche nach praktischen Problemlösungen und nach Argumenten stößt man bald auf die je eigenen Grenzen der Denk- und Praxisgepflogenheiten - bestimmte Begriffe lösen ritualisierte Reaktionen aus, die an die Pawlowschen Hunde denken lassen, Strukturen werden als unabänderbar wahrgenommen. Der Blick über den nationalen Tellerrand hinweg kann daher, wie die in diesem Band versammelten Beiträge zeigen, zwar nicht Patentlösungen, die einfach kopiert werden können, sondern vor allem eines leisten: die Öffnung des Blickes für Herangehensweisen, die im jeweils eigenen System zunächst undenkbar erscheinen.

Die Beiträge dieses Bandes sind über die Internationalität hinaus sehr heterogen und von unterschiedlichem Zuschnitt: Aus verschiedenen Perspektiven, praktischer wie wissenschaftlicher, jugendhilfe- und jugendstrafrechtsorientierter wird der Frage des angemessenen Umgangs mit Jugenddelinquenz nachgegangen.

Einführend gibt Frieder Dünkel einen Rückblick auf die Debattengeschichte und deren kriminologische Grundlagen und zeigt verschiedene Spannungsfelder auf. So ist etwa beim Zusammenspiel spezieller jugendstrafrechtlicher, vor allem ambulanter, Sanktionen und freiheitsentziehender Maßnahmen unterschiedlich eingeschätzt und bewertet worden, inwieweit die Einführung neuer, milderer, pädagogisch ausgerichteter Reaktionsformen letztlich zu einem so genannten Net-Widening-Effekt führt, also der Ausweitung sozialer Kontrolle, statt der intendierten Zurückdrängung. Skizziert werden die Reformdebatten verschiedener europäischer Länder, die aktuellen Entwicklungen in Mittel- und Osteuropa, ein eigener Abschnitt ist dem Thema der Altersgrenzen für die Anwendung jugendstrafrechtlicher Maßnahmen gewidmet. Im Einzelnen stellt Frieder Dünkel deutliche Unterschiede, insgesamt aber durchaus übereinstimmende Entwicklungstendenzen fest und plädiert eindringlich gegen aktuelle Verschärfungstendenzen.

Josine Junger-Tas zeigt an zahlreichen Beispielen in einem umfangreichen historischen Abriss aus dem Bereich dessen, was wir heute als Jugendhilfe verstehen und dem Jugendstrafrecht auf, dass die Art und Weise wie eine Gesellschaft mit ihren Kindern und Jugendlichen umgeht, sehr wesentlich mit den jeweiligen philosophischen, moralischen und staatstheoretischen Grund-orientierungen zusammenhängt. Dass etwa im Umgang mit Delinquenz nach deren Ursachen gefragt wird, und diese wesentlich auch in den sozialen Umständen und Entwicklungsbedingungen gesehen werden, ist keineswegs selbstverständlich, sondern ein Produkt gewandelter Problemwahrnehmung, die natürlich auch eigene Lösungsansätzen nahe legt. Auch das Verhältnis von Jugendhilfe und Jugendstrafe zueinander hat sich im Lauf der Zeit verändert und wird in unterschiedlichen Ländern und Rechtskulturen nach wie vor unterschiedlich akzentuiert. Für die Gegenwart stellt Josine Junger-Tas eine Tendenz zu mehr Repression in allen westlichen Ländern fest, die sich vielfach in entsprechenden Gesetzesänderungen niedergeschlagen hat und von der Autorin vor allem mit Veränderungen in der wirtschaftlichen, technologischen und sozialen Entwicklung westlicher Gesellschaften in Zusammenhang gebracht wird.

Sabine Pankofer problematisiert am Beispiel der so genannten „geschlossenen Unterbringung" in Einrichtungen der Jugendhilfe in Deutschland, das Thema Zwangserziehung im Sinne von Erziehung unter Freiheitsentziehung - in Deutschland Gegenstand einer aufgeregten Debatte. Sabine Pankofer warnt vor allem vor den Abschiebeeffekten aus dem nicht geschlossenen Bereich der Jugendhilfe in den geschlossenen und ist skeptisch in Bezug auf die gesellschaftlichen, vor allem ordnungspolitischen Erwartungen, die mit derartigen Einrichtungen geschürt und nur vermeintlich befriedigt werden. Gleichzeitig macht sie an einem Beispiel deutlich, dass - bei aller Skepsis - eine geschlossene Unterbringung nicht in jedem Einzelfall schlecht und schädlich sein muss. Geschlossene Unterbringung zeige vor allem aber die Probleme, die Jugendhilfe damit hat, Verbindlichkeit und Beständigkeit gegenüber den jungen Menschen zu vermitteln und nützt den betroffenen Kindern und Jugendlichen wohl weniger, als der Politik und dem System Jugendhilfe, die auf diese Weise Aktivität nachweisen und sich von den schwierigsten jungen Menschen entlasten können.

John Graham stellt die seit dem Regierungswechsel 1997 in England und Wales erfolgten Reformen der (Jugend)Kriminalpolitik vor, die vor allem im Jugendstrafrecht und angrenzenden Gebieten zu wesentlichen Änderungen geführt haben unter verschiedenen, inzwischen auch in einigen anderen

.

Ländern aufgegriffenen, Schlagworten eine klare Focusveränderung anstreben. So soll „Verantwortungsübernahme" die Abkehr von der Idee der Rechtfertigung von Delinquenz durch ungünstige Lebensumstände kennzeichnen, „restaurative Elemente" gleichzeitig Wiedergutmachung und Wiedereingliederung in die Gemeinschaft ermöglichen und ‚Frühintervention' die Strategie der Zurückhaltung bei ersten Auffälligkeiten ablösen. Mehrere im Einzelnen beschriebene neue Regelungen sind eingeführt und ihre Implementation begleitet worden - mit durchaus unterschiedlichen Ergebnissen. Insgesamt betont John Graham den „neuen Pragmatismus" im Umgang mit Jugenddelinquenz, der möglichst wissenschaftlich fundiert und begleitet zu effektiverer und effizienterer Problemlösung beitragen soll. Hierbei werden einige bis vor wenigen Jahren als grundlegend betrachtete Prinzipien wie das der minimalen Intervention grundlegend in Frage gestellt und durch einen neuen Glauben an frühe, funktionierende Intervention ersetzt.

Andrew Hosie beschreibt das schottische System, das eine recht enge Verquickung von Jugendhilfe und Jugendstrafrechtssystem aufweist. Aus der Perspektive von Systemen, in denen die weit gehende Trennung die gewohnte Form ist, klingt z.B. ungewohnt, wenn Andrew Hosie deutlich macht, dass Strafe kein gebräuchlicher Begriff ist für Reaktionsformen wie die ‚secure care', die freiheitsentziehend ist und für deren Anordnung die Schwere eines verübten Deliktes ein bedeutsamer Gesichtspunkt ist. Ähnlich wie England und Wales, orientiert sich Schottland an Sachverständigengutachten und Evaluationen, die zu mehr Effektivität und Kostenbewusstsein beitragen sollen; so wurden etwa auf der Grundlage solcher Ergebnisse Standards für die Sozialarbeit im Strafjustizsystem aufgestellt und zwei im Einzelnen beschriebene Programme entwickelt, die Erkenntnisse über die Wichtigkeit von durchgehender Betreuung und Nachbetreuung nach Unterbringung umsetzen sollen.

Die Eingebundenheit des Umgangs mit Jugenddelinquenz in allgemeinere politische und gesellschaftliche Entwicklungen wird in der Darstellung der polnischen Situation von Jaroslaw Utrat-Milecki besonders deutlich. Auffallend ist vor allem die Tatsache, dass Grundlage einer Intervention sowohl Straftaten, wie eine so genannte Demoralisierung sein können und das entsprechende gerichtliche Verfahren vor dem Familiengericht nach im wesentlichen zivilprozessualen Grundsätzen erfolgt, jedenfalls dann, wenn nur erzieherische Maßnahmen anzuordnen sind. Jaroslaw Utrat-Milecki beschreibt die quantitative Entwicklung der Jugendkriminalität sowie die Hauptlinien der Reformdiskussion in Polen und betont die Ausrichtung der Reformbestrebungen an Hilfe statt Strafe.

Belgien verfügt, wie der Beitrag von Pascal Iacono zeigt, über ein besonders ausdifferenziertes System der Jugendhilfe, das sich über die letzten Jahrhunderte von einer Logik des abschirmenden Schutzes in zentralisierten Großgruppen, über eine Zieldefinition der Besserung zu einer Orientierung an umfassendem Schutz der jungen Menschen in ihrer jeweiligen Umwelt entwickelt hat. Pascal Iacono beschreibt die Vielfalt der Interventionsmöglichkeiten einschließlich geschlossener Unterbringung, die entsprechenden Verfahren sowie die neuesten Reformen, mit denen unter anderem eine bessere Zielgruppendefinition und Evaluation erreicht werden sollen.

Eine spezielle justizielle Maßnahme Form wird von Hans Valentin Schroll ausführlich vorgestellt: der Außergerichtliche Tatausgleich, in dem Österreich ohne Zweifel eine Vorreiterrolle spielt. Gerade im Zuge der Debatte um eine Neuorientierung des (Jugend) Strafrechts an Verantwortungsübernahme und restaurativer Justiz, wie sie in einigen Ländern geführt wird, mag folgende Formulierung von Hans Valentin Schroll des zentralen Anliegens des Außergerichtlichen Tatausgleichs bedeutsam sein: ‚die Wiederherstellung des Rechtsfriedens mit dem vorrangigen Ziel, beim Verdächtigen die Einsicht in das Unrecht der ihm unterstellten Tat und damit spezialpräventiv wirksam ein künftig geändertes Verhalten zu fördern'.

Horst Schüler-Springorum zieht in seiner zusammenfassenden Betrachtung einen inhaltlichen Querschnitt durch die Beiträge und zeigt an den Begriffen „Unterbringung" und „Delinquenz" auf, wie schwierig schon auf der begrifflichen Ebene ein Systemvergleich ist. Am Beispiel der Altersgrenzen für die Anwendbarkeit des Jugendstrafrechts macht er deutlich, dass Vereinheitlichungsbemühungen aufgrund tief verwurzelter Traditionen an Grenzen stoßen müssen, man gleichwohl auch international eine gemeinsame Linie feststellen kann. Diese gemeinsame Linie betrifft, wie Horst Schüler-Springorum aufzeigt, verschiedenste Einzelthemen, vor allem aber die kriminalpolitische Wende im Sinne erstarkender Sicherheits- und Repressionsorientierung, die in den letzten Jahren international zu beobachten ist und bei der die Lebenslagen der betroffenen jungen Menschen aus dem Blickfeld zu geraten drohen. Er appelliert daher ausblickend eindringlich an Jugendhilfe und Jugendjustiz - und zwar beide! - als einzige Anwälte ihrer eigenen Klientel.

Die rund 100 Teilnehmenden aus 11 europäischen Ländern, vornehmlich Angehörige der einschlägigen Berufsgruppen bzw. Disziplinen wie Polizei, Jugendjustiz, Sozialpädagogik, Kriminologie und Erziehungswissenschaften tendierten insgesamt eindeutig gegen den Weg des "Mehr Repression wagen", weil sowohl die (sozial)pädagogischen wie die kriminologischen Erkenntnisse eher gegen den Nutzen und die Wirksamkeit einer solchen Strategie sprechen. Bezüglich dessen, was als unangemessen repressiv oder aber pragmatisch problemlösungsorientiert wahrgenommen wird, existieren aber durchaus Akzentunterschiede. Das liegt nicht zuletzt daran, dass bestimmte Tendenzen, z.B. die Idee der "restorative justice" insofern ambivalent ist, als dass damit eine teilweise Abkehr von einer rein täterorientierten Jugendjustiz (wieder) hin zu mehr Tatorientierung verbunden ist, die jedenfalls dann, wenn man den blaming-Aspekt stark macht, auch in schlechte Pädagogik und menschenverachtende Praxen umschlagen kann. Wie so oft liegt der Teufel eben im Detail - sowohl der Theorie wie der Praxis.

In Luxemburg ist daher einmal mehr deutlich geworden, dass es immer wichtiger wird, gerade auch auf Fachebene den europäischen Austausch zu suchen, um die international kursierenden Schlagworte und Tendenzen, aber auch die eigene Praxis kritisch zu hinterfragen und mit dem so gewonnenen Wissen den politischen Diskurs mitzugestalten.

Erfurt, Hannover, Esch-sur-Alzette, Tübingen, im Dezember 2001

Theresia Höynk, Robert Soisson, Wolfgang Trede, Hans-Dieter Will

Über die Umsetzung der Kinderrechtskonvention in Luxemburg

Bemerkungen zu einem Seminar des Familienministeriums am 20. November 2002 im SOS-Kinderdorf in Mersch.

Am 20. November 1989 wurde in New York die Internationale Konvention der Vereinten Nationen über die Rechte des Kindes von der Generalversammlung verabschiedet. Zu diesem Anlass hatte das Familienministerium zu einem Seminar nach Mersch eingeladen mit der Absicht, die Meinung von den Leuten zu hören, die im Bereich der Kinder- und Jugendarbeit tätig sind. Die Familienministerin, Marie-Josée Jacobs konnte den ca. 50 Teilnehmern ankündigen, dass das Parlament das Gesetz über das „Ombudskomitee" gestimmt und ihr Ministerium ein solches Komitee unter Vorsitz von Marie Anne Rodesch-Hengesch zusammengesetzt hat.

Als Referenten und Teilnehmer eines Rundtischgesprächs waren eingeladen (in der Reihenfolge ihres Auftretens): Ginette Krier, Lehrerin als Vertreterin der drei Scoutverbände, René Schlechter vom Kinder und Jugendtelefon, Valérie Dupong von der a.s.b.l. „Protection des Droits de l'Enfant", Jo Trojan als Direktor des Wiltzer Lyzeums, Patrice Moes-Gretsch, Erzieherin beim Familienministerium, Patrick Theisen, Kinderarzt aus Esch-sur-Alzette, Sylvio Sagramola von Info-Handicap, Sophie Morang vom Radio 100,7, Alex Reuter, Professor am Lycée Hubert Clement in Esch-sur-Alzette, Denis Scuto, Professor für Geschichte und Gilbert Pregno von der Fondation Kannerschlass. Das Seminar wurde geleitet von Armand Wagner vom Familienministerium.

Ziel des Seminars war es laut Mill Majerus in seiner kurzen Ansprache, Impulse für die Umsetzung der Kinderrechtskonvention für die nächsten Jahre zu erhalten. Ich dachte zunächst, dass es eine art schriftlichern Bericht über dieses Seminar geben würde, aber als ich vor einigen Monaten nachfragte, wurde dies verneint. Was schade ist, denn immerhin wurden einige interessante Aussagen gemacht. Deshalb habe ich mich entschlossen, meine schriftlichen Unterlagen auszuwerten und diesen Bericht zu schreiben, damit –außer einem kurzen Artikel im „Luxemburger Wort" wenigstens ein zweites schriftliches Zeugnis für die weitere Diskussion zur Verfügung steht.

Dies scheint mir umso wichtiger, als es im Moment keine Hinweise darüber gibt, was in Sachen Umsetzung der Konvention in den nächsten Jahren geschehen wird. Das Ministerium hat es bis jetzt nicht geschafft, einen Zeitplan mit konkreten Zielsetzungen zu erarbeiten. Sinnvoll in diesem Zusammenhang wäre ein Fünfjahresplan, der zeitlich mit den Berichtsperioden der Regierung vor dem Internationalen Kinderrechtskomitee in Genf übereinstimmt. Auch sonst ist das Ministerium nicht weiter bemüht, seine Verpflichtungen einzuhalten: Auf dem Weltkindergipfel in New York engagierten sich die Teilnehmerstaaten, innerhalb eines Jahres ein nationale und regionale Aktionspläne vorzulegen, die einige zeitlich gebundene und messbaren Ziele unter Mitarbeit von NGOs und Kindern festlegen sollten. Die Bilanz ist ernüchternd: Nach einem Jahr haben nur einige Länder (26) einen solchen Plan vorgelegt, die meisten haben angekündigt, sie würden es demnächst tun oder haben bestehende Aktionspläne angepasst (97) und die übrigen Länder (darunter Luxemburg) haben überhaupt nicht reagiert.[62] Anders in Deutschland. Neben einer guten Vorbereitung auf den Weltkindergipfel haben die Kinder, die daran teilgenommen hatten mit ihren Begleitpersonen und rund 100 anderen Kindern im Juni 2002 ein Nachbereitungstreffen, das veröffentlicht wurde und dessen Resultate am 18. Juni dem Bundeskanzler Gerhard Schröder persönlich übergeben wurden.

Doch zurück zum Seminar: Ich will hier nicht die Beiträge der einzelnen Referenten wiedergeben. Das wäre schwierig da es keine schriftlichen Unterlagen oder Tonbandmitschnitte gab. Deshalb möchte ich die Themen, die von den verschiedenen Referenten angesprochen wurden - stichwortartig - herausgreifen und kommentieren. Ich habe sie nach 8 Themenbereichen gegliedert um ein bisschen Ordnung zu schaffen. Diese Aufgliederung und

---

[62] The UN Special Session on Children: A First Anniversary Report on Follow-up ; Global Movement for Children, www.gmfc.org

die Zuordnung der einzelnen Beiträge erheben jedoch keinen Anspruch auf Vollständigkeit oder wissenschaftliche Stringenz.

Persönlich war ich nicht zufrieden mit der Art und Weise, wie das Seminar organisiert war. Die Absicht war ohne Zweifel lobenswert aber die Zielsetzung bleibt bis heute unklar. Nachdem die 11 ausgelesenen Redner und ihre Beiträge vorgetragen hatten war die festgelegte Zeit schon überschritten und es blieb keine Gelegenheit mehr für eine Diskussion, weder unter den Teilnehmern des Rundtischgesprächs, noch mit dem „Publikum". Kinder und Jugendliche waren zu dem Seminar nicht eingeladen. Auf dem New Yorker Gipfel wurde aber ausdrücklich darauf gepocht, Kinder in den Nachbereitungsprozess einzubeziehen[63].

Wer behauptet, in Sachen Kinderrechte sei in Luxemburg alles in Ordnung wird im Folgenden eines Besseren belehrt. Die Stichwörter, die unten angeführt sind wurden durchaus in dem Sinne geäußert, dass es in dem betreffenden Bereich Defizite gibt oder offene, ungeklärte Fragen.

1) Kinderpolitik

Partizipation, Mitspracherecht, Verantwortlichkeit

Laut des IKRK[64] sollen Kinder in allen Bereichen, die sie betreffen, angehört und an Entscheidungen beteiligt werden. Sie haben das Recht auf freie Meinungsäußerung, Gewissens- und Religionsfreiheit und Versammlungsfreiheit. Nicht nur in Luxemburg sind diese Rechte jedoch auch nicht nur annähernd umgesetzt. In meinen Augen ist dies eine absolute Priorität. Wie soll man Kinder zu verantwortlichen Bürgern erziehen, wenn man ihnen jegliches Mitspracherecht verweigert?

Kinderministerium

---

[63] Siehe dazu die Stellungnahme der Arbeitsgemeinschaft für Jugendhilfe und der National Coalition zur Beteiligung von Kindern und Jugendlichen an nationalen und internationalen Konferenzen und Tagungen. Veröffentlicht vom Vorstand der AGJ am 25/26. Juni 2002 in Berlin.

[64] Abkürzung für „Internatonale Konvention über die Rechte des Kindes".

Die Vermischung von Familien- und Kinderpolitik führt dazu, dass Kinderrechte und ihre Umsetzung vor allem als ein Problem der Eltern wahrgenommen werden. Hier hat das Kinderschutzparadigma Primat vor dem Kinderrechtsparadigma. Dies führt zu einer paternalistischen Sichtweise, die betont, dass Kinder vor allem Pflichten haben. Ferner führt sie zu einer pauschalen Verurteilung inadäquaten Elternverhaltens im Esprit mittelschichtorientierter Erziehungsvorstellungen, die im Zuge der wachsenden Verarmung breiter Bevölkerungsschichten (working poor) und dem Zwang zur Erwerbstätigkeit beider Elternteile nur so von Überheblichkeit und Besserwisserei strotzen. Eine Alternative dazu ist das von dem französischen Sozialpädiater Michel Manciaux entwickelte Konzept der „bientraitance", welches den Umgang mit „Problemfamilien" von Fachleuten aus der Kinder- und Jugendhilfe im gegenseitigen Respekt zu lösen versucht[65].

Ein eigenständiges Kinder- und Jugendministerium würde sicher dazu beitragen, die Umsetzung der Kinderrechtskonvention ohne den „Ballast" der Familienpolitik voranzutreiben.

Unterstützung der ehrenamtlichen Arbeit

Gefordert wurde eine bessere Unterstützung der ehrenamtlichen Arbeit und mehr Respekt und Wertschätzung uneigennützigen Engagements.

Prioritäten setzen

Es wurde bedauert, dass das Familienministerium keine Prioritäten in Sachen Umsetzung der Kinderrechtskonvention setzt. Ich habe dies eingangs erwähnt. Solange es keinen Zeitplan und keine konkreten Zielsetzungen gibt bewegt sich Kinderpolitik in einem politischen Vakuum, in dem jeder machen kann was er will und niemand zur Rechenschaft gezogen werden kann.

Neue Konzepte entwickeln

---

[65] Marceline GABEL, Frédéric Jésu, Michel Manciaux: Bientraitances, mieux traiter familles et professionnels, Fleurus, Paris 2000

Die Notwendigkeit, neue Konzepte und innovative Projekte im Bereich Kinderpolitik zu entwickeln wurde hervorgehoben. Gerade in diesem Bereich, der ein weißer Fleck auf der politischen Landkarte darstellt, dürfte es nicht schwer fallen, neue Wege einzuschlagen. An Ideen fehlt es nicht, wenn man sich im Ausland umsieht.

Anwendbarkeit der Kinderrechtskonvention

Eine der großen Fragen in jedem Land ist die, wie die Internationale Konvention über die Rechte des Kindes in nationales Recht umgesetzt werden kann. Es gibt zu diesem komplexen Thema bereits eine Menge Jurisprudenz in den verschiedenen Ländern. Um sich Klarheit zu verschaffen hatte die deutsche „National Coalition" einen Professor für internationales Recht der Universität Mainz beauftragt, ein Rechtsgutachten zu erstellen. Das Ergebnis wurde letztes Jahr in Köln vorgestellt. Dabei stellte sich heraus, dass die Rechte, die in der Konvention festgelegt sind wohl nicht individuell einklagbar sind, dass aber die Vertragsstaaten die Verpflichtung haben, den Ermessensspielraum, den sie bei der Schaffung neuer und der Revision alter Gesetze haben, nutzen müssen, um diese Gesetze im Sinne des Kindeswohls (intérêt supérieur de l'enfant) zu gestalten. Geschieht dies nicht, besteht durchaus die Möglichkeit, gegen den Staat zu klagen. Als Beispiel wurden Urbanisierungsprojekte genannt, in denen die Bedürfnisse der Kinder nicht oder nur ungenügend berücksichtigt wurden. Auch in Luxemburg wäre ein solches Rechtsgutachten unbedingt notwendig um Klarheit in dieser Frage zu schaffen.

Bessere Nutzung der neuen Informations- und Kommunikationstechniken

Abgesehen von dem Problem, dass der Zugang zu den Neuen Medien noch nicht für alle Kinder gleich ist und dass wir im Gegenteil auch hier auf eine Art Zweiklassengesellschaft hinsteuern, müssten die neuen Informations- und Kommunikationstechniken benutzt werden, um Kinder besser über ihre Rechte und Pflichten aufzuklären. Es gibt in Luxemburg meines Wissens nach keine Webseite, auf der die Kinderrechtskonvention didaktisch gut aufbereitet für verschieden Altersgruppen präsentiert wird, von interaktiven Seiten ganz zu schweigen (Diskussionsforen, Meckerecken, usw.)

Zugänglichkeit von öffentlichen Gebäuden für körperbehinderte Kinder

Obschon es seit längerer Zeit eindeutige Richtlinien über die Zugänglichkeit von öffentlichen Gebäuden für behinderte Personen gibt, werden diese anscheinend immer noch nicht in jedem Fall umgesetzt. Was wiederum zeigt, dass es nicht nützt, gute Gesetze zu haben, wenn diese nicht respektiert werden.

Modelle im Ausland als Vorbilder nehmen

Da sich in vielen Ländern erheblich mehr tut in Sachen Umsetzung der Kinderrechtskonvention als in Luxemburg liegt es natürlich auf der Hand, sich an innovativen Projekten im Ausland zu inspirieren und diese auch hier umzusetzen. Besonders im Bereich der Beteiligung der Kinder an der Gestaltung ihrer Lebensräume könnten wir viel dazulernen. Gelegentlich werden derartige Projekte in Luxemburg vorgestellt, es findet sich aber selten ein Träger, der versucht, ähnliche Projekte hier zu finanzieren und durchzuführen.

Anonyme Geburt

Frankreich und Luxemburg sind die einzigen Länder auf der Welt, die das System der anonymen Geburt vor vielen Jahren einführten. Das System ist unvereinbar mit der IKRK und deshalb formulierte der Luxemburger Staat eine Reserve. Der Europäische Gerichtshof hat kürzlich die Klage einer Französin zurückgewiesen, die ihre Abstammung erfahren wollte. In Deutschland haben sich Organisationen wie der Kinderschutzbund[66] und Terre des Hommes gegen die Anonyme Geburt ausgesprochen. Auch in Luxemburg sollte dieses Thema wieder aufgegriffen werden und es sollte versucht werden, zumindest eine Möglichkeit zu schaffen, später als Betroffener dennoch an diese Informationen heranzukommen. Übrigens war

---

[66] Stellungnahme des Deutschen Kinderschutzbundes zur Einrichtung von Babyklappen und zur Anonymen Geburt, Hannover, 25. November 2002

dies der Inhalt der 4. Motion, welche die Abgeordnetenkammer im Anschluss an die Ratifizierung des IKRK stimmte.

Globalisierung

Die Auswirkungen der Globalisierung auf die Kinder werden immer offensichtlicher. Dadurch, dass ihre Eltern wie Schachfiguren auf dem Brett der Weltwirtschaft hin und her geschoben werden, verlieren die Kinder ihre vertraute Umgebung, ihr familiäres Umfeld, ihre Freunde und Bekannten. In ihrer neuen Heimat werden sie oft mit feindseligen Gefühlen empfangen, sprachliche und kulturelle Barrieren verhindern eine normale soziale und berufliche Entwicklung. Innerhalb der Europäischen Union ist dies schon ein großes Problem, aber die Situation von Einwanderern aus nichteuropäischen Ländern ist noch viel dramatischer. Rechtsradikale Politiker, wie jüngst in Italien, würden am liebsten die Schiffe mit illegalen Einwanderern versenken. Nicht umsonst versuchten europäische Kinderrechtsorganisationen wie EURONET und EFCW einen Hinweis auf die IKRK in die europäischen Verträge von Maastricht und Amsterdam einzubringen, vergeblich. Der Durchbruch gelang bei der europäischen Verfassung (dem Konvent), aber deren Schicksal ist noch ungewiss.

Konsum, Werbung

Kinder werden immer mehr als Konsumenten wahrgenommen und entsprechend umworben und manipuliert. Besonders in den skandinavischen Ländern wächst der Widerstand gegen die wild gewordene Werbeindustrie, die keine Tabus mehr kennt, wenn es darum geht, ihre Produkte bei Kindern abzusetzen. Aufklärungskampagnen, die nicht einmal über ein Hundertstel des Budgets der Werbeindustrie verfügen greifen ein in einen Kampf, der von vornherein verloren ist. Konsumrausch, unkritisches Konsumverhalten, schlechte Ess- und Trinkgewohnheiten und deren weltweite Nivellierung, Unzufriedenheit und Neid bei den armen Kindern sind nur einige der Konsequenzen dieser gigantischen Manipulation. Eine rezente Initiative der Schwedischen Regierung, hier Grenzen zu setzen wurde von der Luxemburger Regierung nicht unterstützt.

Umsetzung politischer Entscheidungen

Wie schon erwähnt müssen Gesetze respektiert und angewandt werden. Aber auch politische Entscheidungen, wie die vier Motionen, welche die Abgeordnetenkammer im Anschluss an die Ratifizierung der IKRK gestimmt hatte sollten umgesetzt werden. Das war bis jetzt nur bei zweien der Fall. Die wichtige Frage des Art. 11 des Jugendgesetzes – oder überhaupt der Frage eines neuen Kinder- und Jugendhilfegesetzes – ist noch immer nicht geklärt. Daneben gibt es aber noch zahlreiche Fälle, in denen Wahlversprechen oder gar Gesetze nur zögerlich oder überhaupt nicht umgesetzt werden.

Verbot der körperlichen Strafen

Das Verbot von körperlichen Strafen wird seit langem von verschiedenen Organisationen in Luxemburg gefordert. In den Schulen ist es seit 1845 verboten Kinder zu schlagen, aber es passiert immer wieder und neulich schämte sich ein pensionierter Lehrer nicht einmal, in einem Leserbrief im „Luxemburger Wort" öffentlich die Wiedereinführung der Prügelstrafe zu fordern. Eine Unfrage der Fondation Kannerschlass ergab vor mehreren Jahren, dass immer noch viele Eltern die Prügelstrafe als normal empfinden und sie auch anwenden. In Schweden und Deutschland gibt es mittlerweile Gesetze, die das Schlagen von Kindern auch durch ihre Erziehungsberechtigten untersagen. Was verhindert, dass auch in Luxemburg ein solches Gesetz gestimmt wird?

2) Schule

Aus- und Weiterbildung der Professionellen aus dem Bereich Kinder- und Jugendarbeit in Sachen Kinderrechten

Diese Forderung wird immer wieder erhoben obschon es meiner Meinung nach zu den elementaren Pflichten aller im Bereich der Schule sowie der Kinder- und Jugendhilfe Beschäftigten gehört, sich über die Rechte der Kinder zu informieren. Aber weder in der Ausbildung noch in den spärlichen Fortbildungsangeboten von ISERP und IEES gibt es eine Ausbildung in

Sachen Kinderrechte. Im Ad-hoc Komitee für Kinderrechte[67] lag nach mehreren Treffen einer eigens dafür eingesetzten Arbeitsgruppe ein Konzept für ein Trainingsmodul über Kinderrechte vor. Die Idee wurde jedoch nie in die Praxis umgesetzt.

Chancengleichheit für ausländische Schulkinder, muttersprachlicher Unterricht

Seit über dreißig Jahren heben wir hierzulande einen hohen Prozentsatz ausländischer Kinder in unseren Schulen. Vor 25 Jahren fand auf Kirchberg ein Symposium, organisiert von der UNESCO-Kommission und der ASTI statt. Hier wurde festgestellt, dass Kinder in ihrer Muttersprache alphabetisiert werden sollen und auf dieser Grundlage eine Zweit- oder Drittsprache erlernen sollen. Diese Vorschläge wurden von den verschiedenen Unterrichtsministern seither ignoriert, wahrscheinlich weil die Realisierung dieses Konzepts die Einstellung ausländischer Lehrer bedingt hätte. Das Resultat ist bekannt: die ausländischen Kinder sind nach wie vor in unserem Schulsystem stark benachteiligt und haben kaum die Chance, eine ihren Fähigkeiten entsprechende Berufsausbildung zu absolvieren. Der forcierte Unterricht in der luxemburgischen Sprache in der Vorschule basiert auf der irrigen Auffassung, dass dies ausreiche, um eine solide Basis für das Erlernen der deutschen Schriftsprache herzustellen. Eine andere Illusion ist die eines „Melting pots" der Kulturen in unserem Lande. Aber jeder weiß, dass das oft beschworene „Miteinander" eher ein „Nebeneinander" ist und die ausländischen Kinder Luxemburgisch und Deutsch praktisch nur in der Schule sprechen. Nicht umsonst wurde auf der Tagung von strukturellem Rassismus gesprochen.

Integration von behinderten und kranken Kindern

Die Art und Weise, wie unsere Schule funktioniert, verhindert die Integration von Kindern mir Behinderungen. Obschon wir ein Gesetz haben, welche den

---

[67] Dieses Komitee wurde von der Familienministerin ins Leben gerufen um in Erwartung eines Gesetzes über das „Ombuds-Komitee". Anfänglich funktionierte es relativ regelmäßig, aber in den letzten 4-5 Jahren fanden fast keine Sitzungen mehr statt. Das Komitee wurde auch nicht offiziell aufgelöst nachdem das Ombuds-Komitee gebildet wurde.

Eltern das Recht gibt, ihre Kinder in den normalen Schulbetrieb zu integrieren, machen zahlreiche strukturelle Probleme und der manifeste Widerstand der meisten Lehrer und Inspektoren gegen den Integrationsgedanken den Versuch, ein behindertes Kind am normalen Unterricht teilnehmen zu lassen zu einem Spießrutenlauf für dessen Eltern, die in der Regel nach einigen Jahren resigniert das Handtuch werfen. Anstatt die „Éducation Différenciée" in den normalen Schulbetrieb zu integrieren und die Fachleute der Ediff als Integrationsexperten einzusetzen, wird dieser Zweig des Unterrichtsministeriums beständig ausgebaut. Die Erklärung von Salamanca (UNESCO, 1994) ein ausgezeichnetes Dokument, welches einen Aktionsplan für die Auflösung von Sonderschulen enthält, wird von unserem Ministerium überhaupt nicht zur Kenntnis genommen.

Erziehung zum verantwortungsvollen und mündigen Bürger (éducation à la citoyenneté), keine Menschenrechtsausbildung

Es wurde bemängelt, dass es in unseren Schulen keine ernstzunehmende Menschenrechtsausbildung gibt. Meiner Meinung nach können Menschen- und Kinderrechte nicht wie ein normales Schulfach „gelehrt" werden sondern sie müssen im Alltag erlernt werden. D.h., die Partizipation der Kinder in allen Lebensbereichen und besonders in der Schule, muss ermöglichet werden um Lernprozesse anzukurbeln, und dies so früh wie möglich. Kinder sind durchaus bereit Verantwortung zu übernehmen, wenn man sie lässt. « Comment voulez-vous apprendre la citoyenneté dans un endroit où elle ne se pratique pas? » " hatte der französische Pädagoge Philippe Mérieu auf dem Jubiläumskongress der FICE 1998 in Paris gefragt. Das Problem besteht nicht nur in Luxemburg!

Reform der Schülerkomitees, Klassendelegierten, Conseils d'Education

Dies ist eine direkte Konsequenz aus dem was im vorherigen Abschnitt gesagt wurde. In diesem Bereich dürfen der Phantasie und der Innovation keine Grenzen gesetzt werden. Es hilft nämlich nichts, formaldemokratische Strukturen zu schaffen, und Kinder die politischen Spielchen der Erwachsenen nachäffen zu lassen. Bestenfalls führt dies zur Herausbildung einer Politikerkaste unter Schülern, zusammengesetzt aus den Kindern wohlhabender Bürger. Im Ausland gibt es vielfältige Formen von Beteiligungsstrukturen für Kinder aller Altersstufen und in den verschiedensten Zusammenhängen. Hier braucht das Rad wirklich nicht mehr erfunden zu werden aber die finanzielle und politische Unterstützung durch die Erwachsenenwelt muss funktionieren.

Information und Ausbildung der Schüler in Sachen Kinderrechte

Wie vorhin bereits erwähnt besteht ein Konzept für ein Trainingsmodul in Sachen Kinderrechte, das für sechs Zielgruppen entwickelt wurde: Kleinkinder, Primärschüler, Jugendliche und junge Erwachsene, Eltern, politische Entscheidungsträger und Lehrer oder andere Personen, die im Bereich der Kinder- und Jugendhilfe arbeiten. Information in Form von Plakaten, Broschüren und wissenschaftlichen Texten gehört zur Ausbildung dieser Zielgruppen. Das Familienministerium hat wohl verschiedene Initiativen in diesem Bereich unternommen, aber es steht kein Konzept dahinter. Die Publikationen, die bisher veröffentlicht wurden sind oft das Produkt von Zufällen oder Nebenprodukte anderer Aktivitäten, wie z.B. das internationale Jahr der Familie. Das Budget für die „Promotion des Droits de l'Enfant" beim Familienministerium ist lächerlich gering und wenn etwas publiziert wird, dann muss das Geld auf Umwegen aufgetrieben werden. Auch das Ombuds-Komitee hat praktisch kein Budget für Veröffentlichungen, obwohl die Information über die IKRK zu seinen Hauptaufgaben gehört.

Mitgestaltung des Lebensraums Schule

Hier ist ein ideales Terrain, um Kinder an Entscheidungen teilnehmen zu lassen und sie dazu zu bringen, selber Initiativen zu ergreifen. Die Konferenz von Professor Mauer in Walferdange vor einigen Jahren war ein ausgezeichnetes Beispiel für derartige Initiativen. Ich kenne persönlich kein Beispiel, wo in Luxemburg ähnliche Projekte durchgeführt wurden. Auch wenn engagierte Lehrer ihre Schüler dazu bewegen konnten, Schulhof- oder Schulgebäudekonzepte zu entwickeln, wurden diese jedoch kaum beim Bau berücksichtigt.

Psychosomatische Krankheiten als Reaktionen auf Schulstress

Anscheinend stellen Mediziner eine Zunahme von psychosomatischen Reaktionen der Kinder auf die Belastungen des Schulalltags fest. Die rezente Studie über das Wohlbefinden der Luxemburger Jugend vom Gesundheitsministerium unterstreicht dies. Beide Befunde belegen auch die epidemiologischen Untersuchungen über Symptombelastung von Grundschulkindern, z.b. die von Thalmann[68], nach dem rund ein Drittel der Grundschüler in Deutschland mäßig bis schwer verhaltensgestört sind, resp. waren, wenn man bedenkt, dass die Studie 30 Jahre alt ist. Die Situation hat sich jedoch, wenn man den Lehrern glaubt, nicht verbessert, im Gegenteil. Das Unterrichtsministerium sucht jedoch weiter nach den Ursachen für diese Zustände bei den unfähigen Eltern.

Inclusion

Dieser Begriff wurde auch erwähnt, und das hat mich gefreut, denn es ist ein Schlüsselkonzept für die Erziehung von behinderten Kindern. Am Beispiel Schule: Der Begriff „Integration" bedeutet, dass das Kind sich dem System, in das es integriert werden soll anpassen muss. Wenn das Kind nicht in dieses System passt, dann hatte es eben Pech und wird in die Sonderschule eingewiesen. „Inclusion" bedeutet, dass das System sich dem Kind anpassen soll und nicht umgekehrt. Würde unsere Schule nach diesem Prinzip funktionieren, dann würden alle Kinder mit „special needs" auf ihre Kosten kommen, aber das scheint hierzulande nicht erwünscht.

Medienerziehung

Medienerziehung ist ein wichtiges Thema, da Kinder den Medien schutzlos und in hohem Masse ausgeliefert sind. Ich habe dazu einen längeren Artikel in „Forum" verfasst, der auch in diesem Bulletin veröffentlicht wird. Hier ist vor allem wiederum das Erziehungsministerium gefordert, das es einfach nicht fertig bringt, mit der Entwicklung der Gesellschaft Schritt zu halten. Das Gejammer konservativer Kulturkritiker verstummt, wenn die Dividenden aus den Aktien der Medienkonzerne kassiert werden. Die Verblödung von Generationen von jungen und alten Fernsehzuschauern wird bewusst in Kauf

---

[68] Hans Christian Thalmann : Verhaltensstörungen von Kindern im Grundschulalter ; Beltz, Weinheim 1974

genommen damit die Kasse stimmt. Neben dem Schutz vor Pornographie und Gewalt müssten die Kinder auch vor Dummheit abgeschirmt werden. Dafür gibt es aber noch keine Direktive aus Brüssel.

Problem der Primärschule: Ungleichheit vor dem Gesetz

Es hat mich gefreut, dass dieser Punkt erwähnt wurde. Es gibt bin unserem Land arme und reiche Gemeinden. Diese sind für die Organisation des Primärschulunterrichts verantwortlich. In armen Gemeinden sitzen die Schüler in verlotterten, hässlichen Schulgebäuden, erhalten weniger didaktisches Material, haben kaum Zugang zu den Neuen Medien und müssen mit schlechteren und unausgebildeten Lehrern Vorlieb nehmen. Dies widerspricht dem Grundsatz der Gleichheit des Bürgers vor dem Gesetz und besonders in einem der reichsten Länder der Welt sind derartige Zustände nicht vertretbar. Die Zuständigkeit der Gemeinden für den Primärschulunterricht ist ein Anachronismus und in unserem Land, das die Einwohnerzahl einer mittleren Großstadt in Deutschland hat müsste es doch denkbar sein, dass das Ministerium im Sinne einer größeren Gerechtigkeit auch die Organisation des Primärschulwesens übernehmen könnte.

PISA, Mobilisierung der Lehrer

Eine Reform der Schule ohne die Zustimmung der Lehrer ist nicht möglich. Deshalb wurde der fromme Wunsch geäußert, angesichts der katastrophalen Resultate Luxemburgs bei der PISA-Studie die Lehrer zu mobilisieren, um Bewegung in den schwerfälligen Apparat zu bringen. Dies ist sicherlich notwendig, aber es braucht auch mutige politische Entscheidungen vom Unterrichtsminister, die nicht unbedingt von den Lehrern mit Begeisterung akzeptiert werden. Das Luxemburger Schulsystem ist vor allem an den Bedürfnissen der Lehrer orientiert und nicht an den Bedürfnissen der Schüler. Nicht umsonst wurde darauf verzichtet, die PITA-Studie in Luxemburg durchzuführen: Eine Auswertung des Lehrerverhaltens hätte mit Sicherheit strukturelle Mängel unseres Bildungssystems aufgezeigt die bereits bei der Auslese und der Ausbildung der Lehrer anfangen.

Struktureller Rassismus (Ausländerkinder, sozial schwache Luxemburger)

Der Ausdruck „struktureller Rassismus" beschreibt sehr gut die Situation unser zahlreichen Schulversager. Unsere Schulprogramme sind abgestimmt auf einen fiktiven Schüler: Luxemburger, aus gutem Hause, wohlerzogen, durchschnittlich bis gut begabt und vor allem ohne Makel (keine Behinderung oder Lernstörung). Derartige Schüler gibt es tatsächlich, allerdings sind sie nur noch eine kleine Minderheit. Wenn ein Schüler in ein oder zwei Merkmalen von diesem fiktiven Modellschüler abweicht, sind viele Lehrer bereits überfordert. Kommen noch weitere negative Merkmale dazu, dann beginnt der Aussonderungsprozess. Dieser Prozess beginnt bereits in der Vorschule. Der strukturelle Rassismus führt zur Schaffung von immer neueren Spezialstrukturen. Diese werden jedoch nicht im Rahmen einer präventiv-helfenden, Optik geschaffen, sondern immer erst im Nachhinein im Rahmen einer reaktiv-auslesenden Schulpolitik. Der gute Lehrer ist der, der möglichst viele „Fälle meldet"; wofür haben wir denn alle die Spezialstrukturen geschaffen?

Stellenwert der Sonderpädagogik

Jeder weiß, dass viele Kinder Probleme haben, die mit den klassischen Mitteln der Pädagogik nicht zu beheben sind und folgerichtig entstand das Fach „Sonderpädagogik", das an vielen Universitäten gelehrt wird und deren Absolventen Techniken beherrschen um Kindern mit besonderen Bedürfnissen in bestimmten Momenten ihrer Entwicklung wirksam helfen zu können. Der Sonderpädagoge führte jedoch in unserem Schulsystem bisher ein Mauerblümchendasein. Zu einer seriösen Bildungspolitik gehört jedoch, dass die Bedürfnisse an normalem und spezialisiertem Personal rechtzeitig und richtig eingeschätzt werden, Karrierebilder (job descriptions) entworfen und angehende Studenten motiviert und richtig orientiert werden. Das klappt bei uns jedoch nicht einmal für die „normalen" Lehrer.

Keine Lehrer in der Éducation différenciée

Eine der vielen Absurditäten unseres Schulsystems ist die Tatsache, dass in der Éducation différenciée praktisch keine Lehrer arbeiten, obschon schulische Aktivitäten den Schwerpunkt in dieser Einrichtung bilden. Für Erzieher ist die Ediff natürlich ein attraktives Arbeitsfeld, da keine Schichtarbeit anfällt und eine Sonderregelung für die Ferienzeiten ausgehandelt wurde. Klar ist jedoch, dass die Ausbildung am ISERP die angehenden Lehrer keinesfalls auf den Umgang mit behinderten Kindern vorbereitet.

Kultur der Fehler

Unsere Schule funktioniert auf der Basis einer negativen Auslese, die viel Leid unter den Kindern und ihren Familien anrichtet. Bereits in der Vorschule werden die Arbeiten der Kinder bewertet, manchmal auch explizit indem „Fehler" gezählt werden. Obwohl im 1. Schuljahr während dem 1. Trimester keine Nummern vergeben werden sollten, teilen viele Lehrer bereits Noten zwischen 0 und 60 aus. Danach wird dieses unsinnige Benotungssystem munter weiter angewandt: Bis zum 6. Schuljahr fallen rund ein Drittel aller Schüler ein bis zweimal durch. Besonders nach der ausgezeichneten Filmserie von Rainer Kahl „Lob des Fehlers" wurde deutlich, dass wir eine andere Schulkultur brauchen: Nicht die Jagd mit dem Rotstift nach Fehlern und ihre Sanktion in Form von Noten sondern der verantwortliche Umgang mit dem Fehler in selbststeuernden Lernprozessen ist angebracht. In Finnland findet keine Benotung statt bis hin zur 8. Klasse!

3) Justiz

Die Unzufriedenheit vieler Menschen, die im Bereich der Kinder- und Jugendarbeit tätig sind fand ihren Ausdruck in einer Kampagne gegen das bestehende Jugendschutzgesetz, die in der Nummer 205 der Zeitschrift „Forum" ihren schriftlichen Niederschlag fand[69]. Viele Hoffnungen wurden in die Arbeit der Spezialkommission „Jeunesse en détresse" gesetzt, die sich

---

[69] Jugendschutz am Ende? Ein Gesetz hat ausgedient! Forum N° 205, Januar 2001, S.15-50

jedoch nach der Veröffentlichung des Kommissionsberichts als unbegründet erwiesen. Zwar hörte die Kommission alle wichtigen Akteure in diesem Bereich an, gab deren Argumente auch ziemlich korrekt im Bericht wider, ließ sich aber nicht im Geringsten von diesen Argumenten beeinflussen. Die neu gegründete Nationale Koalition für die Rechte des Kindes wird sich ausführlich mit dieser Problematik beschäftigen und im Februar 2004 ein Hearing mit allen Beteiligten organisieren. Auf der Tagung in Mersch wurden jedoch bereits folgende Feststellungen gemacht:

Notwendigkeit einer Reform des Jugendschutzgesetzes

In diesem Bulletin haben wir oft darauf hingewiesen, dass wir ein neues Kinder- und Jugendhilfegesetz brauchen. Die Streichung des Paragraphen 11, der den Eltern die Erziehungsgewalt wegnimmt sobald das Kind vom Jugendrichter in ein Heim eingewiesen wird, würde zwar eine Erleichterung für die betroffenen Eltern bedeuten, ändert aber nicht an dem Charakter dieses Gesetzes, das eher in einer Schutz- denn einer Hilfelogik verfasst wurde. Ein neues Kinder und Jugendhilfe Gesetz – um die deutsche Bezeichnung zu übernehmen - würde darüber hinaus eine ganze Reihe von offenen Fragen lösen, wie die Organisation der Hilfsdienste für Kinder in schwierigen Lebenslagen, die Heimeinweisungsprozedur, die Evaluation der Platzierungsmaßnahme sowie der Schutz der Rechte des platzierten Kindes.

Reform der Prozeduren (Kinderanwälte, Einspruchsrecht und Einsichtsrecht der Eltern)

Die Reform der Prozeduren vor dem Jugendgericht wird vor allem von Insidern verlangt. Ich kenne mich nicht genug hier aus, um mitzudiskutieren, bin jedoch der Meinung, dass sehr viele Fälle überhaupt nicht vor das Jugendgericht gelangen sollten, sondern – wie in Belgien – von einem „délégué de l'aide à la jeunesse" im Vorfeld geklärt werden könnten. In diesem Fall geschieht nichts ohne das Einverständnis der Eltern. In anderen Ländern (z.B. Frankreich werden die Rechte der Kinder und ihrer Eltern jedoch besser respektiert, auch vor Gericht und bei der Durchführung der Maßnahme. Die Verteidigung der Rechte des Kindes vor Gericht ist nicht garantiert, der Richter entscheidet, ob ein Rechtsbeistand notwendig ist.

Eltern dürfen keinen Einblick in die Gerichtsakten bekommen. Das Einspruchsrecht der Eltern ist nur ungenügend abgesichert z.b. dadurch, dass sie keine Gegenexpertise zum Bericht etwa des SCAS verlangen können. Auch die zeitlichen Abstände zwischen den Terminen, bei denen eine Revision eines Urteils verlangt werden kann sind zu lang.

Platzierung von Säuglingen

Immer noch würden zu viele Kinder gleich nach der Geburt in ein Heim eingewiesen. Auf der Tagung des Ministeriums vom 2/3. Juni 2003 (siehe ANCE-Bulletin N° 107) wurde sogar von einem Mangel an Plätzen für Kleinstkinder gesprochen und es sollen neue Plätze in Esch geschaffen werden. Es scheint klar, dass eine solche Platzierung nur im äußersten Notfall geschehen sollte, und die betroffenen Familien sind oft in einem Teufelskreis aus dem sie ohne Hilfe nicht herauskommen. Zu diesem Thema hat Ken Loach einen ausgezeichneten Film gedreht: „Ladybird Ladybird" (1994).[70]

4)   Umwelt, Gesundheit

Wohlbefinden (Umwelt, Natur, Ernährung), ökologische Rechte

Das Recht des Kindes auf eine gesunde und kinderfreundliche Umwelt ist nicht gewährleistet. Die Bedürfnisse der Kinder sollten in Zukunft bei der Planung und dem Bau neuer Siedlungen besser berücksichtigt werden und die ganze Gesetzgebung in diesem Bereich auf ihre Auswirkungen auf Kinder- und Jugendliche untersucht werden (child impact studies). Diese Aufgabe wurde dem Ombudskomitee übertragen, allerdings kein Budget um solche Untersuchungen durchführen zu lassen. Die Studie des Gesundheitsministeriums über das Wohlbefinden der Luxemburger Jugend werden wir in einer nächsten Ausgabe besprechen.

Service de néonatologie

---

[70] Auf der Sitzung de Nationalen Kinderrechtskoaltion wurde erwähnt, dass im Schrassiger Gefängnis Säuglinge mit ihren Müttern eingesperrt werden ohne dass die Kinder die Zelle verlassen können. Eine Mutter, die vorher in Metz in Untersuchungshaft saß, konnte dort ihr Kind wenigstens in eine Kindertagestätte unterbringen.

Hier gäbe es Probleme, geschultes Personal zu finden.

Sozialpädiatrie

Auf der Tagung wurde angeregt einen sozialpädiatrischen Dienst einzurichten. Mittlerweile gibt es hier ein Projekt der ALUPSE, das hoffentlich bald umgesetzt werden kann.

Betreuung von kranken Kindern

Das Problem wurde in Mersch erwähnt ohne dass es möglich war, Präzisionen zu geben. Auch hier scheint nicht alles in Butter zu sein, aber ich kenne die Situation nicht gut genug um mich dazu zu äußern.

5) Elternhaus

„Recht" auf Erziehung, Grenzen setzen, Lernen, mit der Freiheit umzugehen

Zu diesem Thema ist schon viel Tinte geflossen und man könnte einen Roman darüber schreiben. Der Erziehungsbegriff an sich ist schon mehr als problematisch. In der klassischen paternalistischen Sichtweise ist das Kind ein unbeschriebenes Blatt, welches durch eine behutsame, fürsorgliche, beschützende Leitung von aufgeklärten, besonnenen und unbescholtenen Erwachsenen progressiv ins Erwachsenenalter begleitet werden soll. Dabei soll keine Etappe übersprungen werden und Fehler sind auch nicht erlaubt, da sie traumatisierende Auswirkungen haben können. In dem Fall wo in dieser heilen Welt doch nicht das erwünschte Resultat erzielt wird erhalten meistens die Mütter den Schwarzen Peter, denn sie bekümmern sich ja in der Regel um die Erziehung der Kinder.

Noch braucht man keine Genehmigung um Kinder zu kriegen und es besteht auch noch keine gesetzliche Grundlage dafür wie viel Minuten oder Stunden Eltern (vorausgesetzt, sie können selber lesen und schreiben) ihren Kindern abends Geschichten vorlesen müssen. Wir müssen uns also damit abfinden, dass Erziehung weiterhin nicht total steuerbar und ihre Resultate vorhersehbar sind.

Kinder sind jedoch klüger als man denkt und steuern ihre Erziehung zu einem großen Teil selber. Da sich die Erziehungswissenschaften nie die Mühe gemacht haben, Kinder als Subjekte ihrer Untersuchungen und Forschungen zu betrachten, wissen wir eigentlich noch sehr wenig über die Eigendynamik in der Entwicklung von Kindern und Jugendlichen. In der Kinderrechtsbewegung wird seit längerem darauf hingewiesen, dass Kinder als eigenständige Subjekte betrachtet und behandelt werden sollen, auch in der wissenschaftlichen Forschung. Das Buch von Judith Harris, „Ist Erziehung sinnlos"[71] ist eine erfrischende Lektüre für alle die, die von muffigen Erziehungskonzepten loskommen wollen. Auch Jerome Kagans Schrift über die drei Grundirrtümer der Psychologie[72] (Kausalattribuierung, Kindheitsdeterminismus und ihre Durchdringung mit Moral- und Glaubensvorstellungen) zeigt an zahlreichen, teilweise lustigen Beispielen welche ungeheuere Naivität und Unwissenschaftlichkeit psychologischen Theorien zugrunde liegen[73].

Elternschulen

Elternschulen gab es zu jeder Zeit und in vielen Formen. Besonders die Reformpädagogik in Frankreich und in Deutschland vor dem 2. Weltkrieg entwickelte dazu Konzepte, teilweise auch dadurch, dass sie die Kinder und ihre Eltern als Partner im Erziehungsprozess betrachteten. Der Ruf nach Elternschulen kann jedoch auch aus anderen Gründen erfolgen, z.B. einer tiefen Verachtung der Erziehungsleistung von Eltern.

Mit dem Wort Elternschule lockt man natürlich kaum diejenigen in abendliche Vorträge und Arbeitskreise, die ihr Leben lang in der Schule nur Misserfolge hatten. Das Risiko, die Eltern, die man eigentlich erreichen, belehren oder bekehren will durch die Form der Elternschule schon auszuschließen ist natürlich sehr hoch. Eine Alternative zu den

---

[71] Judith Rich Harris: Ist Erziehung sinnlos? – Die Ohnmacht der Eltern, Rowohlt, Hamburg 2000
[72] Jerome Kagan: Die drei Grundirrtümer der Psychologie, Beltz, Weinheim und Basel, 2000
[73] „Wenn wir Galileos Entdeckungen als den Beginn des systematischen Experimentierens in den Naturwissenschaften gelten lassen wollen, dann hinken die Sozial- und Verhaltenswissenschaften um dreihundert Jahre hinterher" und befinden sich vergleichsweise dort, wo die Physik im siebzehnten Jahrhundert stand." – Kagan, op. cit., S. 19

„akademischen" Elternschulen ist sie Arbeit von Organisationen wie ATD Quart Monde, die Aktivitäten mit den Armen und Ausgeschlossenen organisieren, deren Lebenserfahrung und Kompetenzen berücksichtigen und aufwerten anstatt ihnen Schuldgefühle einzuimpfen. Den theoretischen Rahmen für diese Art von Arbeit liefern Michel Manciaux und seine Mitautoren in dem Buch „Bientraitances"[74]. Zwischen dem, was in diesem Buch als Präventions- und Bildungsangebot dargestellt wird und dem was hier in Luxemburg in diesem Bereich läuft liegen Welten.

Ehrgeizige Eltern

Ehrgeizige Eltern sind natürlich ein großes Problem dadurch, dass sie den Druck, der in der Schule auf das Kind ausgeübt wird, zuhause noch fortsetzen oder gar verstärken. Übrigens sollten Jugendliche, die sich nicht mehr mit ihren Eltern verstehen, die Möglichkeit haben, in autonomen Wohnformen mit oder ohne Betreuungsangebot zu leben.

6)   Dienstleistungen

Niederschwelliege Beratung und Orientierung

Dienste für Kinder sollten in der Nähe des Wohnortes, gut zu erreichen und unbürokratisch sein. Das scheint nicht überall in Luxemburg der Fall zu sein und die betroffenen Dienststellen sollten sich auf ihre Kinderfreundlichkeit hin überprüfen oder überprüfen lassen.

Vernetzung der Beratungsdienste, Kooperation

Es hat nicht unbedingt etwas mit Kinderrechten zu tun, aber es liegt auf der Hand, dass die Qualität der Leistungen für Kinder gesteigert werden könnte, wenn die Beratungsdienste in Luxemburg besser zusammenarbeiten.

Prävention, familienunterstützende Maßnahmen

---

[74] N. Gabel, F. Jésu, M. Manciaux: Bientraitances – mieux traiter familles et professionnels, Fleurus, Paris 2000

Das Thema habe ich ausgiebig in einem längeren Artikel (Intensive Familienarbeit als Alternative zur Heimeinweisung, Forum N° 191, April 1999) dargestellt.

Viele Heimplätze könnten abgebaut werden, wenn eine qualitativ hochwertige Präventionsarbeit in Risikofamilien in großem Umfang durchgeführt würde. Die traditionellen Kinderheime könnten als Ressourcezentren für die Arbeit in den Familien fungieren, ähnlich wie es die Ediff-Zentren für die Integration behinderter Kinder sein könnten. Kurzfristige Interventionen vom Typ „Families First" haben in Deutschland jedoch nicht den erwarteten Erfolg gehabt[75]

Heilpädagogische Strukturen im Heimwesen

40, 60, manchmal mehr Kinder (vor allem kleinere) werden im Ausland untergebracht weil niemand hier in Luxemburg mit ihnen etwas anzufangen weiß. Manche von ihnen haben bereits eine beeindruckende Karriere in der ambulanten und stationären Hilfe hinter sich, andere werden von umsichtigen und erfahrenen Leuten sofort (oft mit erheblichen Schwierigkeiten) ins Ausland geschickt um eben diese Karriere zu verhindern. Die meisten von diesen Kindern fallen in der Schule auf und da unsere Lehrer für solche Fälle nicht ausgebildet sind und es nicht nötig haben, „ongezillte Schwein" in ihrer Klasse zu dulden (eine differenziertere Aussage ist bei dem augenblicklichen Ausbildungsstand nicht möglich) sollen diese Kinder dann in ein Heim eingewiesen werden. Die Heime fühlen sich jedoch auch überfordert und rufen nach spezialisierten Einrichtungen (siehe ANCE-bulletin N° 107, S. 8). In der Tat ist die Heimeinweisung in vielen Fällen nur eine Verschiebung statt eine Lösung des Problems. Wie ich bereits in der erwähnten Ausgabe des ANCE-bulletins gefordert habe, bräuchten wir in der Tat eine kleine Einrichtung, die solchen unglücklichen Kindern eine Gelegenheit bietet, zeitweise allem (Familie und Schule) zu entfliehen und in einer art „Time-out" wieder zu sich selber zu finden. Dazu braucht es keine frischgebackenen Therapeuten oder andere Vollzeitspezialisten sondern erfahrene Erzieher, die bereit sind, auf die Lebenssituation dieser Kinder einzugehen und in

---

[75] Koch/Lambach ; Familienerhaltung als Programm, Votum, Münster 2000

Zusammenarbeit mit Fachleuten versuchen, diesen Kindern eine Chance zu geben.

7) Umgang mit den Kindern

Anerkennung

Erfreulicherweise wurde in Mersch auch allgemein die Art und Weise angesprochen, wie Erwachsene mit Kindern umgehen. Von einigen Rednern wurde bemängelt, dass viele Erwachsene mit negativen Einstellungen an Kinder herangehen, immer nur das Störende in ihrem Verhalten wahrnehmen und hervorheben. Das führt dazu, dass Kinder an sich selbst zweifeln, eine negative Leistungsmotivation entwickeln und die kreativen Seiten ihrer Persönlichkeit verkümmern lassen. Ausführlich zu diesem Thema hat sich anlässlich unseres Kongresses über die Rechte des Kindes in der Schule Kurt Singer geäußert[76]. Lob und Ermunterung sollen den Umgang mit Kindern bestimmen und nicht Tadel und Bestrafung.

Humor

In demselben Zusammenhang wurde mehr Humor im Umgang mit Kindern gefordert. Humorvolle Eltern, Lehrer und Erzieher haben einen besseren Zugang zur Psyche des Kindes. Dadurch dass sie sich selbst nicht immer ernst nehmen, können sie es sich erlauben auch streng mit den Kindern umzugehen, wenn die Lage es erfordert. In meinen Augen ist diese scheinbare Nebensache unheimlich wichtig, aber da „Humorvoller Umgang mit Kindern" kein Thema in unserer Lehrer- und Erzieherausbildung ist, wird es wohl weiter bei der griesgrämigen Alltagsstimmung bleiben.

Sicherheit

Kinder sind in hohem Masse von den Erwachsenen abhängig. Eine gute Grundlage für die Entwicklung des Kindes sind stabile und gute Beziehungen am Lebensort des Kindes. Angesichts der steigenden Scheidungszahlen haben die Kinder Kontakt zu immer mehr Personen, die direkt oder indirekt

---

[76] Kurt Singer: Von der Würde des Kindes in der Schule ; ANCE-Bulletin N° 107, Juni 2003.

in ihren „Erziehungsprozess" eingreifen. Für Kinder, die zusätzlich noch außerhalb der Familie untergebracht werden ist die Lage noch dramatischer. Obwohl Kinder sich neueren Forschungen zufolge erstaunlich gut in diesem Beziehungswirrwarr zurechtfinden gibt er kaum ein Gerichtsgutachten, welches nicht die unglückliche Kindheit und die schreckliche Heimkarriere des Mandanten als Erklärung für seine Gräueltaten bemüht. Trotz aller Resilienz gibt es jedoch keine Alternative zu einer familienunterstützenden, präventiv orientierten Sozialarbeit, die versucht, die Zahl der „Eindringlinge" in das Leben des Kindes möglichst überschaubar zu halten.

Freiheit und ihre Grenzen

An diesem Thema entzünden sich oft heftige emotionsgeladene Diskussionen und ich möchte hier nicht lange auf die simplistischen Argumente eingehen, die immer wieder in Elternzeitschriften und Leserbriefen auftauchen. Stellt man sich die „Freiheit" des Kindes als einen Raum vor, der von Grenzen umschlossen ist, so muss dieser Raum groß genug sein, damit des Kind sich darin bewegen kann und Erfahrungen sammeln kann. Der Raum muss auch beständig erweitert werden, damit altersgerechtes Experimentieren möglich ist. Die Grenzen müssen auch flexibel sein: Einmalige oder zahlenmäßig geringfügige Überschreitungen müssen möglich sein, ganz im Sinne Korzaks, der Kindern unter anderem eine Lüge, einen Diebstahl usw. zugesteht. Kinder akzeptieren die Grenzen ihres Freiheitsraumes umso besser als sie selber an der Festlegung beteiligt werden. Gerade in unserem Lande tut man sich schwer, die Beteiligung der Kinder an allen Angelegenheiten, die sie betreffen gemäß der Kinderrechtskonvention umzusetzen. Hier fehlt es an Konzepten und Erfahrungen.

Mädchenfrage

Zu Recht wurde in Mersch darauf hingewiesen, dass Mädchen in allen angesprochenen Bereichen und bis ins Erwachsenenalter hinein schlechter da stehen als Jungen. Bei der Diskussion um die Umsetzung der Kinderrechtskonvention – falls jemals eine solche stattfinden sollte – muss die Mädchenfrage immer mitdiskutiert werden.

8) Behinderte Kinder

Die Integration behinderter Kinder in die Regelschule ist und bleibt ein trauriges Kapitel im Lande Luxemburg. Nirgendwo ist die Kluft zwischen offiziellem Diskurs und der Realität größer als hier, nirgendwo besteht mehr Heuchelei, werden falsche Versprechen gemacht, Hoffnungen geweckt und zerstört.

Wie schon so oft wurde ein Gesetz gestimmt, ohne dass die notwendigen Maßnahmen zur Umsetzung dieses Gesetzes getroffen wurden: Klare politische Anweisungen seitens des Ministeriums, Einstellung von hochqualifizierten Professionellen zur Begleitung und Förderung der Kinder, Integrationspädagogik als Ausbildungsfach an unseren Möchtegernuniversitäten in Walferdange und Fentange/Livange, Koordination zwischen Frühförderung und Vorschule usw.

Auf der Tagung in Mersch wurden einige Äußerungen gemacht, denen an sich nicht viel hinzuzufügen bleibt, die sich auch nicht unbedingt auf Kinder bezogen, so z.B.:

Mitbestimmung der Behinderten

Mal sehen, was beim X-ten Jahr der Behinderten 2003 in dieser Hinsicht herauskommt. Das UN-Jahr 1981 brachte leider nicht sehr viel außer einigen Reden und Festveranstaltungen.

Anerkennung und Respekt für Behinderte

Dass diese Aussage immer wieder gemacht wird deutet wohl darauf hin dass Behinderte im alltäglichen Leben auf wenig Anerkennung und Respekt stoßen.

Information und Betreuung der Eltern nach der Geburt (annoce du handicap)

Auch diese Aussage hat eigentlich wenig mit den Kindern selber zu tun. Leider hört man aber immer noch von katastrophalen Zuständen bei der

Geburt eines behinderten Kindes. Hier fehlt es offensichtlich an Taktgefühl und Kompetenz bei vielen Ärzten und Krankenpfleger.

Bereich der Aufmerksamkeits- und Wahrnehmungsstörungen

Kinder mit ADS oder anderen, selteneren sensoriellen oder psychischen Störungen stellen eine relativ neu identifizierte Gruppe von Kindern dar, auf deren Probleme Eltern, Lehrer und Erzieher oft unangemessen oder sogar diskriminierend und erniedrigend reagieren („ongezillte Schwein"). Neuere Forschung und die Entwicklung von Behandlungsmethoden

Kuschelpädagogik und Kinderrechte

Leserbrief

Glaubt man unserer Erziehiehungsministerin, so quellen unsere Schulen über von wildgewordenen Reformpädagogen, die unsere Kinder als Versuchskaninchen für ihre vom Gedankengut der antiautoritären Pädagogik inspirierten Experimente missbrauchen. Angetreten, um eine „Bildungsoffensive" zu starten hat es unsere Ministerin jedoch kalt erwischt als die Resultate der PISA-Studie veröffentlicht wurden. Anstatt die richtigen Fragen zu stellen und den Versuch zu unternehmen, intelligente Antworten zu finden, hat sie ihr Süppchen so lange weiterkochen lassen bis der Inhalt des Töpfchens auf wenige aber publikumswirksame Schlagwörter reduziert war: Anstrengung, Disziplin, Manieren und Lesen-Schreiben-Rechnen.

Nun sind unsere Lehrer leider alles andere als experimentierfreudige Pädagogen. Es ist auch extrem naiv anzunehmen, unsere Schule hätte je auch nur den Versuch unternommen etwas anderes als die viel zitierten „Basics" zu vermitteln. Wie vor 100 Jahren wird unseren Kindern tagein tagaus so genanntes „Wissen" scheibchenweise verabreicht: eine Stunde Rechnen, eine Stunde Deutsch, eine Stunde Französisch. Gegen alle Erkenntnisse von Pädagogik und Psychologe über Lernprozesse werden die Kinder gezwungen in dieser lust- und lernfeindlichen Umgebung zu vegetieren. Nur 10 bis 20 % aller Schüler erreichen das Abitur ohne gravierende Misserfolgserlebnisse. Schon in der Vorschule herrscht der Rotstift. Der Fehler wird gejagt und sanktioniert anstatt ihn als Chance zu begreifen.

Unsere Schule ist nicht an den Bedürfnissen der Schüler ausgerichtet, sondern an den Bedürfnissen der Lehrer. Niemand hat etwas dagegen, dass Menschen in allen möglichen Berufen versuchen, sich ihren Alltag so angenehm wie möglich zu gestalten. Aber irgendwo wird immer eine Schmerzgrenze erreicht. Nicht umsonst weigerte sich das Ministerium, an der PITA-Studie, welche die Leistungen der Lehrer untersuchen sollte, teilzunehmen. Hier könnte aber der Schlüssel für die Erklärung des beschämenden Resultates unserer Schüler bei der PISA-Studie liegen.

Die Affäre um das Escher Geographie-Nachexamen hat deutlich gemacht, nach welchen unsinnigen Kriterien Kinder bewertet und sanktioniert werden. Nicht umsonst wird in Finnland und in anderen Ländern weitgehend und besonders in den ersten Schuljahren auf Notengebung verzichtet. Die Wiederholung einer Klasse ist sowieso pädagogisch nicht zu vertreten. Aber die Escher Affäre ist nur die Spitze des Eisbergs. Wie viel Leid wird in die Familien durch ungerechte Entscheidungen der Schule hineingetragen? Warum müssen kleine Ausländerkinder dauernd mit schlechten Noten in Deutsch gedemütigt werden? Warum werden behinderte und unangepasste Schüler aus dem normalen Unterricht herausgeekelt oder gar überhaupt erst nicht zugelassen? Auf die großen Herausforderungen hat unsere Schule bisher leider überhaupt nicht reagiert.

Sei 15 Jahren gibt es die Internationale Konvention über die Rechte des Kindes, die Luxemburg auch ratifiziert hat. Eine Schulreform muss dieser Konvention Rechnung tragen. Die dilettantischen Gesetzesprojekte zur Reform des Primär- und Sekundarunterrichts tun dies sicherlich nicht. Hier wurde wieder eine Chance verpasst, Nägel mit Köpfen zu machen. Vom 13. bis zum 15. September 2001 fand in Luxemburg ein Kongress über die Rechte des Kindes in der Schule statt an dem auch Kinder teilnahmen. Zusammen mit diesen Kindern wurde eine Resolution ausgearbeitet und verabschiedet, die auf der Basis der entsprechenden Artikel der Konvention Vorschläge zur Gestaltung einer kinderfreundlichen Schule enthält. Dazu gehören unter anderem:

- Die Förderung inclusiver Erziehung durch Nichtausgrenzung von Kindern mit Behinderung oder Verhaltensauffälligkeiten
- Erneuerung der Lehrerausbildung und Pflicht zur Fortbildung
- Partizipationsgremien in denen die Schüler nicht nur scheinbare sondern wirkliche Macht ausüben können
- Gewaltfreiheit
- Neue Methoden der Programmgestaltung und Wissensvermittlung
- Beteiligung der Schüler an der Gestaltung des Lernumfeldes und der Lerninhalte

- Ganztagsschule, freundliche und kindgerechte Gebäude
- Das Recht auf Freizeit, Entspannung und Rückzugsmöglichkeiten

Robert Soisson, 1. April 2004

Präsident der Nationalen Koalition für die Rechte des Kindes

Vize-Präsident des Ombuds-Komitees für die Rechte des Kindes

La situation des droits de l'enfant au Luxembourg

Remarques générales

A part le vote de la loi du 27 juillet 2002 portant création d'un Ombuds-Comité pour les droits de l'enfant et la mise en place dudit comité, il ne s'est pas passé grand-chose au niveau de la mise en œuvre de la Convention Internationale sur les Droits de l'Enfant (CIDE). Très volumineux, le rapport du ministère se perd dans des descriptions détaillées de différents projets de lois et de textes de lois qui n'ont qu'un rapport assez éloigné avec les droits des enfants. La Coalition Nationale préférerait une politique proactive mettant l'accès sur la participation et la responsabilisation des enfants selon un plan traduisant la volonté politique du gouvernement.

Les différents domaines d'action :

Politique générale, mise en œuvre de la Convention

Le gouvernement n'a pas saisi l'occasion présentée par les périodes quinquennales entre la présentation des différents rapports pour établir un plan pour la mise en œuvre de certains aspects de la convention réalisables dans un délai de 5 ans. Comme il n'y a pas de projet précis, il est difficile d'évaluer la politique du gouvernement.

Une occasion ratée pour établir un tel projet a été le sommet de New York, après lequel le gouvernement n'a pas entamé de procédure pour établir un Plan d'Action National tel qu'il a été prévu lors du votre de la déclaration finale. De tels PAN ont été réalisés par exemple en Allemagne dans une procédure qui impliquait également des enfants qui ont pu remettre leurs propositions au chancelier Schroeder lors d'une réception.

Les quelques ONG qui auraient pu être utiles au Gouvernement pour établir un PAN n'ont pas été sollicités pour élaborer un tel document tout comme des groupes d'enfants et d'adolescents comme l'avait suggéré le document final su sommet de New York.

Politique internationale

Comme il n'y a pas de programme ni d'objectifs clairement définis, nous ne savons pas ce que fait notre gouvernement au niveau international pour promouvoir la mise en œuvre de la CIDE, comme par exemple des références à la CIDE ans les traités européens, au niveau des conseils des ministres (Europe de l'Enfance), la collaboration dans les groupes de travail et projets du Conseil de l'Europe. En tout cas, les ONG de la Coalition Nationale n'ont pas été invitées à participer à de telles activités ou projets.

Ecole et enfants à besoins spécifiques

Le système scolaire luxembourgeois est une source permanente de discriminations, de situations conflictuelles et de violation des droits des enfants. A part quelques organisations d'enseignants opposés à toute réforme, la société civile toute entière considère le remaniement du système scolaire comme une priorité absolue pour le nouveau gouvernement après les élections du 13 juin 2004. Face à la situation désastreuse révélée par l'étude PISA, une réforme scolaire profonde s'impose. Un des mots-clés de cette réforme doit être la participation de tous les partenaires, enfants, parents et société civile. La politique scolaire ne doit plus être définie uniquement par le ministère et les organisations d'enseignants. Lors de l'Année Internationale de l'Enfant en 1979, un rapport publié par le Ministère de la Famille contenait les conclusions d'un groupe de travail sur l'école qui évoquait toutes les revendications encore valables aujourd'hui.

Dans les années passées, il y a eu d'importants mouvements d'ONG contestant la politique du gouvernement en matière d'éducation : L'échec scolaire, la discrimination des enfants des travailleurs immigrés, des enfants handicapés, le manque de volonté politique pour un dialogue avec les organisations de la société civile et le manque de volonté pour engager des réformes structurelles fondamentales sont responsables d'un mécontentement profond et ont conduit à diverses associations momentanées d'ONG réclamant des réformes profondes du système scolaire. Un regroupement de 14 associations oeuvrant en faveur d'enfants handicapés a même introduit un recours devant le tribunal administratif contre un projet de réforme de la loi de base sur l'enseignement primaire qui prévoyait e. a. d'abolir le droit des parents à choisir le type d'enseignement convenable pour leur enfant.

Justice

Un mouvement comparable s'est développé dans le secteur de l'aide à l'enfance défavorisée. Le grand mécontentement des professionnels de secteur socio-éducatif avait amené le gouvernement à créer une commission spéciale « Jeunesse en détresse » qui a écouté les principaux acteurs du secteur, dont les institutions, les services et les ONG. Les conclusions de la commission ont ignoré dans une large mesure les propositions de ces derniers, à savoir une réforme fondamentale de notre loi sur la protection de la jeunesse, un changement de paradigme d'une politique de protection vers une politique d'aide, le développement de mesures alternatives à l'incarcération des jeunes délinquants et la déjudiciarisation des procédures.

Environnement et santé

La politique du gouvernement en matière d'environnement présente de nombreuses incohérences dénoncées par les mouvements écologiques. Ces incohérences ont des influences directes et indirectes, à court et à long terme sur le bien-être des enfants. Dans ce domaine, il est particulièrement décevant de constater que l'impact des mesures concernant l'environnement sur les enfants ne soit pour ainsi dire jamais évalué ou pris en considération. La prévention de la consommation de drogues légales est insuffisante par rapport aux recettes que rapporte la vente de ces drogues à l'Etat.

Placement et milieu familial

La politique familiale du gouvernement est tiraillée entre le souhait de valoriser le travail de la femme au foyer qui éduque elle-même ses enfants et la nécessité d'attirer de plus en plus de femmes vers le marché de l'emploi et de créer des structures d'accueil pour enfants en bas âge. Ce débat qui revêt souvent un caractère idéologique se reflète dans de nombreuses incohérences faisant des mécontents des deux côtés.

Les enfants qui vivent dans des familles en situation de détresse sont souvent placés dans des institutions sans que les familles aient bénéficié d'une aide appropriée. Les professionnels du secteur socio-éducatif sont mécontents mais divisés sur la politique à suivre : aider d'avantage les familles à gérer eux-mêmes leurs conflits et éviter ainsi les placements des enfants ou développer et perfectionner d'avantage les structures de placement. Mais le Luxembourg est déjà un pays où le taux des enfants placés est un des plus élevés en Europe. En plus, la part des enfants placés par le juge des enfants est excessivement élevée : Trois quarts de tous les enfants placés le sont par le tribunal de la jeunesse et les parents déchus automatiquement de l'autorité parentale, ce qui favorise la déresponsabilisation de ces derniers.

Services pour enfants

Les services pour enfants sont nombreux mais souvent mal coordonnés, ce qui est la cause d'un certain mécontentement chez les professionnels travaillant dans le secteur. L'idée d'un ministère regroupant les différentes compétences a souvent été évoquée mais ne semble pas réalisable.

L'Ombuds-Comité pour les Droits de l'Enfant qui a des compétences très étendues selon la loi portant sur sa création manque des moyens personnels et financiers pour les exercer.

Malgré quelques initiatives de la part d'organisations non gouvernementales il n'y a toujours pas de loi interdisant le châtiment corporel des enfants par leurs parents.

Participation

La réalisation d'une vraie participation des enfants « à toutes les décisions qui les concernent » est le problème majeur de la mise en œuvre de la CIDE au Luxembourg. Il semble qu'il n'y ait dans ce domaine aucune volonté politique de faire avancer les choses, à part quelques expériences isolées de participation sous forme de conseils communaux d'enfants (dans deux communes sur plus de cent). La participation des enfants au niveau du fonctionnement des familles, des associations sportives, récréatives et culturelles dont ils font partie, de l'école, des institutions de placement, des villes et villages qu'ils habitent est restée lettre morte. Dans ce domaine, de grands efforts doivent encore être réalisés, tant au niveau conceptuel qu'au niveau de la réalisation pratique.

Information

Au niveau de l'information sur la CIDE, à part quelques initiatives isolées, il manque toujours un concept sur les moyens à déployer pour accéder aux groupes cibles qui sont les enfants d'âge différents, les parents et les professionnels travaillant en contact avec des enfants.

Remarques concernant le 2ᵉ rapport périodique

Remarques concernant la forme

Malgré les contraintes imposées par le questionnaire du Comité des Droits de l'Enfant, les auteurs du texte, qui n'ont pas été présentés, auraient pu veiller à une meilleure lisibilité du document. Il y a des répétions inutiles (loi ASFT), trop de détails et absence de remarques critiques et autocritiques.

Remarques concernant le contenu

P. 2 : Le gouvernement ne donne aucune explication pourquoi il n'entend pas retirer les réserves formulées lors de la ratification.

P. 6 : La distinction entre *filiation légitime* et *filiation naturelle* constitue par le choix des termes une discrimination.

P. 7 : L'accouchement anonyme est en contradiction avec l'article 7.1 de la CDE. Seulement la France et le Luxembourg offrent cette possibilité aux mères en détresse. En France, cette possibilité a été introduite après la seconde guerre mondiale pour garantir l'anonymat des femmes ayant accouché d'un enfant issu d'une relation avec un père allemand. En Allemagne, une proposition de loi a été soumise au parlement en été 2002. Vu le nombre insignifiant de cas, l'Ombudscomité pour les Droits de l'Enfant propose l'abolition de cette procédure, l'amélioration – s'il y a lieu – des mesures d'encadrement des jeunes femmes enceintes et l'abolition de la réserve formulée par le gouvernement.[77]

P. 12 : Les nombreux communiqués d'associations d'enseignants et de parents publiés récemment dans la presse démontrent que l'intégration des enfants handicapés dans l'enseignement normal reste lettre morte malgré les déclarations officielles. Selon ces mêmes communiqués, le nombre d'enfants handicapés fréquentant des classes de l'enseignement normal aurait la tendance de diminuer.

P. 12 : Un enseignement spécifique relatif aux droits de l'homme et surtout aux droits de l'enfant est pour ainsi dire inexistant.

P. 16 : Le scandale persiste : Il y a toujours des enfants détenus dans le Centre Pénitentiaire. L'unité de sécurité à l'intérieur du Centre socio-éducatif de Dreiborn n'est toujours pas opérationnelle. L'Ombudscomité pour les Droits de l Enfant s'est d'ailleurs prononcé contre l'implantation de l'unité de sécurité dans le périmètre du Centre Socio-éducatif de Dreiborn.

P. 18 Les discussions sur l'application directe de la Convention sont très compliquées et presque incompréhensibles pour les personnes sans formation juridique. L'ORK a discuté la possibilité de faire faire une expertise juridique pour déterminer les possibilités et les limites de l'application directe de la CDE dans la législation luxembourgeoise à l'image de l'avis présenté par le Prof. Dr. Lorz à Cologne le 15 novembre 2002 lors d'un séminaire organisé par la Coalition Nationale pour les Droits de l'enfant en Allemagne[78]. Dans cet avis, le professeur Lorz, après avoir analysé les problèmes de l'application du droit international, tire les conclusions suivantes :

---

[77] Voir dans ce contexte la prise de position intéressante du « Deutscher Kinderschutzbund » du 25 novembre 2002, le jugement récent de la Cour Européenne des Droits de l'Homme en cette matière et la prise de position de « terre des hommes »
[78] „Der Vorrang des Kindeswohls nach Art. 3 der Kinderrechtskonvention in der deutschen Rechtsordnung"; Gutachten erstattet von Prof. Dr. Alexander Lorz; Heinrich-Heine-Universität Düsseldorf: Manuscrit

« Die mit der Ratifikation der KRK unmittelbar geltende Bestimmung des Art. 3 Abs. 1 KRK gehört zu den **unmittelbar anwendbaren Völkerrechtsnormen.** Damit wirkt sie direkt auf die deutsche Verwaltungs- und Gerichtspraxis ein.

Neben der für alle Völkerrechtsnormen verfassungsrechtlich vorgeschriebenen **völkerrechtsfreundlichen Auslegung des innerstaatlichen Rechts** ist vor allem die Bedeutung, dass Art. 3 Abs. 1 KRK **unmittelbar die behördliche Ermessensausübung und Abwägung determiniert.**

In prozessrechtlicher Perspektive ist zu beachten, dass Art. 3 Abs. 1 KRK in weitem Umfang die **Klagebefugnis bei der Anfechtung von das Kindeswohl verletzenden Maßnahmen** begründet. Es handelt sich dabei um eine **Rechtspflicht, deren Verletzung auf völkerrechtlicher Ebene eine Verantwortlichkeit Deutschlands** begründet."

P. 20 : Le rapport publié par la commission spéciale „Jeunesse en détresse" n'a pas été bien accueilli par les professionnels du secteur. Une enquête menée par la Coalition Nationale a constaté une grande déception, beaucoup sont d'avis qu'une chance unique a été manquée pour faire une réforme digne de ce nom.

P. 23 : Comme en France, le respect des opinions de l'enfant définis par l'art. 388-1. de la loi du 21 juillet 1997, ne sont pas garantis mais restent soumis au libre arbitre du juge des enfants que celui-ci prend « dans l'intérêt de l'enfant ».

P. 24 : Alinéa 79 : Les « conseils d'éducation » des écoles secondaires sont, comme dans beaucoup de pays, des institutions qui ne garantissent aucunement une vraie participation des élèves et de leurs parents. Dans les écoles primaires, aucune participation des élèves n'est prévue. Le projet de loi de base sur l'école, présenté par le gouvernement sortant, ne prévoyait à aucun moment une participation des élèves et de leurs parents, au contraire : Tout pouvoir de décision est attribué à des commissions d'experts, où les parents ont droit à une représentation insignifiante et où il n'y a pas de place pour les enfants.

P. 25 : A part le « plan communal jeunesse » - facultatif - nous ne constatons aucune mesure visant à favoriser la liberté d'expression des jeunes au plan communal ou national. Deux communes seulement sur 118 ont mis en pace des conseils communaux d'enfants. La réforme de la loi électorale n'envisage pas un droit de vote pour les moins de 18 ans.

P. 27 : L'article 203 du code civil ne teint pas compte des couples non mariés et des situations monoparentales. Par ce fait, les enfants vivant dans de telles constellations sont discriminés par rapport aux enfants issus d'un mariage.

P. 36 : Ce chapitre énumère beaucoup de détails sans entrer dans une discussion sur les vrais problèmes rencontrés par des enfants en situation de placement. La statistique p. 39 ne mentionne pas les enfants placés à l'étranger !

P. 51 : Alinéa 182 : Au-delà des déclarations d'intention (Charte d'Ottawa), la Coalition Nationale serait curieuse d'apprendre quelles mesures concrètes ont été réalisées pour mettre en œuvre les principes de la charte.

P. 54 : Alinéa 193 : Les chiffres indiqués dans cet alinéa cachent le fait que des milliers d'enfants doivent fréquenter des internats scolaires dans les pays voisins pour deux raisons : le manque de places d'internat au Luxembourg ainsi que les exigences démesurées du système scolaire luxembourgeois.[79]

---

[79] Fin janvier 2003, un reportage sur la chaîne RTL a décrit la situation dans un (seul) établissement post-primaire à St. Vith en Belgique où étaient inscrits plus de 150 élèves luxembourgeois. Trois enfants interrogés ont confirmé qu'ils étaient en situation d'échec scolaire au Luxembourg et que c'était la raison pourquoi ils étaient inscrits à cet établissement en Belgique. Il y a des dizaines d'internats semblables en Belgique, en Allemagne et en France. Il n'y a aucune statistique sur le nombre d'élèves inscrits dans ces établissements.

P. 56 : Le chapitre VII sur l'éducation ne mentionne pas les mauvais résultats réalisés par le Luxembourg lors de l'étude PISA ni le refus du Ministère compétent de participer à l'étude PITA qui aurait pu fournir quelques clefs de l'énigme planant sur l'échec scolaire au Luxembourg.

Les **enfants étrangers** (plus de 40% de la population scolaire au Luxembourg) sont le groupe le plus défavorisé. Ce problème existe depuis plus de trente ans et n'a pas trouvé de solution jusqu'au présent. Toutes les mesures entreprises à ce jour n'ont pas amélioré significativement la situation de ces enfants qui se retrouvent sur le marché de l'emploi sans qualification. Les raisons sont multiples :

- Une politique d'intégration forcée passant par l'apprentissage du luxembourgeois et plus tard de l'allemand, deux langues qui ne sont pas utilisées ni au domicile ni dans l'entourage immédiat de ces enfants.
- Une pédagogie de l'échec mettant l'accent sur l'allemand comme langue initiale pour l'apprentissage de la lecture et de l'écriture
- Une pédagogie perfectionniste sanctionnant l'erreur et bloquant une progression normale par le redoublement et l'exclusion (classes spéciales ou d'appui, exode vers l'étranger)
- L'absence d'une vraie politique multiculturelle

La société multiculturelle au Luxembourg est une illusion pieuse à laquelle s'adonnent les politiciens de toutes les couleurs. La réalité est que les différents groupes d'immigrants ne se mêlent pas à la population autochtone ni entre eux, de sorte qu'ils forment des communautés repliées sur elles-mêmes.

L'éducation précoce est en principe une mesure positive mais pas dans la mesure où elle crée de nouvelles inégalités. Ainsi par exemple, la seconde ville du Luxembourg par le nombre de ses habitants n'a apparemment pas les moyens financiers pour mettre en place un système d'éducation précoce (personnel, salles de classe).

Contrairement à ce qui est dit dans le rapport, **l'enseignement des droits de l'homme** ni celui des droits de l'enfant n'est mentionné nulle part dans le plan d'études de l'enseignement primaire. Dans l'enseignement secondaire, ces sujets sont abordés de façon sporadique et il n'existe aucun matériel didactique permettant de traiter ces thèmes d'une façon « transversale ». Encore une fois, le comité doit constater que dans ce domaine, ils n'existent que des idées assez vagues. Ce qui est plus grave c'est que les structures qui permettraient une expérience pratique de la mise en œuvre des droits de l'enfant, à savoir les comités d'élèves ou les comités de cogestion ne fonctionnent pas d'une manière satisfaisante.

P. 75 : Les problèmes liés à la **procédure d'asile** au Luxembourg dépassent le cadre des droits de l'enfant. Retenons que la procédure est longue, qu'un nombre infiniment petit de dossiers sont acceptés par rapport aux demandes et que pour les enfants, les retours forcés constituent un second déracinement et un second traumatisme. Ce thème est un sujet de discussion permanent entre le gouvernement et les associations défendant les intérêts des demandeurs d'asile. Il y a même eu des manifestations nécessitant l'intervention des forces de l'ordre et des actions de soutien d'élèves pour leurs camarades de classe demandeurs d'asile. Du point de vue des droits de l'enfant, la procédure d'expulsion donne également lieu à des plaintes quand les enfants sont tirés de leur sommeil et conduits à l'aéroport comme des criminels.

p. 79 : La loi sur la protection de la jeunesse nécessite un remaniement complet pour tenir compte des évolutions dans le domaine de l'aide à la jeunesse. Tous les professionnels du secteur reconnaissent cette nécessité qui a d'ailleurs déjà été relevée dans le rapport initial du gouvernement. Outre le fait que le fameux article 11 de la loi sur la protection de la jeunesse détermine toujours notre politique de placement, de nombreux problèmes subsistent, telle la définition du rôle du tribunal de la jeunesse, la formation des magistrats etc. Nous avons déjà relevé le fait qu'il y a toujours des jeunes incarcérés dans la prison d'adultes.

Résumé

Le 2ᵉ rapport périodique du Grand Duché de Luxembourg en application de l'article 44 de la Convention relative aux droits de l'enfant est un collage qui manque de structure et de concept. Les maigres réalisations dans le domaine de la mise en oeuvre de la Convention pendant la période de référence couverte par ce rapport sont cachées derrière une foule de détails qui ont parfois un rapport assez éloigné avec les droits de l'enfant définis dans la Convention. L'évènement le plus notable est certes la création de l'Ombuds-Comité fir d'Rechter vum Kand. Encore faut-il donner à ce comité les moyens pour qu'il puisse travailler d'une manière efficace.

Juillet 2004

Powerpoint Präsentation zum Thema Kinderrechte für den Gebrauch in Schulen

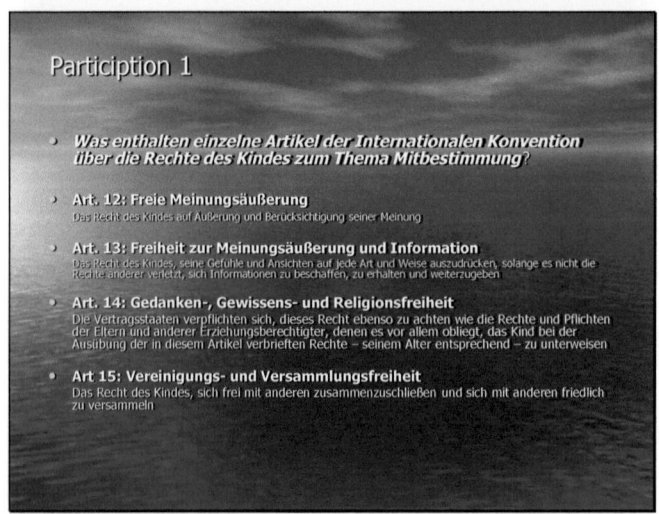

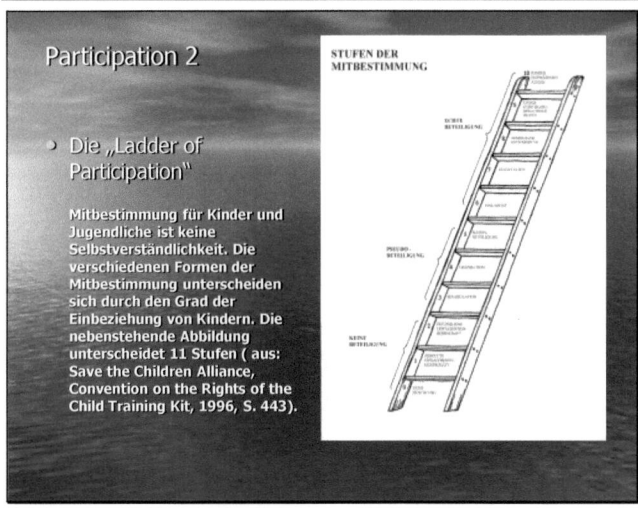

Die "Ladder of participation"

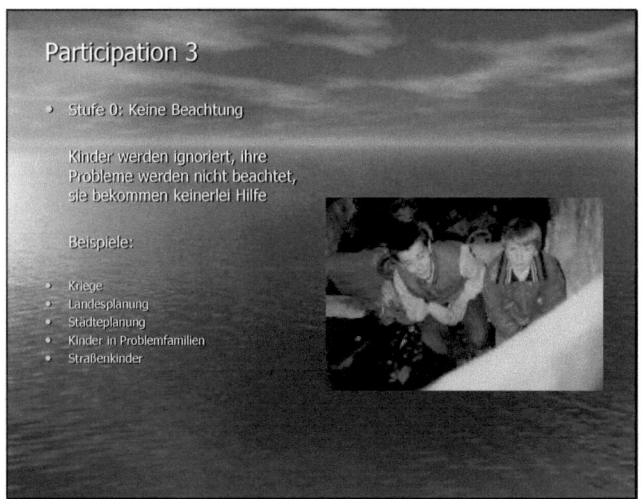

Participation 4

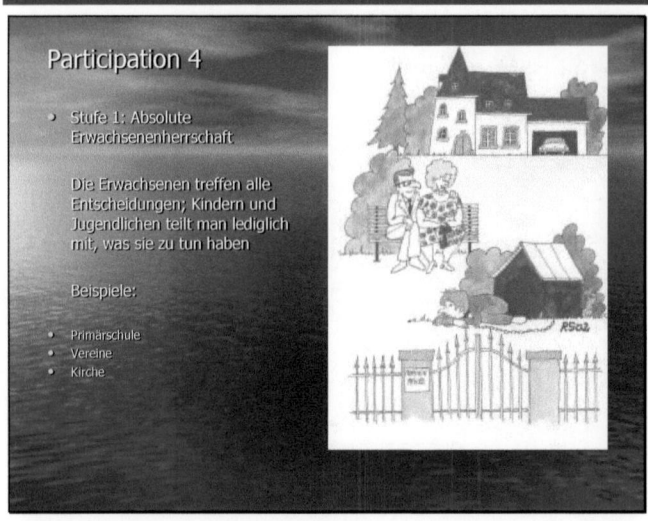

- Stufe 1: Absolute Erwachsenenherrschaft

  Die Erwachsenen treffen alle Entscheidungen; Kindern und Jugendlichen teilt man lediglich mit, was sie zu tun haben

  Beispiele:

  - Primarschule
  - Vereine
  - Kirche

Participation 5

- Stufe 2: Freundliche Erwachsenenherrschaft

  Die Erwachsenen treffen alle Entscheidungen; Kindern und Jugendlichen teilt man mit, was sie zu tun haben und erklärt ihnen warum

  Beispiele:

  - Primarschule
  - Vereine
  - Elternhaus
  - Heime, Kindertagesstätten

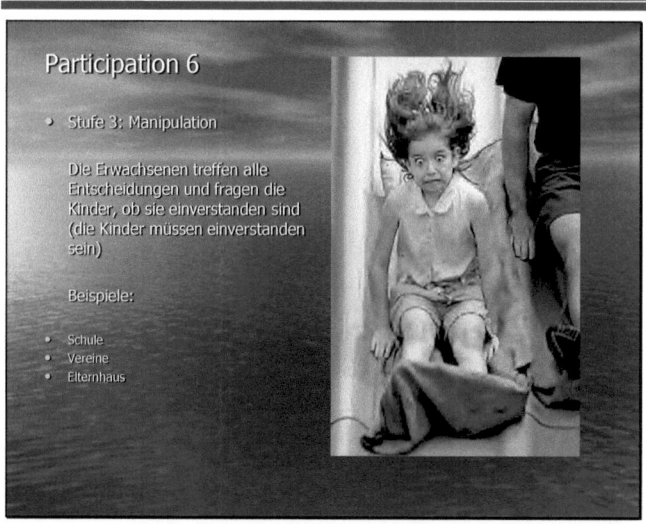

Participation 6

- Stufe 3: Manipulation

  Die Erwachsenen treffen alle
  Entscheidungen und fragen die
  Kinder, ob sie einverstanden sind
  (die Kinder müssen einverstanden
  sein)

  Beispiele:

  - Schule
  - Vereine
  - Elternhaus

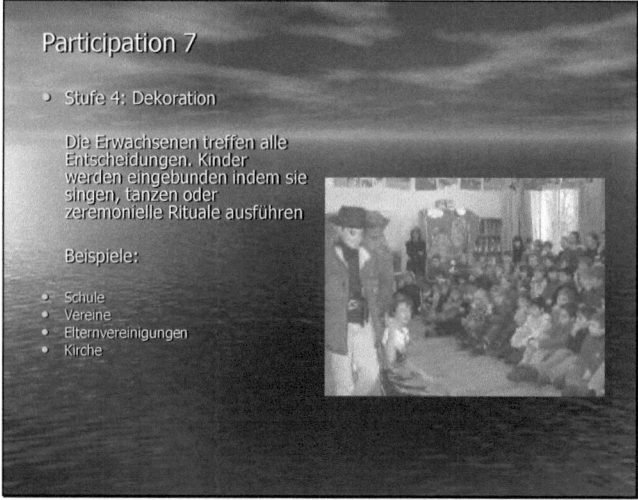

Participation 7

- Stufe 4: Dekoration

  Die Erwachsenen treffen alle
  Entscheidungen. Kinder
  werden eingebunden indem sie
  singen, tanzen oder
  zeremonielle Rituale ausführen

  Beispiele:

  - Schule
  - Vereine
  - Elternvereinigungen
  - Kirche

279

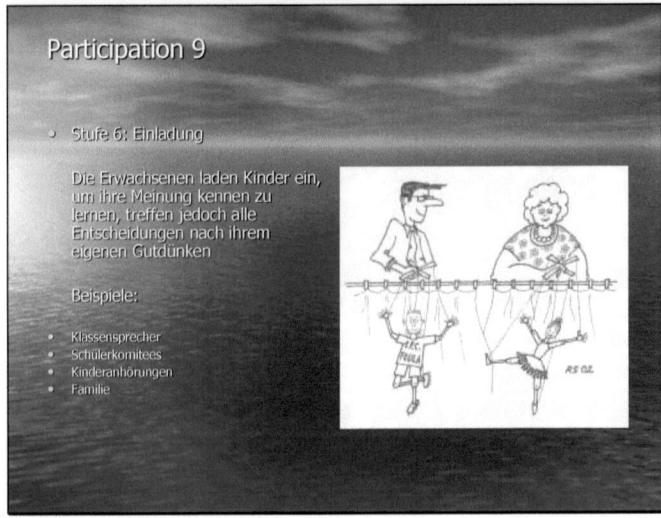

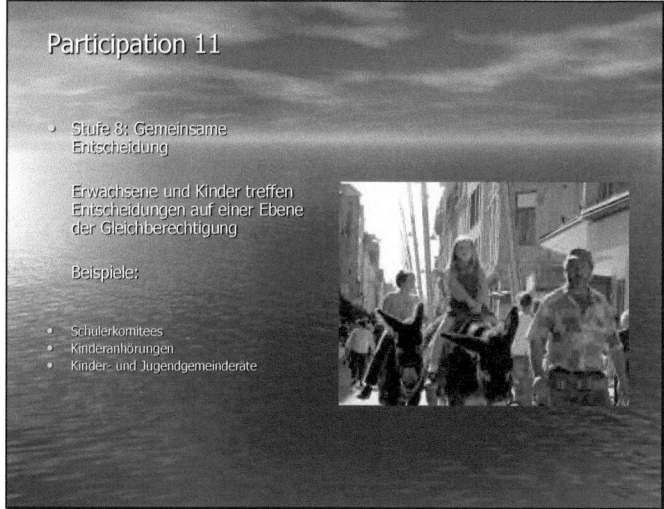

Index

absence of parental care 107
abus 125
accouchement anonyme 277
ADCA 122
Adorno 158
ADS 267
AEIJI 86, 87
AEIJI, 117
affaire Dutroux 190, 206
Aider ou punir 219
Albert Bandura 157
Alenka Kobolt 33
Altersgrenze 48
Altersgrenzen 53
Altersgrenzen der Strafmündigkeit 230
AMOK 71
Amsterdam 70
ANCE 13, 80
Andres Guerrero 26, 77
Andrew Hosie 238
Anonyme Geburt 248
Antipädagogik 163
Antonio Vitorino 191
Antwerpen 71
Anwendbarkeit 247
application directe 278
Arbeitslosenrate 57
area-based projects 27
ARFIE 91
Arlene Skolnick 54
Armutsgrenze 57
arrosage 207
ATEE 91
ausländische Schulkinder 251
Außergerichtliche Tatausgleich 239
außergerichtlichen Tatausgleichs 233
Australien 61
autorité parentale 128

Barnados 75
Bedürfnisse 51
Belgien 67, 71
Belgique 187
Benotungssystem 257
Berlin 193
Bernard O'Brien 23
besoins 144
bientraitance 246
Bob Franklin 209
Bucarest 122
Bureau of the Lesser Used Languages 103
campagnes publicitaires 196
Cardiff 103
Central Union Child Welfare Finland 75
centre européen d'enfants disparus 191
Centre Pénitentiaire 277
CERFFICE 85, 93
CERFFICE) 115
Charles Dickens 128
Charte des droits des enfants et jeunes en placement 123
Charte européenne des droits de l'enfant 189
Charte sociale européenne 188
Charter of the Rights of Children in Care 102
châtiment corporel 197
Child Advocacy 61, 69
child as a consumer 99
child hearings 225
child labour and exploitation 107
Child Rights Information Network 90
Children's Act 131
children's books 98

Das Echternach-Syndrom Band 1: Kinderrechte in Luxemburg

Children's Defence Fund 57
children's republics 97
children's rights in care 94
children's television 104
children's villages 82, 97
citoyenneté 200
Claude Wiseler 44
Cleveland-Skandal 70
Coalition Nationale 272
Coalitions Nationales 193
collectivités locales 203
comité ad hoc 214
Comité des droits de l'enfant 193
Commission de Bruxelles 190
Committee on the Rights of the Child
    in Geneva 76
comportement agressif 148
conférences familiales 225
Conseil de l'Europe 188, 220
Conseil National des Programmes 20
conseils communaux d'enfants 129
conseils d'éducation 279
Constanza 122
Convention Européenne des Droits
    de l'Homme (CEDH) 188
Convention Internationale des
    Nations Unies sur les Droits de
    l'Enfant 38
Convention Internationale sur les
    droits de l'enfant 186
Copenhagen 81
Council of Europe 84, 86
Cour européenne des droits de
    l'homme 188
CRIN 90
CRIN (Child Rights Information
    Network) 202
crisis situation in public schooling
    108
Cultural Diversity 81
cultural life 101
culture 94
Culture 105

Daniel Vidaud 33
David Weikart 151
day care 83
déclarations d'intention 187
Defence for Children International
    78, 192
déjudiciarisation 226
Délinquance juvénile 217
Delinquenz 66
demandeurs d'asile 196
Deutsches Jugendinstitut 222
Développement individuel 136
discernement 126
discipline 198
Disney-culture 99
dispositions contraignantes 187
divorce rate 107
DJI 226
données statistiques 205
double moral 159
droit de recours individuel 189
droit de vote 208, 279
Droits à l'autodétermination 187
Droits civils 186
Droits culturels 186
droits de l'homme 186
Droits de protection 187
Droits économiques 186
Droits politiques 186
Droits sociaux 186
Droits spécifiques 187
DVJJ 226, 235
EASE 91
EASSW 89
EATCSECW 89
ECCE 89
échec scolaire 280
Echternacher Springprozession 8
ECOSOC 86
ECSPRESS 89, 119
Éducateurs sans frontières 85, 92
education 99
Education 142

éducation 39, 200
Éducation Différenciée 252
EFCW 75, 86, 88, 203
EGCA 122
Eglantyne Jebb 11
Ehrgeizige Eltern 262
EIN 91
Einspruchsrecht 54
Einzelfällen 17
Ekkehard von Braunmühl 39
Eltern 166
Elternschulen 262
Emanzipation der Kinder von der Familie 53
emploi 200
enfants étrangers 280
enfants handicapés 197
enfants réfugiés 196
enfant-sujet 127
England 69
ENOC 19
enseignement des droits de l'homme 195, 281
Entwicklungspsychologie 55
environnement 200
EPA 91
Erasmus Programm 119
Erasmus programme 89
Erziehungsbegriff 260
Espoo 123
étude PISA 273
étude PITA 280
études d'impact 197, 200
Eugeen Verhellen 40
Eugeen Verhellen 15, 38
Eugeen Verhellen 77
Eugeen Verhellen 186
EUROCHILD 75
EURONET 75, 89, 118
europäische Strategie für Kinder 117
Europarat 117
Europe 185

European Forum for Child Welfare 76, 201
European Social Charter 87
European Strategy for Children 84, 87
EUSARF 83, 86, 88, 118
Evaluation 61
exclusion 110
exclusion sociale 200
exemples de bonne pratique 201
fachliche Supervision 61
Familie 56
Familienpolitik 10, 12
Familienprobleme 59
familienunterstützende Maßnahmen 263
famille d'origine 125, 132, 143
family support 83
Fay Chung 27
Fernand Boden 14
FICE 13, 32, 81
FICE International Professional Exchange Programme 91
FICE-Europe 85
FICE-Roumanie 122
Flandern 60
Fonds Houtman 212
Forschungsobjekt 47
Forum 38
foster care 83
France 187
Frankreich 66
Frans Spiesschaert 60
Frans SPIESSCHAERT 44
freedom of expression 96
Freinet 96
Freizeit 59
Fremdunterbringung 9
Frieder Dünkel 236
Friedrich Dünkel 225, 234
Fromm 158
Fünfjahresplan 244
gefährdete Art 51

Genfer Deklaration 11
geschlossene Unterbringung 65
Geschlossene Unterbringung 230
geschlossenen Anstalten 70
Gilbert Pregno 44
Globalisierung 249
Grand Duchess Maria Teresa 76
Groupe des NGO pour la Convention
   des droits de l'enfant 192
groupes parlementaires 195
Hans Valentin Schroll 239
harmful material 99
Helios II 90
high quality children's books 104
High/Scope 151
Hilfe zur Selbsthilfe 72
Holland 70
HOPE 91
Horkheimer 158
Horst Schüler-Springorum 220, 229,
   240
Humor im Umgang mit Kindern 265
Hungary 83
ICSW 90
IFCO 86
IFCW 75, 86, 88
IFSW 90
IGfH 235
Inclusion 254
Inger Wouters 70
institutions totalitaires 128
Integration 251
intégration 277
International Forum for Child
   Welfare 201
intolerance 95
Israel 62, 112
Jack Glattbach 87
Jacques Santer 77
Jahr des Kindes (1979) 58
James D. Weill 57
Jaroslaw Utrat-Milecki 239
Jean Bouché 44

Jean-Francois Boulais 63
Jean-Jacques Rousseau 40
Jean-Pierre Bartholmé 68
Jean-Pierre Pier 44
Jean-Pierre Rosenczveig 66
Jenny Kuper 69
Jeunesse en détresse 274
Jo Labens 71
John Bennett 79
John Graham 237
John Micklewright 204
Jos Bewer 44
José Mendes Bota 192
Josine Junger-Tas 224, 236
Jugendgericht 258
jugendlichen Straffälligen 64
Jugendrichter 66
Jugendschutzgesetz 258
Jugendzentrum 69
Jugoslawien 32
Kahlil Gibran 161
Kanada 63, 112
Ken Williams 26
Kidsrights 12
Kinder als Konsumenten 168
Kinder- und Jugendhilfegesetz 131
Kinderarbeit 50
Kinderdorf Pestalozzi 114
Kinderfeindlichkeit 165
Kinderknast 17
Kinderministerium 246
Kinderparlament 129
Kinderrechtsbewegung 46
Kinderrechtskommissar 59
Kinderrechtsladen 70
Kinderschutzbund 79, 110
Kinderschutzparadigma 246
Kinderwunschmotiv 163
Kindesmisshandlung 65
Kindheit 46, 47
Kitty Stewart 204
kleinen Monster 230
Kleinkinder 57

Kleinstkinder 259
kommerzielle "Kinderkultur" 165
Konsum 59
Korczack 96
Köszeg 83
Krankenpflege 57
Krankenversicherung 57
Kulturevolution 161
Kurt Singer 150, 155
Ladder of participation 284
language 103
Lea Dasberg 49
Lebensraum Schule 253
Leo Apostel 51
liberté d'association 129
liberté de pensée 128
libre circulation 200
lieu sécurisant 144
Lissabon 72
Lissy Gröner 191
Lob des Fehlers 171
Louise Rechtfertig 44
Luxembourg 75, 185, 213
Luxemburg 11
Maastricht Treaty 77, 89
Mädchenfrage 266
Maddy Delvaux 18
Magne Raundalen 36
Makarenko 96
Malawi 24
Malfrid Flekkoy 58
malnutrition 30
Manfed Spitzer 157
Mannerheim League 79
Manuel d'application de la
  Convention relative aux droits
  de l'enfant 202
Manuela R. Eanes 72
Marcelle Ludwig 44
marginalisierte Individuen 71
Marie-Josée Jacobs 80, 243
Marie-Josée Rohmann-Estgen 44
Marie-Thérèse Hermange 191

Mariette Goniva 44
Mary Banotti 191
mass media 98
matériel d'information sur la CDE
  195
mauvais traitements 125
mécanismes de contrôle 196
médias 150, 195, 200
médiateur pour enfants 191
Mediationstechniken 233
Medien 62
Medienerziehung 9, 254
Meir Gottesmann 83, 94, 113, 114,
  126
melting pot' 105
Menachem Horovitz 62
Menschenrechte 46, 51
Menschenrechterklärung von 1948
  52
Menschenrechtsausbildung 252
Menschenrechtskommission 65
Merja Launis 79
mesures appropriées 187
Michel Manciaux 212
Michel Neyens 44
Mike Jarman 79
Milgram 168
Mill Majerus 16, 80, 122, 243
Milwaukee 85, 115
Mindesteinkommen für Kinder 53
minorité sans droits 185
Misshandlung 59
monitoring 78
Montréal 147
moralischer Normen 63
multi-ethnical 105
Mutterschaftsurlaub 57
Namur 68
National Children's Bureau 79
National Organisation of Young
  People in Care 70
Nationalen Koalition für die Rechte
  des Kindes 20

natural environment 100
negativen Auslese 257
négligence 125
neo-fascism 108
Neuen Medien 247
NGO group for the Convention of the
	Rights of the Child 87
Nicola Madge 83, 114, 126
Nicola Wyld 203
Nigel Cantwell 79, 87, 192
non-discrimination 95, 200
Nora Godwin 26
Norwegen 59
Notengebung 270
**observatoire européen sur la
	politique de l'enfance** 192
offene Jugendarbeit 68
Öffentlichkeitsarbeit 17
Ombudskomitee 15
Ombudsman 49
ombudsman indépendants 196
Ombudsmann 45
Ombudswork 45, 49
ONG 202
opinion de l'enfant 126
ORK 16
Owen Keenan 79
Parlament 17
Parlement Européen 190
participation 41, 198, 215, 276
Participation 138, 187
participation des enfants 200
Partizipation 245
Pascal Iacono 239
pédopsychiatrie 223
PEP) 91
Pestalozzi Foundation 84
Philippe Mérieu 208
Piaget 54, 56
PISA-Studie 255, 269
PITA-Studie 269
placement 124, 209
Placement 122

plan communal jeunesse 279
plan d'action 215
Plan d'Action National 272
plan éducatif 131
plans d'action 196
Polen 113
politique de placement 124
politique des consommateurs 200
politique familiale 275
politische Mitbestimmung 51
Portugal 72
poverty line 107
pragmatische Flügel 48
präventiven Maßnahmen 59
privation de liberté 223
procédure d'asile 281
programme **Daphné** 199
promotion des droits de l'enfant 61
Protection 187
protection de la jeunesse 282
Provision 187
Prügelstrafe 70
Psychiatrie 232
Psychopathologie 55
pupils leaving school without
	qualifications 108
Pygmalion 149
Pygmalion dans la salle de classe 150
qualité 141
Quebec 63
racism 95, 108
radikale Flügel 48
Recht auf Arbeit 51
Recht auf Eigentum 51
Recht auf Schutz 52
Recht auf Vertretung vor Gericht 51
Rechtssubjekt 164
Recommandation 1121 189
reformistische Flügel 48
refugee children 33
Religionsfreiheit 51
religious sect 98
religious tensions 108

René Bertaux 67
Reserven 14
réserves 276
residential care 83
Resilienz 265
responsabilité parentale 124
responsabilités 135
rest and leisure 101
réunions avec les enfants 195
révision régulière 131
Richard E. Tremblay 146
Richard Joubert 117
Robert Lussier 26
Robert Soisson 44
Roland Seligmann 44
Rosenthal et Jacobson 150
Roumanie 123
Rumänien, 122
Sabine Pankofer 222, 231, 237
Sally Castell-McGregor 61
Sandy Ruxton 199
santé 200
Santé 142
Save the Children 75
Save the Children Fund 11
Save the Children International, 192
Schule 50, 56
Schulgesetzgebung 59
Schulpolitik 9
Schulprobleme 59
Schulstress 254
Schulsystem 173
Sean Lawless 79
Selbstverwirklichung 47
Serge Thill 44
single-parent families 107
société civile 214
société multiculturelle 281
Sonderpädagogik 256
Stadtteilarbeit 72
standard rules 79
Stanley Milgram 158
Ste. Sophie 18

Stockholm 194
stricte neutralité 128
structures démocratiques dans les
    écoles 198
struktureller Rassismus 256
Südafrika 112
Sylvie Andrich 80
système scolaire 273
systèmes d'aide à la jeunesse 219
Tag des Kindes 20
techniques de médiation 224
temps libre 132
the right to be different 110
tolerance 95
Tom White 76
town-twinning 104
Trainingsmodul über Kinderrechte
    251
traités européens 199
trois P 187
Tschechoslowakei 113
Übereinkommen über die Rechte
    des Kindes 11
under-age families 107
unemployment and poverty among
    the young 107
UNESCO 82, 86, 113
Ungarn 113
UNICEF 25, 86, 192, 201
Union Européenne 185, 188
Unmündigkeitsparadigma 172
Urteilsfähigkeit 47
USA 57
vaccinations 30
Van Leer Foundation 62
vandalisme 154
Verbot von körperlichen Strafen 250
Vereinigten Staaten 112
Verplanung des Alltags 165
Vesna Bosnjak 35
video home training 83
violence à l'école 153
Walter Benjamin 40

Walter Hellinckx 83, 114, 126
watchdog 64
Weltkindergipfel 244
Werbeindustrie 249
Werbung 65
William Schütz 44

Wohlbefinden 259
Wolfgang Trede 84, 114, 126
xenophobia 95, 108
Zahlenmaterial 167
Zugänglichkeit 248

© Robert Soisson, 2017

Vervielfältigung und Verbreitung dieser Texte sind ausdrücklich erwënscht.
Bitte Quelle angeben und den Autor informéieren: Robert Soisson,
soisson.rob@gmail.com

Fotos und Zeichnungen in diesem Buch sind, falls nicht anders vermerkt, von
Robert Soisson und dem "Service national de la Jeunesse"

Herstellung und Verlag:
BoD - Books on Demand, Norderstedt
ISBN 978-3-7448-1356-3